全国学前教育专业
"十三五"系列规划教材

学前儿童语言
教育活动设计与指导

主　编
贾素宁　李广兴

副主编
张丽丽　马金祥
宋　杨　殷燕燕

中国海洋大学出版社
·青岛·

图书在版编目（CIP）数据

学前儿童语言教育活动设计与指导 / 贾素宁，李广
兴著 . — 青岛 : 中国海洋大学出版社 , 2019.6（2020.7重印）
ISBN 978-7-5670-2304-8

Ⅰ . ①学… Ⅱ . ①贾… ②李… Ⅲ . ①学前儿童—语
言教学—教材 Ⅳ . ① G613.2

中国版本图书馆 CIP 数据核字 (2019) 第 154574 号

出版发行	中国海洋大学出版社
社　　址	青岛市香港东路 23 号　　　邮政编码　266071
出 版 人	杨立敏
网　　址	http://pub.ouc.edu.cn
电子信箱	oucpublishwx@163.com
出版策划	高富强
责任编辑	王　晓　　　　　　　电话　0532-85901092
印　　制	青岛国彩印刷股份有限公司
版　　次	2019 年 8 月第 1 版
印　　次	2020 年 7 月第 2 次印刷
成品尺寸	185mm×260mm
印　　张	14.75
字　　数	287 千
印　　数	1~2000
定　　价	42.00 元
订购电话	0532-82032573（传真）

如发现印装质量问题，请致电 0532-58700168，由印刷厂负责调换。

序

  课程改革是高职院校解决厌教、厌学问题最为基础和最为重要的途径。高职学前教育专业培养的是高素质、技术技能型幼儿园教师，他们是幼儿学习与发展的支持者、促进者与引导者。高职学前教育专业课程改革倡导以人为本，奉行实践取向，引导未来幼儿园教师主动构建教育知识，掌握必备的专业知识与技能，发展实践能力，学会发现和解决实际问题，形成个人的教学风格和实践智慧。《学前儿童语言教育活动设计与指导》课程和教材改革是这方面的典型代表。

  语言是交流和思维的工具，幼儿的语言能力是在交流和运用中发展起来的，我国教育部2012年颁布的《3~6岁儿童学习与发展指南》中指出：幼儿园教师"应通过多种活动扩展幼儿的生活经验，丰富语言内容，增强理解和表达能力"。本书的编写宗旨就是源于实践、用于实践。因此它不限于幼儿语言教育活动的理论知识，而是在充分分析幼儿园教师工作岗位语言教育活动典型任务的基础上设计的课程，提供了较多的实践案例。借鉴课程改革历程中"任务课程"的经验教训，本教材在内容选取时并没有简单重组原有学科知识，而是把经过抽象的工作任务进行了回归，在简明的介绍概括性的理论知识之后，开发了5个语言教育活动设计教学项目，作为典型任务的载体。在5个教学项目的基础上，进行了任务的二度确立和知识的二度分解，迈出了由任务课程到项目课程的一大步。

  本教材进行了模块化的课程设计，课程内容分为以下三个模块。

  第一模块（单元一、单元二）为学前儿童语言教育发展篇，由张丽丽、宋杨老师负责编写，主要介绍语言发生的生物基础和社会实践基础、不同年龄段儿童语言发展的水平和特点等；第二模块（单元三）为学前儿童语言教育基础篇，由贾素宁老师负责编写，主要探讨学前儿童语言教育的目标、内容、方法与途径，重点分析活动的设计、实施、评价等内容；第三模块（单元四至单元八）为学前儿童语言教育活动实践篇，其中单元四由贾素宁老师主笔，单元五由李广兴、贾素宁、马金祥老师负责编写，单元六和单元七由李广兴老师主笔，单元八由殷燕燕老师主笔，以"谈话活动""讲述活动""儿童文学欣赏活动""早期阅读活动"和"听说游戏活动"五个项目为载体。

实践演练幼儿园各种语言教育活动方案设计及组织实施指导，提升学生的语言教育教学能力。

　　本教材适用于大中专院校的课程教学，也可以作为学前教育爱好者、相关工作人员的专业拓展学习材料，内容有一定的理论高度，更具有实践应用的特征。在教材编写过程中参考了一些高校教材，借鉴和引用了国内外许多同行的观点与成果，采用了省内外一些一线幼儿园教师的亲身案例，在此一并表示感谢。另外，受水平和时间所限，书中难免有疏漏和不当之处，敬请读者批评指正。

编　者

2019 年 6 月于青州

目　录

学前儿童语言教育概述

学习目标

1. 了解学前儿童语言教育的概念。
2. 知道学前儿童语言教育的特点。
3. 了解学前儿童语言教育的意义。
4. 知道学前儿童语言发展的目标。

基础理论

　　"语言"是幼儿园教育内容的五大领域之一。学前儿童语言教育活动，是指为发展学前儿童语言能力而组织、实施的一种有目的、有计划的形式多样的教育活动，它对儿童身心健康发展具有积极的影响。因此，幼儿教师必须提高对学前儿童语言教育活动的认识，了解学前儿童语言教育活动的特点，以及它在儿童成长中的价值，才能最大限度地促进学前儿童语言的发展。

一 学前儿童语言教育的概念及特征

（一）学前儿童语言教育的概念

关于学前儿童语言教育概念的界定，理论界经历了从狭义的理解到广义的确定这样一个逐步完善的认识过程。

狭义的学前儿童语言教育是以3~6岁儿童早期掌握母语的听说训练和教育作为研究对象，并对3~6岁儿童加强口语听说训练。之所以把"3~6岁儿童"作为研究对象，既有客观原因，也有主观原因。客观上讲，"学前教育就是指幼儿园阶段的教育，即3~6岁儿童的教育"，这一传统的界定由来已久；主观上讲，许多人认为母语的学习方式主要是自然获得，教育并不起多大作用。于是3岁前儿童语言教育就被排除在学前语言教育之外了。狭义的学前儿童语言教育，无论在研究对象上，还是在对学前儿童语言学习的看法上，都是有失偏颇的。狭义的学前儿童语言教育对年龄的限定不仅不利于儿童早期语言一体化研究与教育，也不利于学前儿童语言的健康发展，更不利于实际教育工作中对学前儿童语言的具体指导。

广义的学前儿童语言教育把0~6岁儿童的所有语言获得和学习现象、规律以及训练与教育作为主要研究对象，并对0~6岁儿童加强听、说、读、写的训练。在现有的教育条件下，绝大部分儿童还应学习母语的书面语，从出生就开始进行早期阅读的训练；有条件的儿童还要学习一到几门外语；随着科学技术的发展和社会教育观念的进步，即使有学习语言障碍的儿童（如聋哑儿童等）也将不同程度地受到语言康复教育。

广义的学前儿童语言教育，引进现代"学前教育就是指从出生到6岁前的儿童教育"这一新的定义，正视3岁前儿童语言发生、发展的事实，更有利于系统地研究儿童语言发生、发展的规律。

（二）学前儿童语言教育的特征

儿童言语行为的获得与能力的形成是一个长期积累的渐进过程，与成人相比，幼儿的语言发展有其自己的特殊性。

1. 学前儿童语言教育的渗透性

幼儿对周围环境中的语言刺激特别敏感，有强烈的学习说话的积极性。他们随时随地学习语言，积累听和说的经验。最初是在日常生活中自然而然地进行语言模仿学习，如儿童周围的人、影视和广播中人物的语言、广告词等都可以成为幼儿模仿的对象。他们模仿最多的是身边最亲近的成人或同伴的语言。这种形式的语言学习，由于注重的是语义内容的正确性和丰富性，而且日常生活中的词语都与需要、想象、动作相联系，便于儿童理解和记忆，所以儿童能在不知不觉中获得大量的语调和语言表达的经验。

学前儿童学习正规的、科学的语言知识，单靠日常生活中所提供的语言信息是不够的，还需要专门的语言学习活动。幼儿园里的集体语言学习活动就很好地满足了幼儿这方面的需求。比如专门的谈话活动、讲述活动、听说游戏活动、早期阅读活动等等。这些活动不仅锻炼了儿童的阅读理解能力，提高了儿童体验作品思想情感的能力，还锻炼了儿童在集体面前大胆发言的胆量和勇气，激发了儿童学习语言的积极性。

2. 学前儿童语言教育的积累性

幼儿学习语言的过程是一个循序渐进、逐步积累的过程，幼儿园的语言教育主要是帮助儿童积累口头语言经验的教育，即在语言运用中逐渐获得听得懂、记得住、想得出、说得好的经验和习惯。教育者利用和创设有助于儿童学习语言的环境，将长期的语言熏陶及专门的语言训练相结合，以激发儿童学习和应用语言的兴趣，强化学话意识，发展语言潜能，养成运用语言的良好习惯，使他们在各种场合不断积累听和说的经验，为终生的语言学习和语言运用打下良好的基础。随着儿童认字兴趣的发展，幼儿园的语言教育也要为儿童创设认读环境，进一步激发儿童认读的兴趣，培养良好的认读习惯，积累认读和理解的经验。

3. 学前儿童语言教育的易行性

婴幼儿期是人的一生中掌握语言最迅速的时期，也是口语发展的最佳时期。在这一时期，婴幼儿的听觉和语言器官的发育逐渐完善，正确发出全部语音的条件已经具备，三四岁时发音机制已开始定型，以后再发别的音，就容易有口音。如幼小儿童学讲普通话用时少，效果好，而成年后学讲普通话会费很大的精力和时间，也很难学到地道的普通话。心理学家把这种现象叫作"基辛格现象"（基辛格是德国人，英语讲得很流利，但是不论他讲得多好，总是带有德国口音）。口语发展的最佳时期为教师和家长提供了塑造儿童口语的最好时机，只要花较少的精力，就能收到较大的效果。教育者应该善于利用儿童的自发积极性，因势利导地进行教育，为儿童的语言发展赢得时间和速度。

知识拓展

皮亚杰的认知发展阶段理论

皮亚杰认为，在个体从出生到成熟的发展过程中，认知结构在与环境的相互作用中不断重构，从而表现出具有不同质的不同阶段。他把人的发展分为四个阶段。

1. 感知运动阶段（0~2岁）

这一阶段主要指习得语言以前的时期，儿童主要是通过感觉动作图示来和外界取得平衡，处理主客体的关系。其中手的抓取和嘴的吸吮是他们探索周围世界的主要手段。从出生到2岁这一时期，儿童的认知能力也是逐渐发展的，一般从对事物的被动反应发展到主动的探究，例如从只抓住成人放在手里的物体到自己伸手去拿物体，其认识事物的顺序是从认识自己的身体到探究外界事物。这个阶段的一个显著标志是儿童渐渐获得了客体永恒性，即当某一客体从儿童视野中消失时，儿童知道该客体并非不存在。儿童大约在9~12个月获得客体永恒性，而在此之前，儿童往往认为不在眼前的事物就不存在了并且不再去寻找。客体永恒性是更高层次认知活动的基础，表明儿童开始在头脑中用符号来表征事物，但是还不能用语言和抽象符号为事物命名。

2. 前运算阶段（2~7岁）

进入前运算阶段，儿童的言语与概念以惊人的速度发展。运算是指内部化的智力或操作。儿童在感知运动阶段获得的感觉运动行为模式，在这一阶段已经内化为表象或形象模式，具有了符号功能。并且儿童的表象日益丰富，其认知活动已经不只局限于对当前直接感知的环境施以动作，开始能运用语言或较为抽象的符号来代表他们经历过的事物，但这一阶段的儿童还不能很好地掌握概念的概括性和一般性。前运算阶段儿童的心理表象是直觉的物的图像，还不是内化的动作格式。他们还不能很好地把自己与外部世界区分开来，认为外界的一切事物都是有生命的，即所谓的泛灵论。该阶段幼儿的思维具有不可逆性，尚未获得物体守恒的概念，思维也存在集中倾向，当注意力集中在问题的某一方面时，就不能同时把注意力转移到另一方面。

3. 具体运算阶段（7~11岁）

具体运算阶段的儿童开始接受学校教育，出现了显著的认知发展。这一阶段的主要特点是出现了具体运算图示，其主要特点是获得了思维的可逆性和守恒性，即运算的基本特点是守恒性。所谓守恒性，就是内化的、可逆的动作。用通俗的话说，就是能在头脑中从一个概念的各种具体变化中抓住实质的或是本质的东西，才算达到了守恒。所谓可逆性即思考问题时既可以从正面去想，也可以从反面去想；可以从原因看结果，也可以从结果去分析原因。该阶段幼儿的思维开始逐渐地去集中化，能够学会处理部分与整体的关系，进行一些逆向或互换的逻辑推理。去集中化是具体运算阶段儿童思维成熟的最大特征。

4. 形式运算阶段（11 岁至 18 岁）

这一阶段儿童的思维已超越了对具体的可感知事物的依赖，使形式从内容中解脱出来，进入形式运算阶段（又称命题运算阶段）。该阶段出现了和成人思维接近的、达到成熟的形式运算思维，开始能够在头脑中将形式和内容分开，可以离开具体事物，根据假设来进行逻辑推演。这种能力一直持续到成年时期。皮亚杰认为，所有儿童的认知发展都会依次经历这四个阶段。认知结构的发展是一个连续建构的过程，每一阶段都有独特的结构，前一阶段是后一阶段的基础。虽然不同的儿童会以不同的发展速度经历这几个阶段，但是都不可能跳跃某一个发展阶段。在阶段的转折时期，同一个体可能同时进行不同阶段的活动。

二 学前儿童语言教育的意义

学前期是人的一生中掌握语言最迅速、最关键的时期。这一时期如果能得到良好的语言教育和训练，就会为其终生学习打下良好的基础。

（一）促进学前儿童社会化的进程

儿童适应社会就是儿童在一定的条件下逐渐独立掌握社会规范，学会正确处理人际关系，妥善自治，从而适应社会生活的心理发展过程。

通过语言教育，儿童在掌握本民族语言的同时，也在学习运用语言进行交际的社会规则，如讲话要文明，有礼貌；说话要清楚，力求使对方听明白；不同场合需要用不同的讲话方式等。这种交流有助于儿童克服以自我为中心的言行，使他们能够主动地适应他人的行为调节，并在此基础上逐渐形成语言自我调节能力，使自己的情感、态度、习惯、行为等与社会规范逐渐接近并相吻合。此外，幼儿逐渐学会使用语言而不是身体动作的侵犯，学会通过语言协商而不是发脾气或其他粗暴行为来解决与他人之间的争端或冲突。

语言教育活动为儿童提供了各种各样的可以学习和运用语言的范例，让儿童去感知、体会、理解和记忆。在此过程中，学前儿童不断积累新的语音和词汇，不断吸收新的句式和表达方法，然后逐渐把这些他人的语言转化为自己的语言，用来表达自己的思想和情感，对他人的行为施加影响，完成各种交往任务，从而加速学前儿童语言和行为的社会化进程。

（二）促进学前儿童认知能力的发展

语言的学习和运用对儿童的认知发展有着非常积极的影响。作为一种符号系统，语言总是代表一定的事物，儿童在学习语言的过程中要接触到大量的语言材料，于是，儿童学习语言的过程同时也成为他们接触和理解这些知识的过程。

幼儿的语言发展与认知发展相互促进、共同发展。一方面，幼儿的认知发展水平决定语言发展水平。当幼儿处在前运算阶段，幼儿只能掌握情境性很强的语言；处在具体运算阶段时，才有可能掌握连贯性语言。对抽象的词和语法的掌握有赖于认知的发展。另一方面，作为一种心理表征符号，语言一旦被个体理解和掌握，就能够对认知的发展起到推动和加速作用，主要表现为增加认知的速度、广度和强度，使认知过程具有极大的机动性和普遍性。没有这种工具，个体的认知始终会停留在个人心理层面。

心理学家普遍认为，儿童早期语言能力的发展是他们认知发展的重要标志。文学语言的早期输入儿童语言艺术的兴趣和敏感性、文学语言模式的储存、早期"创作欲"的激发及艺术思维的萌发都有积极的作用。

（三）促进学前儿童学习语言的兴趣

随着儿童词汇的日渐丰富和语言交往技能的不断提高，儿童学习和运用语言的兴趣也越来越大。而儿童一旦产生学习语言的兴趣，就会主动寻找学习语言的机会，学习和尝试更新的语言技巧，语言的潜能就能得到尽情发挥。这种兴趣不仅对儿童当前的语言学习活动产生积极影响，也会影响到他入学乃至成年后学习和运用语言的兴趣，还有可能影响他未来去选择一些与语言有密切关系的职业，如外交官员、教师、律师、公关人员、销售人员、文学艺术创作者等。在历史上，个人兴趣与从事的职业要求相投而做出杰出贡献的事例不胜枚举，我国女作家谢冰心的成长三部曲是：迷听（故事）、迷讲（故事）、迷写（小说）。很多文学创作工作者也都有类似的经历。

需要说明的是，如果没有后天语言环境的刺激，再好的语言天赋也会被埋没。经验告诉我们，在一个班里，总有个别儿童表现出非同一般的言语记忆和表达能力，能有声有色地讲故事，有的竟成了故事大王。这种早期特殊的语言能力与早期音乐能力、早期绘画能力有同等价值，需要成人给予支持。

（四）为学前儿童今后学习书面语言打下良好基础

儿童学习语言是一个连续的过程，它经历了非语言交际、口头语言的使用、书面语言的使用三个阶段。前一阶段是后一阶段发展的基础和条件。根据学前儿童的年龄特点和人类掌握语言的规律，学前儿童语言教育主要是发展其口头语言，为书面语言的发展奠定基础。通过语言教育使幼儿的知识、经验日益丰富，词汇量、句型量不断增加，逐渐学会围绕一个主题进行讲述，能够连贯而生动地表达自己的所见所闻、所思所感。

我国中小学语文教学研究表明，学生写作能力低的原因之一是独白能力低，也就是口头作文能力或者说口语表达能力差，不怎么会说话，写起文章来杂乱无章。而独白能力强，说话有条理、生动自然的学生，写出来的文章一般都不错。这是因为书面语是以口语为基础的。因此，在儿童入学前，若能学会普通话的准确语音，掌握大量的词汇，有一定的口语表达能力，那么入学后在认字、读书和作文时，把看到的字形和相应的语音联系起来，理解文字内容和用文字表达意思就比较容易了。学前阶段成人如能有意识地训练孩子口头组词、组句和口语表达能力，让孩子边想边说，有条有理地说，就可以促进孩子思维的敏捷性、灵活性和逻辑性的发展。

三 学前儿童语言教育的目标

学前儿童语言教育的目标是对学前儿童语言教育的目的和要求的归纳，是教育者实施语言教育的方向和准则。有了明确的目标，教育者才能在语言教育过程中有的放矢地选择适合学前儿童学习的内容，采用适当的组织活动方式，并能恰当而有依据地评价语言教育的效果。

（一）学前儿童语言教育目标的结构

学前儿童语言教育目标的结构可分为分类结构和层次结构。

1. 分类结构

学前儿童语言教育目标的分类结构，是指教育目标的组合构成，包括倾听、表述、欣赏文学作品和早期阅读四个主要部分。

（1）倾听行为的培养

倾听是儿童感知和理解语言的行为表现，也是儿童不可缺少的一种行为能力。只有懂得倾听、乐于并善于倾听的人，才能真正理解语言的内容、形式和运用方式，掌握与人进行语言交流的技巧。

（2）表述行为的培养

表述是以一定的语言内容、形式及运用方式表达和交流个人观点的行为，是学前儿童语言学习和语言发展的主要表现之一。只有懂得表述的作用，愿意向别人表达自己的见解，并且具备表述能力，才能真正地与人进行语言交际，达到交流的目的。因而，表述行为的培养是学前儿童语言教育目标的重要组成部分。

（3）欣赏文学作品行为的培养

文学作品欣赏活动是感知、理解文学作品并尝试操作艺术语言的行为。这种通过语言塑造形象、表现生活的艺术作品，带有口语的特点，又不同于口语，它们是艺术语言的结合体，也是书面语言的反映，对学前儿童书面语言的发展及其他方面的学习具有特别的意义。

（4）早期阅读行为的培养

早期阅读行为是指学前儿童从口头语言向书面语言过渡的前期阅读准备和前期书写准备，包括儿童在学前阶段懂得图书和文字的重要性，愿意阅读图书和辨认汉字，同时掌握一定的阅读和书写的初步技能等。由此可见，早期阅读行为的培养主要在于激发学前儿童阅读的兴趣，使儿童养成良好的阅读习惯，掌握早期阅读的有关技能。

2. 层次结构

依据教育目标的层次结构，学前儿童语言教育目标可以分解为语言教育总目标、年龄阶段目标和活动目标三个层次。

（1）学前儿童语言教育的总目标

学前儿童语言教育的总目标，也称为学前儿童语言教终极目标，是学前儿童语言教育任务要求的总和，是幼儿园教育总目标的一个组成部分。

为提高幼儿教师的专业素质和家长的科学育儿能力，促进幼儿身心和谐发展，教育部于2001、2012年先后颁布了《幼儿园教育指导纲要（试行）》（简称《纲要》）、《3～6岁儿童学习与发展指南》（简称《指南》）两个重要的政策性、指导性文件。

下面就《纲要》和《指南》中的儿童语言教育总目标做一阐述：

★《纲要》中的学前儿童语言教育总目标

第一，乐意与人交谈，讲话有礼貌。第二，注意倾听对方讲话，能理解日常用语。

第三，能清楚地说出自己想说的事。第四，喜欢听故事、看图书。第五，能听懂和会说普通话。

《纲要》反映了当今世界儿童语言教育的最新理论观念，体现了我国学前儿童语言教育改革的新趋势：强调儿童语言运用能力的培养；重视学前儿童早期阅读能力的培养；重视支持性语言教育环境的创设。

★《指南》中的学前儿童语言教育总目标

《指南》将学前儿童语言总目标划分为倾听与表达、阅读与书写准备两个方面。

倾听与表达目标：

第一，认真听并能听懂常用语言；第二，愿意讲话并能清楚地表达；第三，具有文明的语言习惯。

阅读与书写准备目标：

第一，喜欢听故事，看图书；第二，具有初步的阅读理解能力；第三，具有书面表达的愿望和初步技能。

《指南》指明了语言领域重点是培养幼儿的口语交流能力、阅读兴趣、阅读习惯以及初步的阅读理解能力。强调积极为幼儿提供与同伴和成人交流的机会，提供丰富、适宜的低幼读物，使幼儿在生活情境和阅读活动中萌发对文字的兴趣。

（2）学前儿童语言教育的年龄阶段目标

学前儿童语言教育的年龄阶段目标是学前儿童在某一年龄中的语言教育目标，是总目标在各年龄阶段的具体体现。因各年龄段幼儿语言发展水平和特点不尽相同，幼儿所要达到的语言教育阶段目标也不尽相同。

★《纲要》中语言教育年龄阶段目标：

①小班（3~4岁）

a. 倾听部分：乐意倾听老师和同伴讲话；能听懂普通话；听别人说话时能保持安静，不打断别人说话。

b. 表述部分：愿意学说普通话，喜欢与老师、同伴及成人交谈；知道在集体面前要大声发言，在个别交谈时音量要适当；会用简单的语言回答问题，表达自己的请求、愿望、感情与需要等，能讲述图片内容和自己感兴趣的事。

c. 欣赏文学作品部分：愿意欣赏并初步感受和理解不同体裁的幼儿文学作品；能独立地念儿歌，讲述简短的句子；能仿编较简单的儿歌、散文和故事等。

d. 早期阅读部分：知道可以用一段话来讲述一幅图的含义；知道每个字发音不同，所代表的意思也不同；喜欢听成人讲述图书的内容，并尝试自己阅读图书；学习正确的阅读方法，会按顺序翻阅图书，看出图书画面内容的主要变化。

②中班（4~5岁）

a. 倾听部分：能有礼貌地、集中注意力倾听他人说话；能区分普通话和方言的发音；能理解多重指令。

b. 表述部分：积极学说普通话，发音清楚，积极有礼貌地参与交谈。不随便插话和打断别人的谈话；说话声音的音量和语速适当；能用完整句子较连贯地讲述个人经历以及图片内容；能大胆、清楚地表达自己的请求、愿望、情感和需要等。

c. 欣赏文学作品部分：初步了解幼儿文学作品的不同体裁及其构成因素；在理解作品经验的基础上，会初步理解和归纳作品的主题和作者的思想感情脉络；会有表情地朗诵诗歌、散文和讲述故事等；能根据作品提供的线索，进行想象和创造，编构作品内容，仿编诗歌和散文等。

d. 早期阅读部分：知道口头语言和文字的对应转换关系；能集中注意力倾听成人讲述图片中画面的文字说明，理解书面语言，能独立阅读图书，理解画面内容；对画面的文字感兴趣，主动学和认常见的汉字。

③大班（5~6岁）

a. 倾听部分：无论在集体场合还是个别交谈均能认真、耐心地倾听他人说话；能辨别普通话声调、语调和语气的不同变化；能理解并执行复杂的多重指令。

b. 表述部分：坚持说普通话，发音准确、清楚，能主动、热情、有礼貌地用正确的交流方式与人交谈；在不同的场合，会用恰当的音量、语速说话；能连贯地讲述事件以及对图片和物品的认识；能主动、大胆地使用恰当的词、句、语段来表达，乐于参加讨论和辩论，敢于发表不同的意见。

c. 欣赏文学作品部分：理解幼儿文学作品的不同体裁及构成因素；在教师的帮助下，分析作品中的特殊表现手法，体验作品的思想感情脉络；有表情地表演故事、童话、诗歌和散文。能独立创编或与同伴共同创编故事、诗歌和散文的完整内容或部分内容。

d. 早期阅读部分：理解画面内容，会对画面的内容用恰当的扩句和缩句来合理表述；会保护和修补图书；会用绘画自制图书（可以让幼儿绘制画面，幼儿口述画面内容，教师或成人代笔记录画面的文字说明）；对学习与阅读文字感兴趣，积极学和认常见的汉字；初步认识汉字的间架结构和书写风格，会用正确笔顺书写自己的姓名以及常见的、简单的独体字。

★《指南》中语言教育年龄阶段目标：

《指南》明确了我国3~6岁幼儿语言学习与发展的目标要求，提出了幼儿园阶段幼儿语言学习和发展必须获得的基本能力。以"倾听与表达目标"为例，其中"愿意讲话并能清楚地表达"的年龄阶段目标是：

①3～4岁

a. 愿意在熟悉的人面前说话，能大方地与人打招呼。

b. 基本会说本民族或本地区的语言。

c. 愿意表达自己的需要和想法，必要时能配以手势动作。

d. 能口齿清楚地说儿歌、童谣或复述简短的故事。

②4～5岁

a. 愿意与他人交谈，喜欢谈论自己感兴趣的话题。

b. 会说本民族或本地区的语言，基本会说普通话。少数民族聚居地区幼儿会用普通话进行日常会话。

c. 能基本完整地讲述自己的所见所闻和经历的事情。

d. 讲述比较连贯。

③5～6岁

a. 愿意与他人讨论问题，敢在众人面前说话。

b. 会说本民族或本地区的语言和普通话，发音正确清晰。少数民族聚居地区幼儿基本会说普通话。

c. 能有序、连贯、清楚地讲述一件事情。

d. 讲述时能使用常见的形容词、同义词等，语言比较生动。

（3）学前儿童语言教育的活动目标

学前儿童语言教育活动目标又称为具体活动目标，是对语言教育总目标和年龄阶段目标的细化和分解，具有更强的可操作性。学前儿童语言教育活动目标一般由教师自己制定，是指在某一具体的语言教育活动中要达到的目标，或者是在一个主题教育系列活动中要达到的目标。比如某教师设计的小班诗歌欣赏活动《小草的风筝》的教学目标为：理解诗歌内容，体会小草放风筝的童趣和奇妙；在倾听活动中感受诗歌优美的意境；在游戏表演中，进一步感受诗歌语言的妙趣。

通过以上对语言教育目标的层次分析，我们可以清楚地认识到，学前儿童语言领域的教育目标要落实到每一个儿童身上，一方面需要将抽象的高层次目标一步步准确地转化为低层次目标，最后形成更具操作性的具体活动目标；另一方面还需要教师根据语言教育目标选择适宜的教育内容、教育方法、教育手段，准备科学的材料，以确保活动目标的实现。

（二）幼儿园不同类型的语言教育活动目标

为促进幼儿语言的发展，幼儿园教师根据学前儿童语言教育目标，经常组织幼儿开展专门的语言教育活动，一般包括谈话活动、讲述活动、听说游戏活动、早期阅读活动、文学作品学习活动。

1. 谈话活动目标

谈话活动是培养幼儿在一定范围内运用语言与他人进行交流的能力的语言教育活动类型。例如："我喜欢的糖果""我的妈妈""压岁钱""谁的本领大"等。

目标主要有：

（1）帮助幼儿学会倾听他人的谈话，逐步掌握几种倾听技能；

（2）帮助幼儿学习围绕一定的话题谈话，充分表达个人见解，培养幼儿的口语表达能力；

（3）帮助幼儿学习运用语言进行交流的基本规则，提高幼儿的语言交流水平。

2. 讲述活动目标

讲述活动是以幼儿语言表述行为为主的语言教育活动类型。例如："大象救兔子""会想办法的乌龟""小兔孵蛋"等。

目标主要有：

（1）培养幼儿感知、理解讲述对象的能力；

（2）培养幼儿独立构思与清楚完整表述的能力；

（3）帮助幼儿掌握语言交流的清晰度和语言调节技能。

3. 文学作品学习活动目标

文学作品学习活动是让幼儿通过欣赏文学作品来学习语言的语言教育活动类型。例如："故事《小乌龟开店》""散文《秋天的雨》""诗歌《家》"等。

目标主要有：

（1）要求幼儿积极参加文学作品活动，乐意欣赏文学作品，知道文学作品有童话故事、诗歌和散文等体裁；

（2）帮助幼儿感受文学作品的语言美，培养他们对艺术语言的敏感性；

（3）要求幼儿理解文学作品内容，学习用语言和非语言的表达方式表达自己对某篇文学作品的理解；

（4）要求幼儿根据文学作品所提供的线索进行创造性想象，并用口头语言表达自己的经验和想象。

4. 早期阅读活动目标

幼儿园的早期阅读活动，是帮助幼儿接近书面语言的教育过程。例如："瑞克生病了""狮大王拔牙"等。

目标主要有：

（1）提高幼儿学习书面语言的兴趣；

（2）帮助幼儿初步认识书面语言和口头语言的对应关系，懂得书面语言学习的重要性；

（3）帮助幼儿掌握早期阅读的技能。

5. 听说游戏活动目标

听说游戏活动是采用游戏的方式开展的语言教育活动。例如："山上有个木头人""捉蜻蜓""顶锅盖"等。

目标主要有：

（1）帮助幼儿按照一定规则进行口语表达练习；

（2）提高幼儿积极倾听的水平；

（3）培养幼儿在语言交流中的机智性和灵活性。

四 学前儿童语言教育的方法

学前儿童语言教育方法是教育者根据儿童语言发展的理论和规律，引导幼儿获得语言知识、技能而使用的方法。学前儿童语言教育常用的方法有示范法、练习法、游戏法、视听讲做结合法和表演法等。

（一）示范法

1. 示范法的含义

示范法是指教师为幼儿提供语言学习的范例，让幼儿在良好的语言环境中模仿学习的方法。示范可以由教师亲自进行，有时也可以采用录音进行示范，也可以让语言能力发展较好的儿童来进行示范。

2. 运用示范法的要求

（1）教师言语示范要标准规范

教师正确的言语示范对儿童来说就是标准和样板。因此，教师在进行言语活动时，首先要发音正确，用词恰当，响度适中，让儿童听得清。其次要使用简单易懂的句式，讲述生动形象，朗诵声情并茂，体态文明自然，表演传神逼真，书写规范优美，阅读方式恰当，为儿童创设良好的语言环境，为儿童模仿学习创造条件。

（2）教师言语示范要适时适量

教师进行示范的时机要恰当，针对幼儿难以理解的内容，要及时进行反复示范、重点示范，让幼儿有意识地模仿。对于纠正性示范则要酌情处理，如果在幼儿讲述过程中发错了音，不要急于打断幼儿进行示范，那样会打断幼儿的思路，影响讲述的流畅性和完整性。另外，由于幼儿注意力集中的时间短，记忆容量有限，教师的示范要分量适中。对于分量较多的内容，应根据情况采用分步示范、完整示范、重点示范。

（3）教师要灵活运用隐性示范

教师在进行示范时，可以明确提出要求让儿童模仿，运用显性的方式，这主要是针对一些难点和重点。对于一般的语言知识，教师可以采用隐性示范的方式。如在活动过程中，以一个参与者的身份与幼儿平等地进行活动，让儿童在不知不觉中得到暗示，进行模仿。当然，具体采用何种方式，取决于儿童语言发展的水平和特点以及教学活动的实际情况。

（二）练习法

1. 练习法的含义

练习法是指教师在语言活动中，有意识地让幼儿多次使用同一个语言因素（如语音、词汇、句子等），或训练幼儿某方面言语技能技巧的一种方法。练习主要以口头练习为主，强调语言运用能力的培养。通过练习，学前儿童可以加深理解语言教育中的有关内容，牢固掌握有关的语言知识，熟练运用语言技能。

2. 运用练习法的要求

（1）明确练习的目标

练习的目标要明确，提出的要求应具体，便于儿童理解和掌握，提高练习的效率。

（2）练习分量要适当

练习的分量过大，易引起幼儿对语言学习的反感，失去对语言学习和表达的兴趣。因此要循序渐进，不可操之过急。

（3）练习方式多样化

由于练习是不停地重复相同的内容，极易引起儿童的疲倦和厌烦，因此要采用多样化、富有趣味的方式进行练习。

（4）尽量在理解的基础上练习

如果幼儿理解了所要练习的内容，就会提高练习效率，同时也会增强练习的兴趣和表达交流的成就感。因此，应避免机械重复。

（三）游戏法

1. 游戏法的含义

游戏法是指教师运用有规则的游戏，训练儿童正确发音，丰富儿童词汇和学习句式的一种方法。

2. 运用游戏法的要求

（1）明确游戏目的，精心选择内容

教师设计游戏活动时，应明确游戏的目的是为了练习发音还是为了练习词汇的运用，然后根据目的确定游戏的内容。

（2）备足游戏材料，创设游戏情境

为了使幼儿更好地体验游戏的快乐，应准备充足的游戏材料，如字卡、图片等。还可以根据游戏的名称和玩法创设游戏情境，如玩"小小图片店"的名词游戏时要挂一个图片店的招牌。

（3）精心设计游戏，增加趣味性

既然是游戏，就应该让幼儿觉得好玩，对游戏的名称、玩法和规则等均应精心设计，吸引幼儿，让幼儿在真正感受游戏的趣味、体验游戏的快乐的同时，不知不觉中得到语言的训练。

（四）视听讲做结合法

1. 视听讲做结合法的含义

所谓"视"，是指教师给儿童提供直观具体的材料，让儿童充分地观察，帮助儿童理解语言，获得对语言材料的感知；

所谓"听"，是指教师用语言对学习对象进行描述、示范和启发，引导和组织儿童进行讨论，让儿童通过声音去感知和领会语言；

所谓"讲"，是指儿童在感知理解的基础上，充分地表述个人的认识；

所谓"做"，是指教师给儿童提供一定的想象空间，通过儿童参与或独立地操作与所学语言知识有关物体的活动，进一步加深对语言的理解，使语言表达更具创造性。

2. 运用视听讲做结合法的要求

（1）教师所提供的语言教育辅助材料，应该是儿童在日常生活中接触过的、较熟悉的或符合儿童认知特点的材料；

（2）教会儿童观察被讲述对象的方法，给儿童留有一定的观察时间和空间；

（3）教师的提问要有顺序性、启发性，帮助儿童构思与表述；

（4）根据儿童的实际语言水平，提出不同的表述要求，要求儿童在动手、动脑、动口的学习中获得语言经验。

（五）表演法

1. 表演法的含义

表演法是指在教师的指导下，学前儿童扮演文学作品中的人物，根据作品情节的发展，通过对话、动作、表情等再现文学作品，以提高儿童口语表现力的一种方法。

2. 运用表演法的要求

（1）表演法必须在儿童理解诗歌、散文、绕口令等作品内容并能熟练朗读的基础上运用。

（2）鼓励儿童在故事表演中创新内容和增加情节与对话，大胆发展故事情节，恰当地进行动作设计和人物的心理刻画，真正体验到表演的快乐。

（3）认真布置表演场景，准备表演道具，让幼儿以最快的速度进入角色并喜欢表演。

（4）努力为全体儿童提供参与表演的机会，提高每个儿童学习语言的兴趣，为更多儿童提供表现自我的空间。

上述方法是学前儿童语言教育活动中比较常用的方法，教师在实际教学中，需要根据客观条件，结合儿童语言发展水平和语言学习的特点，依据活动目标和内容，灵活运用各种方法，有的放矢地进行语言教育。

案例分析

案例一　幼儿园小班语言教案：太阳的宝宝

活动目标：

1. 通过活动丰富幼儿关于红、黄、蓝、绿等颜色方面的经验；

2. 引导幼儿学说"我给太阳妈妈找到了什么颜色的宝宝"；

3. 幼儿能在寻找活动中体验集体生活的乐趣。

活动准备：

游戏室四周布置成花园，花园中藏有几种颜色的拟人化色彩宝宝。幼儿随意坐在中间的地毯上，太阳妈妈穿着一件衣服，衣服有七种不同颜色的口袋，太阳头饰八个。

活动过程：

一、情景讲述

在一个美丽的花园里，住着太阳妈妈和她的孩子们。他们每天在这里唱歌、跳舞、做游戏……可开心啦！（老师扮演太阳妈妈边说边从花丛后面慢慢地跳起舞来）

师：喂，小朋友，你们好，认识我吗？

幼：认识，你是太阳妈妈。

师：哎呀，太阳妈妈真高兴你们还记得我，今天我是来邀请你们去我家做客的，你们愿意吗？

幼：愿意。

幼儿与太阳妈妈一起随音乐来到预先布置好的花园里。

二、认识颜色宝宝

1. 寻找太阳宝宝。

师：我和孩子们都住在这个美丽的花园里，你们看这里有漂亮的花朵，还有绿绿的草地。小朋友们，你们喜欢吗？

师：哎呀！你们看我的孩子多调皮，他们又出去玩了，怎么办呢？请你们帮忙想想有什么办法把他们找出来。

师：想好了吗？

幼1：打电话。

幼2：我们去把他们找回来。

幼3：叫爸爸妈妈找。

幼4：你叫一下他们就听见了。

师：小朋友们的办法真多，不如我们试一试一起大声喊一下，好吗？

师生一起喊：太阳宝宝，太阳宝宝！

太阳宝宝：我们回来啦。（分别出来红、黄、蓝、绿四个宝宝）

师：你们看家里来了客人，应该怎么说？

太阳宝宝：欢迎你们。

幼：谢谢。

太阳宝宝：不用谢。

2. 认识更多的颜色宝宝。

师：小朋友，你们认识我的宝宝吗？他们是什么颜色的？

幼：他是红色宝宝。

幼：他是黄色宝宝。

幼：他是蓝色宝宝。

幼：他是绿色宝宝。

师：哎呀，我的宝宝怎么少了呢？请小朋友帮我一起喊吧。

教师和幼儿再一起喊：太阳宝宝，太阳宝宝！（再请出来青、橙、紫三位宝宝）。

师：这几个宝宝你们认识吗？他们是谁啊？

幼儿举手回答。

师：我来介绍一下他们。

幼儿逐个认识青色、橙色和紫色宝宝，再次喊会更刺激幼儿认识兴趣，从而会记住后面新认识的三种颜色。

三、找颜色宝宝。

师：太阳妈妈还有很多宝宝没有回家，他们都在花园里呢！我想请你们帮我找到他们，但是太阳妈妈有一个要求不管小朋友找到了什么颜色的宝宝，找到后都要马上回到这里，可以先偷偷告诉你的小伙伴们。

放音乐，幼儿开始找，老师在旁边指导，互相交流。

师：小朋友你们真厉害，我看见好多宝宝都回来了，那么请你们说说你们找到了什么颜色的宝宝。

幼1：我帮太阳妈妈找到了红色的宝宝。

幼2：我帮太阳妈妈找到了黄色的宝宝。

幼3：我帮太阳妈妈找到了绿色的宝宝。

幼4：我帮太阳妈妈找到了蓝色的宝宝。

幼5：……

师：谢谢你们帮我找回了宝宝，可是我的宝宝玩了一天了，他们也累了，想休息了。你们看，太阳妈妈身上各种颜色的大口袋就是宝宝的小屋，你们愿意把他们送回家吗？但是妈妈又有要求了：

1. 在送宝宝回家的时候必须说"我帮太阳妈妈找到了什么颜色的宝宝"要不妈妈不知道宝宝回家了。

2. 每个颜色的宝宝都有自己的家，别把他们送错了房间，要不他们会哭的。

3. 送宝宝回家时不能推来推去，要不会摔跤的。

幼儿开始送宝宝回家，再次练习说"帮太阳妈妈找到了什么颜色的宝宝"加深印象。

活动结束：

师：太阳宝宝回家了真开心，谢谢你帮忙，太阳妈妈还想邀请你们一起到草地上一起玩，开个联欢会，好吗?

幼儿开始拍手叫好。老师和小朋友一起随音乐唱歌跳舞。

活动评析:

在活动中，教师以太阳妈妈的角色设计了一个情景来导入主题，这样的方式非常适合小班幼儿的年龄特点，能够一下子吸引孩子的兴趣。在整个活动过程中，教师围绕太阳妈妈和太阳宝宝设计了环环相扣的几个环节，让幼儿在不知不觉中就认识了颜色，学会了说"我给太阳妈妈找到了什么颜色的宝宝"这样的规范句式，活动目标就这样在玩游戏的过程中自然达成了。另外，在活动进行过程中，教师精心设计了既符合小班幼儿年龄特点，又有针对性地围绕活动目标的提问，并注意在整个活动中做到以幼儿为主体，教师只是适当地引导幼儿的活动一步步自然开展下去。幼儿的语言表达能力得到了有效锻炼。

案例二　幼儿园中班语言活动: 夏天的故事

活动目标:

1. 学会念儿歌，掌握正确发音;

2. 了解夏天的一般常识;

3. 了解小动物和与它们相关的食物。

活动准备:

1. 蛋糕，块数与幼儿一样多。

2. 小猴、小猫、小兔、小鸡等小动物卡片，小草、肉骨头等动物食品卡片。(每组幼儿一套)

3. 其他动物和动物喜欢吃的食品头饰，个数与幼儿扮演的小动物数量一样多。

活动过程:

1. 教师将活动区布置成"小猴的家"，教师扮演小猴，对小朋友们说: "哈!夏天到了，我喜欢过夏天，因为可以看到五颜六色的花朵，看到美丽的彩虹。还可以玩水，天天洗澡，最重要的是因为我的生日在夏天，今天是我的生日，很高兴请到大家来这里为我过生日，感谢我的朋友带来这么丰盛的礼物!"边说儿歌边出示图片。

2. 当表演完第一段的时候，请幼儿讨论: 为什么"小猴见了吱吱叫，这些东西我不要"?

3. 当表演完第二段的时候，请幼儿讨论: 为什么这一次"小猴乐得哈哈笑"?

4. 请幼儿按照儿歌的提示进行分组表演: 当教师说到每一个小动物和食物时，幼儿找出相应的动物食品的图片，放在相对应的位置。

活动延伸：

1. 配对游戏：将幼儿分成几个小组，将小动物和它们喜欢吃的东西进行配对，即将小动物和它喜欢吃的食物放在一起。

2. 区域活动：

（1）在手工区，请幼儿将儿歌中的食物用橡皮泥的形式表现出来或用绘画涂色的形式表现出来。

（2）在娃娃家表演小猴请客。

附儿歌

小猴请客

小猴来请客，大家来送礼，小兔送青草，小猫送活鱼。

小鸡送小虫，小狗送骨头，小猴见了吱吱叫：这些东西我不要。

小猴来请客，大家来送礼，小兔送苹果，小猫送香蕉。

小鸡送花生，小狗送仙桃，小猴乐得哈哈笑：我请大家吃蛋糕。

活动评析：

在活动中教师把活动区布置成"小猴的家"，以"小猴"的身份出现在幼儿面前，使幼儿感到亲切，轻松自如。这个语言活动巧妙地穿插进夏天的一般常识，与主题相呼应。需要幼儿学习的儿歌，故事性强，教具颜色鲜艳，形象生动，幼儿很感兴趣，也容易接受。在活动中充分发挥了幼儿的学习主动性，同时语言表达能力和表演能力都得到了相应的发展。

（案例选自：http：//www. yejs. com. cn/jiaoan/article/id/48792. htm，有改动）

思考与训练

1. 试述学前儿童语言教育的研究对象及其含义。

2. 试述学前儿童语言教育的主要研究任务。

3. 结合生活实例谈谈学前儿童语言教育的意义。

学前儿童语言的发生、发展与教育

学习目标

1. 了解学前儿童语言发生、发展的规律和特点，掌握0~6岁各年龄阶段儿童语言发展的差异以及相互关系。
2. 能够根据学前儿童语言发展不同年龄阶段的特点对其进行因材施教，能够依据儿童语言发展的不同需求组织相应的语言教育活动。
3. 具有正确的学前儿童语言发展观，进而形成正确的语言教育观念，养成积极、乐观的学前儿童语言教育态度。

基础理论

学前儿童语言的发生与发展是个连续变化且有一定的规律的过程。婴儿时期语言最初的产生是与发音器官的生理成熟和良好的语言学习环境密不可分的。语言作为区别人与动物的一个标志，是人类所独有的一种高级神经活动形式。人类特有的发音器官构造和以语言为交流媒介的社会环境共同促进了语言的不断成熟、完善。从学前儿童出生到6岁是语言发展非常迅速的阶段，每年都能在环境的影响下掌握新的语音、词汇以及语法结构。通常儿童在1岁以后能够说出真正有意义并且能够被理解的词汇，以此为界，可将儿童语言的发展大致分为：前语言阶段或语言准备阶段（0~1岁），语言发生阶段（1~2岁），语言大发展阶段（3~6岁）。儿童语言发展的每个阶段都有各自独特的规律和特点，应该全面把握、因材施教，科学有效、高质量地展开学前儿童的语言教育活动。

一 语言发生的生物基础与实践基础

本书中儿童语言的发生是指学前儿童从不会说话到学会说话的这一过程，或者是指儿童对某些语言现象从不会使用到学会使用的过程，并不去研究儿童所有语言现象的发生。语言作为人类独有的高级神经活动形式和交往工具，要实现对语言成功地感受与表达依赖人类独有的发音器官，这是语言发生的生物基础。同时，语言的发生还依赖良好的语言环境与不断地语言实践锻炼。良好的语言环境决定了语言发生的客观条件，充满了说话声音的环境对儿童语言的发生来说同样是必不可少的。

（一）语言发生的生物基础

人类能够产生语言离不开人类独有的与语言有关的生理结构。独特的发音器官、语音听觉系统和大脑神经中枢系统等，所有的这些为语言的发生提供了物质基础。

1. 发音器官的成熟

人类的发音器官不同于动物，发音器官的成熟是儿童语言发生的一个重要的物质基础。

（1）发音器官

人的语音是由发音器官发出来的，发音器官是由三部分组成的：动力部分、发音体和调音区。动力部分产生发出声音的力量，由下而上到达主要发音体，产生声音。具体来说每一部分又包括几种相关的器官。

①动力部分——呼吸器官

与发音有关的呼吸器官主要是气管和肺，鼻腔和口腔也是呼吸时必经的一部分。肺部呼吸时产生气流，呼出的气流通过气管到达喉头，冲击声带，从而发出相应的声音。肺呼出的气流，通过支气管到达喉头，作用于声带、咽腔、鼻腔、口腔等发音器官。呼吸是发音的动力来源，要发出美妙的声音，呼吸尤其关键。

②发音体——声带

声带是最主要的发音体。声带位于喉头的中间位置，是两片呈水平状左右并列的、对称的且富有弹性的白色韧带。呼吸时，声带分离，声门开启，吸入气息；发声时，两片声带靠拢闭合发出声音。声带在不发出声音的时候是张开的，以便使气息顺利通过。儿童的声带在 6 岁之前都处于生长发育状态。儿童的喉腔比成人窄，声门窄而宽，声带短小而柔弱、细薄，不够坚韧。

③调音区——口腔、鼻腔和咽腔

这一部分的器官主要起到调音的作用，产生共鸣，又称"共鸣腔"。声带振动产生的声音，必须在口腔或鼻腔中"共鸣"后才可以传出来被人听到。"共鸣腔"的构造、形状不同，会形成不同的声音。鼻腔和咽腔相对较固定，最主要的调音器官是口腔。口腔由唇、齿、腭和小舌组成。口腔的大门是上下唇，二道门是上齿和下齿，紧靠上齿稍微突出的部分是牙龈，上牙龈往里是上颚，上颚前部比较坚硬的部分是硬腭，后部比较柔软的部分是软腭。软腭后部连着的一个小肉坠儿是小舌。如果口腔没有阻碍，气流从口腔和鼻腔同时呼出，发出的音在口腔和鼻腔同时产生共鸣，叫鼻化音（也叫半鼻音或口鼻音）。

（2）对发音器官的保护

儿童的发音器官还处在不断发育的过程中，格外幼嫩，需要保护，避免伤害。在对学前儿童进行语言教育时，要根据其发音器官的实际发展水平来进行，不要给孩子的发音器官带来负担。

①保护发音器官的健康卫生

学前期儿童的发音器官一直都处于生长发育状态，一定要对其进行细心的呵护。注意饮食的营养卫生，少吃刺激性的食物，尽量不吃辛辣食物，以免刺激气管、咽喉和声带。注意发音器官的保暖，避免受凉感冒。给儿童多吃些青菜、水果，多饮水。

②正确合理的发声

婴幼儿的喉腔狭窄，声门窄短，声带柔嫩短小，音域狭窄，声带容易疲劳。从孩子出生时就得注意，不要让婴儿长时间大声哭喊，大一些的孩子要尽量避免大声喊叫，以免影响声带的发育。教孩子唱歌，要注意孩子的特点，起调不能过高，音域不宜过宽，不要教唱成人歌曲。当咽喉部有炎症时，应禁止唱歌，直到完全恢复为止。

2. 听觉系统的成熟

听觉的正常是产生语言的保障，语言的吸收总是领先于语言的表达，语言的产生依赖正常的听力。儿童听觉系统的成熟主要表现在听觉系统的物质基础——听觉器官的成熟和儿童正常听力的成熟上。

（1）听觉器官的成熟

听觉的外周感受器官是耳，耳也是人最重要的听觉器官。耳主要是由外耳、中耳和内耳三部分组成。耳能够接收声音并能传音。声音通过外耳、中耳等传音装置传到内耳，耳蜗的感音装置把声音振动转变成神经冲动。胎儿在母亲腹中发育到 6 个半月左右，听觉器官就已经发育形成，其结构和出生时基本相同，只是在中耳的鼓室和乳突的部分稍有不同。出生后儿童的听觉器官继续发育，远远没有达到成人的水平。外耳道窄而短，耳膜薄，不能承受过强的声音刺激。尖锐刺耳的噪音以及任何外来的不良因素都可能对儿童脆弱的听觉器官造成伤害。

（2）儿童听力的成熟

胎儿 3 个月时，就能听到母亲体内的声音，5 个月大的时候，已经能够区别不同的声音了。胎儿能够清楚地听到母亲怦怦的心跳声，并对此产生依赖。也能够听到母体外的各种声音并做出反应。出生后已有听力，但较弱，对于高达 50 ~ 60 分贝的声音刺激才有反应。大部分的宝宝在出生 24 小时后听刺激 1 ~ 2 次就能引起反应，对大人说话的声音也很敏感。

3. 大脑神经中枢系统的成熟

外耳和中耳从外界接收来的振动波到达耳蜗的传音装置，经听神经纤维转变为神经冲动。而这些神经冲动对声音信息进行编码之后，最终要被传送到大脑皮层听觉中枢，再由大脑判断。

（1）儿童大脑的发育过程

新生儿的大脑已经具备了和成人大脑一样的沟回，但较成人浅，也具有了大脑皮层的六层基本结构，并且在迅速生长发育中。出生时脑重量 370 克左右，只达到成人重量的 25%，到了 1 岁时达到成人脑重量的 50%，2 岁时则能达到成人脑重量的 75%。与此同时，大脑的神经细胞在体积上迅速增大，轴突与树突不断地延长、分支，神经纤维也持续形成髓鞘。3 岁之后大脑仍然持续高速发育，到 6 岁时脑重量达到 1200 克，神经纤维分支加长加多，大脑半球的一切神经传导通路几乎都髓鞘化，身体在接受刺激后，可以敏捷、精确地由感官沿着神经通路传到大脑神经中枢。

大脑内在神经网络的不断复杂化以及内在联系的复杂化，给处理语言刺激提供了物质基础，大脑加工语言信息的能力得到提高。1 岁左右的孩子可以对成人简单的语言提问和指示做出回应。当孩子听到"眼睛在哪里""把你的小皮球递给我"等言语的时候，都会在很短的时间内做出正确反应。这说明在大脑成熟的基础上，儿童能够正确地对语言进行感知理解，并能从自己已经掌握的语言中选择合适的词语进行回应。

（2）与语言相关的大脑功能区

大脑分为左右两个半球，两侧的大脑半球具有不同的高级功能优势。左侧大脑半球为语言活动功能的优势半球，右侧为非语词认识功能的优势半球。科学家研究发现人左侧大脑皮层额叶损伤，可导致失语症，而右侧相应区的损伤，语言功能仍保持完

整。此后，大量的临床观察表明，左侧大脑皮层的额叶和颞叶的某些区域与语言有关，称之为语言区。

运动性语言中枢紧靠中央前回下部，额下回后 1/3 处，又称布若卡氏区（Broca's Area），是能分析综合与语言有关的肌肉性刺激。大脑的这个区域能够本能地区别正确和错误的语法规则。虽然汉语、英语、俄语等属于不同的世界语系，因而具有不同的语法规则，但它们的规则无疑都是一种人类能够接受的正确的规则，所以任何人都能够运用我们的布若卡氏区通过学习手段掌握外语。相反，只要大脑中的布若卡氏区改变了，人便会失去理解任何语法的能力，不管给他多少语言教育。临床上称运动性失语症。

听觉性语言中枢位于颞上回后部，能调整自己的语言和听取、理解别人的语言，此处受损，患者能讲话，但混乱而分裂；能听到别人讲话，但不能理解讲话的意思，对别人的问话常答非所问，临床上称为感觉性失语症。

视运动性语言中枢（书写中枢）：位于额中回的后部，此处受损，虽然其他的运动功能仍然保存，但写字、绘画等精细运动发生障碍，临床上称为失写症。

视觉性语言中枢（阅读中枢，又称为韦尼克区）：顶下叶的角回，靠近视中枢。此中枢受损时，患者视觉无障碍，但原来识字的人变为不能阅读，失去对文字符号的理解，称为失读症。

各语言中枢不是孤立存在的，它们之间有密切联系，语言能力需要大脑皮质有关区域的协调以及配合才能完成。听觉冲动传至听觉区，产生听觉，并与韦尼克区联系，理解句意；经过联络区的分析，将信息传送到运动性语言中枢。运动性语言中枢通过与头面部有关皮质的联系，控制唇、舌、喉肌运动，形成语言，并表达出来。

（二）语言发生的实践基础

语言是人类的创造，只有人类有真正的语言。许多动物也能够发出声音来表示自己的感情或者在群体中传递信息，但是这都只是一些固定的程式，不能随机变化。语言是一种社会现象，是人类最重要的交际工具，是进行思维和传递信息的工具，是人类保存认识成果的载体，具有稳固性和民族性。法国语言学家梅耶说："语言毫无疑问是社会现象。"

1. 语言的起源与进化

一般认为，只有人类会使用语言进行交际，但是许多动物的叫声也是它们交际的方式。它们的这种叫声之所以不能称之为语言，是因为它们的固定性、不灵活性，它们不能和人类的语言一样自由组合、随机应变。语言是如何伴随着人类的起源与进化而发育并且不断进化的，一直没有一个确切的答案。

（1）语言的起源

语言是人类进化史中比较晚的产物，是人类区别于其他动物的重要标志。在人类的认识史上，关于语言起源的问题一直都是一个不解之谜。不断有学者提出各种各样的假说，诸如手势说、契约说、感叹说、本能说、摹声说、神授说、进化说、劳动说、嘴势说、约定俗成说、人类本源说，等等。

感叹说是从人的情感表露方面来解释语言产生的条件。由于痛苦、愤怒、欣慰、欢乐或其他感情，人们本能地发出声音，为语言的形成奠定了基础。古希腊伊壁鸠鲁派的哲学家曾指出，人类只是由于感情过剩才开始说话的。进化论的始祖达尔文完全接受这一学说并承认它的合理性，在《情感的表达》中他提出，最初的语言是感情表达，是一种口腔姿势，是从口腔或鼻腔发出的"噗"（pooh）、"呸"（pish）的声音。孔狄拉克在《人类知识起源论》（1746）中提出：是感觉的喊叫使心灵的力量发展起来，从而形成一种把观念与任意符号联系起来的习惯。

18世纪法国哲学家卢梭先后在他的《论人类不平等的起源》（1775）和《论语言的起源》（1782）中提出"契约说"，他认为人类是为了在平等的基础上建立一个社会，为了相互交际，才约定使用语言来作为交际工具。可以说，契约说是18世纪的主要假说之一。法国数学家、天文学家莫白迪的论文《论人类表达思想的不同手段》（1754）就推崇这一假说，这在当时产生了相当大的影响。

恩格斯1876年在《自然辩证法》一书中写道："语言是从劳动中并和劳动一起产生出来的，这是唯一正确的解释，拿动物来比较，就可以证明。动物之间，彼此要传达的东西也很少，不用分音节的语言就可以互相传达出来。"[①] 恩格斯根据当时各门科学的研究成果提出了这样一个结论性的假说，可以说，恩格斯是劳动说的代表人物之一。

根据进化说的研究成果，人类的祖先在大约400万年前就已经开始直立行走。人类的喉部和声道的结构发生变化，口腔逐渐有可能发出越来越复杂的信号，最终产生语音。进化说断言：语言的起源是一个相当漫长的过程，它是与人类进化相伴而行的过程，它的发展方式和演化速度受到人类文化发展和人口密度增长的影响。还有一点是肯定的，语言在大约1万年以前就已经成为接近现代语言的完整的系统了，换句话说，它与现代的语言已经没有什么本质上的区别了。

（2）语言的进化

达尔文认为语言的进化是一种逐渐发生的、自然选择的过程，语言进化和物种进

---

① 恩格斯．自然辩证法［M］．北京：人民出版社，2018：93.

化类似。他认为只要掌握了人类的完整谱系，就能掌握每一种语言的分支和起源。他在《物种起源》中提到："如果我们拥有人类的完整的谱系，那么人种的系统的排列就会对现在全世界所用的各种不同语言提供最好的分类；如果把一切现在不用的语言以及一切中间性质的和逐渐变化着的方言也包括在内，那么这样的排列将是唯一可能的分类。……同一语系的诸语言之间的各种程度的差异，必须用群下有群的分类方法来表示；但是正当的甚至唯一应有的排列还是系统的排列；因为它依据最密切的亲缘关系把古代的和现代的一切语言联结在一起，并且表明每一语言的分支和起源。"

以乔姆斯基为代表的语言学家认为，基因变化诱发了语言，因为实在难以想象有介于中间的半发达语言存在。认为由原始语言一步飞跃突变成完全属于人类的语言是一个更好的解释。句法是首位的，发音器官进化后，句法由此恰当而迅速地出现，尽管它的出现对咽食带来不良影响。Bickerton（1998）指出尚未找到原始语和人类语言之间有同期出现的各种中介语言（像类人猿语、两岁以下婴儿语之类的"语言"）。从大量失语症、言语困难症、密码语言、第一语言习得和第二语言习得的各发展阶段以及语言官能的其他反常现象中也未发现语言与原始母语之间有什么稳定的阶段，不是句法完全出现就是句法全无，否则就是整个结构相当平衡地退化（degraded）。如果句法是逐渐进化而成的，那么就应该出现中间阶段。中间阶段（如果存在的话）不可能是自毁而无法恢复的；若如此，人类也一定有能力从初始状态（原始母语）和最终状态（人类语言）确定中间阶段是何状态。

2. 语言与实践的关系

人类社会是实践社会，语言与实践的关系就是指与人类社会的关系。人类创造出语言来就是为了更好地在社会中交际，语言是伴随着社会生活而产生的。在人类社会的发展中语言也随之不断地演变、扩充、更新。

（1）社会发展促进了语言的产生

语言是人类进行交流的工具。最早的结绳记事就是一种简单的交流形式，随着人类的交流活动越来越频繁，人类交流的工具——语言就逐渐产生了。甲骨文的产生说明了人类的社会生产力发展到一定阶段以后，必然要在语言的基础上产生文字。后来又出现了金文、大篆、隶书、楷书等字体，这些都是随着时间的推移、社会的进步，人们对文字的需求而产生的。

（2）社会离不开语言

当人类的实践活动发展到有组织的群体活动的时候，社会就离不开语言了。语言的统一和语言的无阻碍发展是保证人类群居生活正常交流的保证。语言是一种特殊的社会现象，与经济基础和上层建筑不同，语言的活动范围要广得多。语言与人的生产行为及其他一切行为有直接的联系，它可以在人类活动的一切范围内为社会服务，社会要存在与发展，不能没有语言。社会的进步也推动了语言的发展，语言词汇的发展受社会发展的影响最大。社会发展比较缓慢时，语言发展也较慢。社会迅速发展时，语言发展也十分迅速。

（3）语言随着社会的发展而发展

随着人类社会不断涌现出的新生事物，人类需要用语言来表述它们。从农业文明到工业文明再到信息社会，从谷、麦、稻、粟到蒸汽机、轮船、汽车，再到计算机、电脑、软件等。每一次人类科技和经济的进步，都会涌现出大量的新兴词汇。人类语言就这样不断得到丰富和发展，语言不是永恒不变，人类的新的生活方式和社会状况，都会促使语言要素的新陈代谢。

二 0～3 岁学前儿童语言的发展与教育

0～3 岁是儿童各方面迅速发展的时期。在这个年龄段，人的大脑迅速发育，身体迅速成长，孩子的身体与动作、认知、社会性以及情绪情感等方面都获得了长足的发展。婴儿基本能够跑步、上下楼梯、绕行障碍，能很好地画直线、翻书页、系鞋带；在认知上能够形成大小、多少、形状、尺寸、数字的概念；社会性上逐渐能照顾到别人的感受，学会分享；情绪情感上渐渐学会合理地控制自己的情绪。在语言发展方面，0～3 岁是人的一生中学习语言非常关键的时期，从出生时对这个世界的声音一无所知到逐渐听懂母亲的声音再到发出自己的声音，由字到词再到完整的句子，短短的三年，语言达到了质的飞跃。0～3 岁年龄段中的每一年孩子语言的发展的侧重点各有不同，根据语言发生发展的过程，在这个年龄段内儿童语言的发展又可以划分为两个逐级提升、相互依赖且各有特点的阶段：0～1 岁的儿童还不能说出有意义的词语，处于言语发生的准备阶段，称为前言语阶段；1～3 岁年龄段为语言进一步大发展的时期，其中1～2 岁之间儿童正式能够发出被人理解且有意义的词语，标志着儿童言语的发生，在儿童掌握了言语的发生之后，语言能力继续获得大发展。

（一）0～1 岁学前儿童语言的发展与教育

人并不是从开始说话的时候才学习语言的，婴儿出生后的第一次啼哭就是发展语言的第一步，三个月大的婴儿就开始可以唔喔呀咿地发出自己的声音了。1 岁之前我们称之为语言发生的准备阶段，这一阶段婴儿主要是通过自己的听觉来感知语言，婴儿听到的外界语言刺激的数量会直接影响到下一阶段婴儿的正确发音。在言语发生的准备阶段里，婴儿对语音的感知能力是他们获得语言的基础，婴儿不仅被动地接收言语的刺激，而且对这些刺激由大脑"思考""辨别"，尝试着用自己能够"掌握"的方式去感知它们。婴儿仔细感受着外界的语音刺激，并从这些刺激中总结出语言的发音"规律"，获得自己生活的环境的言语发音特征。0~1 岁的前言语阶段，虽然婴儿还不会说话，但是会努力从外界吸收词汇并反复地练习自我发音。婴儿的这个练习语音的前言语阶段大致也可以分为三个时期：简单音节时期（0~3 个月），连续音节时期（4~8 个月），学话萌芽时期（9~12 个月）。

1. 简单音节时期学前儿童语言发展与教育

这一阶段的婴儿主要是靠啼哭声来和成人交流，哭声是婴儿最先掌握的语言能力。婴儿会用哭声的时间长短、声音高低来表示自己是饿了、困了、不舒服还是想要大小便。不同的哭声就代表了婴儿不同的需求，需要成人不同的回应。

（1）语言发展特点

①听觉敏锐，具有一定的分辨声音的能力

宝宝的听力开始得很早，甚至起始于胎儿期。近年来，儿童早期教育研究者认为，胎儿在母腹内已有听觉，早期听觉刺激是胎教的主要方法之一。宝宝在有了听觉之后，他就要不停地听，只要落在他的听觉范围内，他便收入耳内产生听觉，传入大脑，留下痕迹，一直到入睡为止。宝宝不仅凭听觉辨认周围环境中的多种声音，而且凭此掌握人类的语言。

婴儿对声音的反应十分敏锐，不论是熟悉的还是陌生的声音，婴儿都会做出不同的反应。当听到母亲温柔的耳语声、抚慰声或轻盈的摇篮曲，婴儿的手脚和面部会全面放松并做出享受的表情。出生 2 个月以上的婴儿，听到巨大的声响时（如重重的关门声、突然的巨响等），可出现拥抱反射，即双拳紧握、上肢抱拢、下肢屈曲。大人可以轻声和宝宝说话，或放一些轻柔的音乐，在宝宝的不同方向发出声音，宝宝会向声源处转动头部。在其身后摇响小铃、吹哨时，婴儿会眨眼或转头转身。

婴儿的听觉感受性有巨大的个体差异，有的儿童感受性高些，有的则低些，但这种个体差异不是一成不变的，实际上，婴儿的听觉也是在生活条件和教育影响下不断发展的。3 个月以内的宝宝，妈妈可以每天给他哼唱摇篮曲，或是反复播放一段优美的乐曲，声音不要太大，孩子醒着时，父母可用缓慢的速度、柔和的声调讲话给孩子听，内容要丰富，比如说："你睡好了吗？饿不饿？想不想吃奶？"2~3个月以后的婴儿已能将听觉和视觉结合起来，即当他听到声音时，头就会转向发音的方向寻找声源。父母或家里人应经常有意识地走到孩子面前，逗引孩子注视自己的脸，然后把脸移到一侧，并轻声叫孩子的名字，逗引孩子的视线随父母的脸移动；也可用摇铃或能捏响的橡皮玩具发出声音，逗引孩子一面听声音，一面让视线随玩具移动。

②会发出几个相对简单的单音节

婴儿出生后的啼哭是人的本能，也是人最先发出的基本语音，之后人能掌握的各种语音都是在啼哭的基础上加工而来的。1个月左右，婴儿会在接受成人喂奶的时候发出"嗯""啊""咿""唔"等声音，类似于我们汉语拼音的"en""a""i""u"等的发音。这些声音都是婴儿在无意中发出来的，是由连续的喉部吞咽和吮吸引起的。到婴儿快三个月的时候，似乎可以使用这些音节来表达自己的情绪以及需求了。当婴儿觉得舒服或高兴的时候会发出类似"o""u""m""yi""ha""eng"的发音；当自己的需要没有被满足或者想引起成人的注意的时候，就会发出类似"a""ai""ma""ya"等音节。这些声音虽然离正确、标准的发音还相差很远，而且婴儿在发出这些音节的时候也不是在耐心地练习，更多的是无意、随性、本能地发出来的，但是，正是这些音节发音的出现对之后的语言发展起着基础性的作用。

（2）合适的语言教育

①多给孩子拥抱与抚摸

婴儿出生后母亲一定要花时间去抱孩子，这种亲密的身体接触会使母亲和孩子形成相互依恋的情感，也使孩子获得充分的安全感。给婴儿充足的拥抱和抚摸能够促进其体重的增长和增加对外界刺激反应的灵敏度。母亲在哺乳、哄婴儿入眠的时候一定要多增加与婴儿的身体接触。在婴儿清醒的时候，可以多尝试着跟他说话，用言语和表情逗引孩子，增强婴儿对各种语言和表情的反应能力。

②多给孩子听各种声音

在婴儿一日的各种活动中，母亲要尝试着跟他说话，把婴儿当前正在做的事情用简短的、便于婴儿接收的言语来表达出来，虽然婴儿听不懂，但是重复的语音刺激对婴儿的语言发展起到不可替代的作用。除此之外要尽量多地让婴儿听到各种各样的声音刺激，给婴儿播放各种轻松的音乐，或者给他们玩一些能够发声的玩具。在婴儿的手上或者脚上绑上一个轻便的小铃铛，当婴儿做出动作的时候铃铛便会发出声音，这会同时促进婴儿动作和听力发展。

③跟孩子玩一些简单的发音游戏

当婴儿身心放松，且注意力在母亲这里的时候，母亲就可以对着孩子多次重复简单的音节供婴儿模仿。可以对着婴儿简单重复"a""o""e"等类似的发音，要不厌其烦，一遍遍地重复。也可以对着婴儿重复地呼喊他的名字，坚持每一次接触婴儿的时候都温柔地叫他的名字。一段时间之后，婴儿在听到自己名字的言语刺激的时候就能够给予一定的回应。在母亲给婴儿喂奶的时候，可以握着婴儿的手进行面部抚摸和面部器官的命名，如"鼻子""嘴巴""耳朵"等，使婴儿潜意识里明白物体与语言之间的联系。

2. 连续音节时期学前儿童语言发展与教育

孩子满三个月后就进入了新的语言发展阶段，进入了咿呀咿呀的学语期。有的孩子到六七个月的时候就会发出类似"baba""mama"的语音，语言发展获得新的成果。

（1）语言发展特点

①初步具备了辨音能力

孩子的辨音能力最初表现在对母亲声音的分辨上，由于对母亲的依恋，孩子最先掌握了母亲的声音特征并产生浓重的依赖。当母亲的声音靠近时会表现出兴奋、高兴、放松，当陌生人的声音靠近时会表现出紧张、排斥、不安等情绪。进而孩子能够分辨出身边熟悉和陌生的声音，听到熟悉的声音孩子会面带微笑表现出安全感，听到不熟悉的声音孩子会表现出不安或者表现出好奇心。这一时期的孩子还能分辨出成人说话的语音语调的变化，成人用温柔愉快的声音和孩子交流时，孩子往往会做出微笑、拍手，或者喃喃自语的回应；当成人用呵斥、愤怒的声音和孩子说话时，孩子的反应往往是皱眉、握拳或者号啕大哭。其实孩子并没有具备听懂成人说话时表达词义语句的能力，只是从成人话语的语调中判断其对自己的态度和情感。

②能发出连续的音节

这一时期孩子能够发出的音节增多，不仅发出的单音节增多，连续的、重复的音节也显著增多。孩子或是在成人的语言刺激下刻意模仿，或是躺在床上自娱自乐时的无聊举动，开始尝试着发出连续的有节奏的语音，如"baba""mama""dada"等，并且逐渐从单音节发声过渡到多音节发声。这些多音节是由辅音和元音构成的音节在某种状态下的重复。孩子也逐渐学会在发音中使用自己的语调，这些简单音节重复的发声中开始伴随着孩子的笑声、尖叫声或者怒吼声。用尖叫声加高扬的语调表明自己的愤怒，用平稳低沉的语调表明自己满足。

③出现了简单的言语"交际"行为

在这一时期成人可以尝试着和孩子"交谈对话"。成人用欢快的语调逗引孩子，孩子似乎用已经掌握的几个音节给予欢快的回应，当成人再以孩子同样的发音给予回应的时候，孩子会兴奋地手舞足蹈、哈哈大笑，再次对成人的回答给予声音的回应。这似乎说明了这个年龄段的孩子已经掌握了言语"交际"的"你一句我一句"的对话规则。

（2）合适的语言教育

①用言语刺激孩子

成人在照料孩子的一日生活中，应该随时与孩子交谈，给予持续不断的言语刺激，激起孩子学说话的欲望。和孩子说话时声音要温柔，并且要合理使用不同的语调和手势。词语、手势和语调的配合要稳定，不断加深孩子的记忆，便于他们理解这些词语的意义。比如，当孩子在喝水的时候，成人可以也做出同样的动作并且大声告诉孩子这是宝宝在"喝水"，多重复几次，孩子就把"喝水"这个词和固定的动作连在一起了；孩子在即将入睡的时候，成人同样可以刻意在孩子耳边重复"宝宝要睡觉了"，几遍之后孩子就能明白自己所从事的动作叫作"睡觉"。

②多给孩子发声的机会

在给孩子一定的言语刺激之后，成人可以多给孩子自己主动发声的机会。让孩子躺在床上，成人不主动去抱他，看看孩子能够用什么样的语言表达来吸引成人的注意。一开始孩子可能会晃动自己的四肢并用语调较低的声音来获得成人的注意，若成人继续不理睬，孩子的语调则会变得高扬、尖锐，伴随有力的蹬腿、握拳。对于孩子每一次尝试中的发音成人都要给予微笑和爱抚，这样会给孩子更多的信心和力量继续发出声音。如果孩子在每一次发出声音之后成人都能给予鼓励的表情和动作，孩子在学语期里能够发出的语音就会显著增多。

③给孩子建立物体、动作和语言的联系

平时在跟孩子说话的时候一定要配合相应的动作和实物，让孩子建立起物体和语言、动作和语言之间的联系。孩子在晨起穿衣服的时候，成人可以对孩子说："这是宝宝的'衣服'，宝宝要穿'衣服'了"。指认完衣服之后还可以再重复"穿衣服"这个动作，在把衣服穿在孩子身上的同时，多次重复"宝宝正在穿衣服呢"。经过多次指认孩子就能形成物体、动作和语言的联系。其实最简单的让孩子建立物体、动作和语言之间联系的方法就是多给孩子指认每天生活所遇到的物体和动作。

3. 学话萌芽时期学前儿童语言发展与教育

在这个年龄段内，婴儿或早或晚地说出了第一个真正被人理解的词语，婴儿能够说出的连续音节的数量显著增加。

（1）语言发展特点

①连续音节的发音显著增多

这一年龄段婴儿在上一阶段连续音节发音的基础上继续取得更大的进步。能发出的连续音节不仅在数量上明显增加，复杂程度也有所增加，说话时的语音语调也出现不同。婴儿能够发出更多元音加辅音组合的音节，对成人发音模仿的精准度也显著提升。在前一时期没有出现过的，比较难发出的辅音"zh""z""x""c"等也陆续开始出现。

②语言理解能力出现

婴儿基本上都是从9个月左右才可以真正地理解成人发出的语言，只有到了这个年龄段婴儿才能够对成人的话语做出恰当的反应。他们可以对成人的言语刺激做出合适的回应，如告诉婴儿"宝宝要睡觉觉了"，婴儿便会朝着卧室的方向转头。同时婴儿对成人语言"吩咐"的回应也积极了许多，成人对婴儿说"张大嘴巴"，婴儿就会把嘴巴张开；对婴儿说"打个招呼"，婴儿就会晃动他的小手。婴儿甚至有时候也会对成人之间相互交谈的话语中能够听懂的部分做出自己的回应。

③语言交际的开始

婴儿听懂词的时候，可以说是与成人进行语言交际的开始，当然，这种语言交际还是很简单的，因为婴儿听懂的词很少，到1岁末才能听懂10～20个词。这一阶段的语言交际一方面表现在对成人语言命令的回应上，成人做出指令，婴儿做出语言回答；另一方面表现在婴儿主动用自己掌握的发音加上语调和表情向成人表达自己的意思，引起成人的注意，期待成人的回应。这种主动向成人发起语音以及对成人的语言做出回应构成了婴儿最初的语言交际。

（2）合适的语言教育

①给婴儿提供丰富的语言环境

这个语言环境指的是要尽可能多地让婴儿听到成人的说话声，最大限度地让婴儿听到各种各样的声音。孩子接触什么物体，成人要在耳边不断重复物体的名字。孩子当前正在做的动作成人也要在一旁不断地重复。只有生活在充满声音的环境里，不断地刺激婴儿的听觉，婴儿才会习得更多的言语。研究也表明，拥有良好的语言环境的婴儿，要比一般婴儿开始说话的时间要早，掌握的语音词汇也比较多。

②对婴儿掌握的语音进行强化

当婴儿学习到一种新语音的时候，成人一定要给予适当鼓励，增强婴儿的自信心，增加对语音的练习。可以给孩子身体上的鼓励，如抚摸、亲吻等，也可以给孩子语言的鼓励，如"你真棒""你真厉害"等。当孩子尝试发音出现错误、不准确的时候，成人要耐心地给予孩子正确的引导，强化孩子正确语音的练习。

③引导婴儿开始早期"读书"

这一年龄段可以尝试着培养婴儿对读书的兴趣和良好的阅读习惯。虽然婴儿还不能读懂书本上的文字，但是把书本摆在婴儿面前，婴儿尝试着去抓握，把书本握在手里尝试着去翻页等一系列动作都是婴儿接触"读书"与"阅读"的开端。可以选择一些有少量文字、配有精美图片的幼儿读物，在成人的带领下去指认书本上的动物、玩具等，也可以让婴儿自己指认书本上自己认识的物体，用语音表达出来。

（二）1~3岁学前儿童语言的发展与教育

幼儿在1岁左右正式发出第一个有意义的词语之后，就正式开始了学习语言的阶段。在成人不断地语言熏陶下，幼儿用两三年的时间基本掌握了日常生活的全部语言。因此，1~3岁这个时期才是幼儿真正掌握本民族语言的时期。根据1~3岁幼儿语言发展的不同水平和不同侧重点，这个年龄段又可以分为三个依次发展的时期：单词句时期（1~1.5岁），双词句时期（1.5~2岁），简单句时期（2~3岁）。

1. 单词句时期学前儿童语言发展与教育（1~1.5岁）

单词句时期指的是在这个年龄段内幼儿往往用一个词来表示一个句子的意思。这个年龄段内幼儿说出的单个词语并不是单单指向词语代表的对象事物，而是指向涉及对象事物在内的多种语言情境。所以对幼儿说出的单词句，要结合幼儿说话的语气、表情、环境加以理解，进而正确地和幼儿沟通。

（1）语言发展特点

①语言理解力得到提高

1岁到1岁半是"被动的"言语活动期，其特点是听得多，说得少，理解多，表达少。幼儿在这一阶段所能够理解的语言数量大大增加，能够说出的话比能听懂的话少很多。这一时期幼儿能够听懂一些成人说的日常生活中接触得多的生活用品、熟悉的家庭成员、小动物和部分身体器官的名词。当成人说出某个物体的名称时，幼儿能从周围环境中指认出来；当成人对着幼儿说出身体的某一器官时，幼儿会伸出小手指认自己或成人的相应部分。同时幼儿对一些简单的日常生活动作的词语也有了更多的理解，能够完成成人一些简单的动作指令，如成人说"把嘴巴张开""不要动弹"，幼儿就会把嘴巴张大，身体静止望向成人。

②词汇的广泛使用

首先，最明显的就是以一个词表示多种意思，一个词就是一个完整的句子。比如儿童说"衣服"，可能是"想要穿衣服"，也可能是"想要成人看他的漂亮衣服"，也可能是"想要脱衣服"，成人要根据不同的情境加以合理的解释。

其次，幼儿会用一个熟悉的词汇指代比该词汇意义更广阔或更窄的词汇的意思。比如幼儿把自己的毛绒玩具亲切地称为"喵喵"，见到其他的毛茸茸的物体或者动物，幼儿也会称之为"喵喵"，这是幼儿词义的泛化。同样，幼儿也会把词的意思窄化理解，幼儿理解中的"妈妈"，仅仅是自己的妈妈，不知道别的小朋友也有妈妈；幼儿会把"勺子"固定地理解为自己吃饭的勺子，不知道他人使用的勺子也称为"勺子"，这种现象称为词义的窄化。

然后，对于自己比较难理解或者发音比较难的事物名称，幼儿会用事物的明显的声音特征来代指。最明显的就是把狗称为"汪汪"，把猫称为"喵喵"，把洗澡称为"哗啦啦"。这实际上也是幼儿观察能力提高的表现，开始懂得把物体的特征和语言结合起来。

（2）合适的语言教育

①帮助幼儿学习新词

从这一年龄段开始幼儿把学习新的词汇、努力扩大词汇量作为新的学习任务，成人在这个时期一定要帮助孩子掌握新词语。当成人想要教孩子某个词语的时候，可以把这个词语安放在一定的句子里说给孩子听。但是这个句子要简短、明了，想要表达的词语的位置一定要突出，能够引起幼儿注意。如让幼儿学会"奶奶"这个词，成人可以反复重复含有"奶奶"的句子："奶奶爱宝宝""奶奶在给你穿衣服呢""把东西给奶奶""看，这是奶奶来了"……在说"奶奶"这个词的时候一定要语气加重，给予突出强调，频繁、夸张的语调，可以帮助幼儿更快地掌握这个词语。一开始幼儿接触新词语的时候发音不太准确，成人要及时予以纠正和正确的引导。当幼儿发出正确的音之后一定要进行奖励，激起幼儿进一步学习的兴趣。

②多跟孩子交谈

有研究指出，幼儿所掌握的新词汇中，大约有三分之二是通过生活中与父母有意或无意地交谈获得的。喜欢而且善于与孩子交谈的父母，其孩子的语言能力要明显高于那些少言寡语的父母培育的孩子。幼儿在没有接触正规的语言教育之前，所掌握的词汇主要是通过生活中对周围环境的模仿得来的。父母和孩子交流得越多，幼儿可学习的词汇的丰富性和多样性就越高。成人与幼儿交谈的机会有很多，幼儿接触新事物的时候，成人可在一旁仔细讲述新事物的特征、用途；幼儿接触新动作的时候，成人可在一旁仔细地解说幼儿正在做的动作。需要注意的是句子要短小，不要过长，要适合幼儿理解。

③鼓励孩子多开口说话

这个年龄段一定要引导孩子多开口说话。多开口说话可以培养幼儿开口说话的习惯，使幼儿愿意张开嘴说话，愿意和别人交流，把说话当成乐趣来对待。为了让孩子多说话，成人可以主动向幼儿提问或创设多个使幼儿说话的情境，在幼儿表达的过程中成人可以适时地给予纠正和完善。

2. 双词句时期学前儿童语言发展与教育（1.5~2岁）

这一时期的幼儿对说话的兴趣明显提高，词汇大量增加。研究表明，18个月左右幼儿能够熟练掌握的挂在嘴边的词语约有20个，21个月约能说出100个词语，24个月约能说出300个词语。幼儿所掌握的这些词语中，绝大部分都是名词和动词，形容词、代词、数词、副词等也开始出现。幼儿也逐渐地不再用一个词指示一个句子，开始出现由两个词组成的句子。

（1）语言发展特点

①开始说双词语构成的简单句

由两个词构成的简单句我们又称为双词句，常常只有两个词简单构成，没有连词，句子也比较短，大部分都是5个字以下，从语法结构上讲，有的符合语法规律，有的不符合。如"妈妈穿"指妈妈给我穿，"奶奶看"指让奶奶看这里。这非常类似发电报时的语句，所以又称为电报语。婴儿会说简单句，是在他掌握的词语的基础上实现的。这时部分孩子已经懂得所有的东西都有名称，有一些幼儿似乎已能说出周围每一样东西的名字。已经能用最简单的语言与成人交流信息了，并表达个人需要，对语言的兴趣增加。当幼儿能使用电报语言时，说明他们对语言的理解能力有了进一步的提高，他们能把几个词按一定的语法排在一起使用，说明他们既知道了词的孤立含义又知道了它们间的关系。简单句的使用是随月龄增长而逐渐增多的，到本年龄阶段后期有的幼儿还出现了复合句。

②能理解的词语数量激增

幼儿能理解的词语每天都在增加，以每个月平均说出25个新词语的速度发展着，这种掌握新词速度猛然增加的现象，称之为"词语爆炸"现象。幼儿最初理解的词语中，主要有名词和动词这些具体的词。最常用的动词有：吃、穿、睡、喂、洗；最易掌握的：抱、擦、搭、谢谢、再见；较不易掌握的：玩、找、给、掉、打等。此时还没有代词。这个阶段在成人说话使用代词的地方，他们总是用直称来称呼自己和别人。幼儿最先说出的代词是"我"，到19个月时婴儿开始正确使用主格和所有格的"我"，但会在言语中宾语位置上出现"我"和"你"代词倒置现象。这种现象一般持续到23

个月，24个月的婴儿就可开始正确使用"我"和"你"了。

③开始提问，学会说否定句

这一时期幼儿开始不断地向成人提问，自己感到好奇的所有的事物都会向成人询问。孩子说话由"被动"转向"主动"的语言活动期，孩子非常爱说话，整天叽叽喳喳问个不停，表现得积极主动。幼儿开始用带"不"的词语来和成人交流，把"不"挂在嘴边以表示对成人的拒绝，这是幼儿否定句发展的第一阶段。

（2）合适的语言教育

①为幼儿示范正确的词语发音

幼儿掌握词语数量的显著增长都是在成人的正确引导下实现的。幼儿对新的词语充满了学习的兴趣，成人应该用标准的发音、合适的语调、合适的用词情境供其模仿和学习，为幼儿树立良好的语言示范和榜样。

②耐心对待幼儿的提问

这一阶段面对幼儿的"脑洞大开"和无法压制的好奇心，成人要耐心地给予回答。不能把幼儿对事物的认知渴望当作无理取闹，要认真处理，真诚回答。回答幼儿提问的同时也是成人和幼儿语言交流的增加，不仅能增进和幼儿的感情，还能发现幼儿语言掌握中出现的问题，及时予以纠正。

③继续早期阅读活动

早期阅读活动在前几个年龄段内其实可以一直适当地进行着。到这一时期，随着幼儿理解能力的提升，读图画书的兴趣增加。成人应当选择合适的、图片丰富的幼儿读物，和幼儿一起进行阅读。幼儿感兴趣的图片和内容，成人要细心地给以讲解。有时幼儿也会自己对着图片指指点点，津津有味地向成人讲解。对此，成人要多多鼓励、多多赞扬。

3. 简单句时期学前儿童语言发展与教育（2～3岁）

这时期孩子的语言发展特别迅速，说话的积极性特别高，尽管说的话仍然以简单句为主，但是说话的内容丰富了，他们已经掌握了与生活有关的最基本的词汇和语言，会正确地运用代词你、我，如会说"不要你了，我自己睡"，会用语言和人交流，还会说上几句儿歌。3岁左右时大多数的孩子能运用语言来同人进行一般的交流，说出的话不再完全是简单句，出现复合句，大部分的句子都有10个左右的字，词汇量到了3岁可达1000左右，会用代词"他"，会说儿歌。

（1）语言发展特点

①词汇增多，语音趋于规范

这一阶段幼儿仍然保持高涨的学习新词的热情，在向成人询问自己感兴趣的事物的同时学到了很多新词语，新词陆续地涌现。到 3 岁时幼儿的词汇量可达到 2 岁时的 3 倍之多。在幼儿发音器官成熟的物质基础上，幼儿的发音也比之前精确了很多，发不准确的音有所减少。

②基本上能理解成人的语句

随着词汇量的增多，幼儿对句子的理解程度也显著提高，语言理解能力迅速提升。幼儿对词义的泛化和窄化的理解现象明显减少，对词义的理解也接近成人用词的意思。词的概括性程度提高，如能理解"妈妈"指的是所有人的妈妈，不单是自己的妈妈。

③出现多词句和复合句

幼儿词汇丰富了，句子也相应地完善了。句子的含词量在不断地增多，三词句、四词句，甚至五词句、六词句都相继出现。在充分理解句子词语的基础上，幼儿开始从成人的话语中推断句子的组成规则，试着掌握语法和句子结构的基本规律。到了本年龄段末期，幼儿说话的方式基本上和成人差不多，一些语法和句子规范都可以正确使用。在口语表达上，可以使用 5~6 个词的句子，能够使用完整的句子和成人交流。

（2）合适的语言教育

①让幼儿多听、多说

成人要通过多种途径来发展孩子的听、说能力，使孩子"耳朵灵、眼睛亮、脑子活、嘴巴巧"。孩子多听、多看、多想、多讲就能使语言能力迅速提高。应该让孩子广泛接触周围的人和事，在与他人的交往中发展和丰富词汇。家长应结合具体事物教孩子相应的语句。在家庭中可以经常和孩子对话，让孩子传话给其他人，帮助孩子复述学过的儿歌、诗歌、故事、图片的简单内容，带孩子去参观、散步、旅游、游玩，认识自然环境和社会环境，并从中启发、鼓励孩子说话和提问。还可以采用游戏、看电视、木偶戏、节日表演活动来丰富孩子说话的内容。这样做就能为孩子创造良好的语言环境，让孩子在欣赏中感受语言，在观察中学习语言，在游戏中巩固语言，在交往中运用语言。

②带领孩子兴趣阅读

阅读能启迪智慧、增长知识。好的图书内容，再配上生动有趣的图片，对孩子从小养成爱读书的兴趣至关重要。从阅读中孩子可以体会到善恶感、同情心等。家长要为孩子选择适合其年龄的图书，故事情节生动有趣，形象可爱的图画书是首选。书中的文字可由家长读给孩子听，家长的阅读速度要慢，并配合图书讲解。孩子听懂故事后，家长还可以用手指着文字来读，让孩子感觉阅读的顺序和方向，为孩子将来自己阅读做准备。孩子熟悉内容后，就能模仿大人的动作读起来，这是孩子喜爱读书的开始。

③增加孩子对话交谈的机会

这一年龄段见到同龄人，孩子会很兴奋地和其他小朋友交谈。因此让他和其他小朋友一起玩是训练其语言能力的方法之一。和孩子多说话，教他新词，并以手势及表情来表达这些新词的意义等，对建立孩子的会话能力相当重要，同时也要让孩子有机会用自己的方式或语言来进行回应，这样可以让他了解会话是双向的。家长每天都应该和孩子谈一谈发生在生活中的一些事情，如家长帮孩子穿衣服的时候，别忘了为他解释每个步骤，也可以一边穿一边念着相应的儿歌，描述一下你们现在正在做的事。

三 3~6岁儿童的语言发展与教育

随着幼儿年龄的增长，幼儿的大脑、发音器官和听觉器官基本达到了成人水平。幼儿的活动和交往范围不断增加，句子理解和语言表达能力达到了一个新水平。进入幼儿园之后，幼儿开始接受正规、科学的语言教育，幼儿语言的规范性、准确性达到了一个新阶段。3~6岁幼儿语言的发展主要体现在：幼儿语音的发展、幼儿词汇的发展、幼儿语法的发展。

（一）幼儿语音的发展与教育

语音是语言的物质外壳，语言通过语音被人们感知。人们听到词的发音就会把这个发音与所指的事物联系起来，看到某一事物就会不自觉地想到事物的发音，听到某一事物的时候就会想到指的是什么。幼儿期是掌握语音的关键期，在成人的教育下，幼儿能掌握母语的全部语音。3~6岁语音教育要为幼儿提供良好的语言教育环境。

1. 语音发展特点

（1）小班语音发展特点

3岁是幼儿语音发展的大飞跃时期，3岁以前，在成人的教育下，幼儿基本能够掌握本地区语言的全部发音。但是，由于幼儿听辨语音细微差别的能力的欠缺以及发音时对牙齿和舌头等部位控制能力较弱，在发音中会出现不准确、不清楚的现象。尤其是对一些声母的发音，发音部位和发音方式控制得很不确切。比如把"写字"发音成"写志"，"你过来"说成"以过乃"，把"老师"说成"脑师"等。

（2）中班语音发展特点

中班幼儿的发音器官和听觉器官进一步成熟，发音能力和听音、辨音的能力也进一步加强。如果继续坚持正确的语音教育，幼儿就能逐步增加对语音精准度的掌握。虽然发音取得了进步，很多小班时候出现的发音错误已经逐渐消失，但是对于一些类似于"r""l""y"的声母发音，有一部分幼儿发音仍然困难。

（3）大班语音发展特点

在语言器官和神经系统进一步成熟的条件下，幼儿接受了更多的语言环境和语言教育。大班的儿童基本能做到发音准确、吐字清晰、语调婉转，能根据句子内容调节重音。大班幼儿中枢神经系统的发展使幼儿建立了语言动觉调节、听觉调节的语言自我调节机制。对于自己发错的音，在成人的纠正下他们愿意改正，并且在接下来的发音中有意识地去控制。对于已经掌握住的发音，他们也很乐意去纠正身边人发音出现的错误。

2. 合适的语音教育

（1）培养幼儿准确的辨音能力

幼儿在语音发展的早期往往会模仿别人说话时的语调，对于语句的每一个音不能分别感知，直到小班阶段，仍不能准确地分辨近似音，发音时就会出现互相交替使用的情况。这一现象是由于幼儿听觉水平低造成的。因为听得准是说得准的前提，要使幼儿正确发音，必须注意发展幼儿的言语听觉，使他们能听得准确，能分辨语音的细微差别，如一些相近的声母"c""z""c""zh""sh"等，为幼儿精确地感知语音打下基础。

良好的辨音能力是正确发音的基础，成人可以适当地为幼儿开展一些辨音游戏。如"听听谁在说话"，家庭成员每人说一段话录一下，拿到幼儿面前让幼儿分辨分别是谁的声音。或者让幼儿听听各种小动物的声音，指出分别是哪些动物的声音。

（2）教给幼儿的发音要准确、规范

正确的示范是教会幼儿掌握正确语音的唯一途径。通过成人的示范，幼儿不仅能够感知语音的微小差别，还可以同时让幼儿掌握正确的发音部位和发音方法，让幼儿知道音到底是怎么样发出来的。规范的发音是运用口语进行交际的前提，教师要教会幼儿普通话的基本发音标准，正确掌握1300多个普通话音节。要弄清楚幼儿感到困难和容易发错的音、声母、韵母和声调等。

幼儿园教师为了更好地让幼儿发出准确的音节，可以组织一些练习发音的教学游戏。教师可以作为游戏的组织者和参与者，必要的时候示范给幼儿正确的发音。例如"卖柿子"的游戏。

小案例

游戏名称：卖柿子

游戏目的：让幼儿区分"shi"和"si"

游戏过程：由教师扮演卖柿子的摊主，幼儿们轮流扮演买主。教师喊："卖柿子咯。"一名幼儿上前说："我要十个柿子。"教师回答："我没有十个柿子，你就要四个柿子吧。"幼儿回答："好吧，我就要四个柿子吧。"

（3）培养幼儿的语言表情

人在说话的时候除了声音的变化外，还可以加上面部表情、手势和眼神。在这个年龄段需要培养的孩子的语言表情主要是声音的部分。在口语表达中，想要准确和充满表现力地表达自己的意思，就需要伴以声音性质的变化。教师在训练幼儿发音的时候，就要训练他们用和自己表达内容一样的语调，也就是根据表达内容的需要来调节、控制自己声音的大小和速度，构成不同的语言表情。在日常交流中，主要是培养幼儿的自然表情，做到声音的性质与其要表达的意思一致。

（4）培养幼儿语言交流中的修养

语言交流的修养，指讲话态度方面的要求。从幼儿开始掌握口语开始，就要要求他们在与他人交流中注意自己的态度。和同龄人讲话要自然友好，有礼貌；和长辈讲话要恭敬，不能任性地大吵大闹，不能撒娇要横。

（5）引导幼儿在日常生活中练习发音

在幼儿进入幼儿园之后，虽然教师在集体教学中能够有目的、有计划地对幼儿的发音进行教育，但是幼儿园课程以外的时间，成人也要高效率地利用。大量的语音练习在日常生活中也要同时进行。在日常生活中的语音练习要随机进行，比如有的幼儿"四"和"十"发音不准确，家长或者幼儿园教师就可以在空闲时无意地向孩子提问。"你今年是不是四岁了"，"你家的小哥哥是不是十岁了"，通过用类似的句子和幼儿交谈，引导他们注意两者的区别。当幼儿意识到两者的区别的时候，就会自觉地去模仿准确的发音了。

（6）利用儿歌、绕口令练习发音

儿歌、绕口令都是短小、精确、有韵律的文学作品，生动、形象，易于幼儿理解和接受，对于练习幼儿的发音有着积极的作用。

儿歌多是专门练习发音的儿歌，可以根据幼儿的发展水平来选择合适的儿歌。通过朗诵儿歌，可以使幼儿练习一些发音有困难的音节。小、中、大班可以根据不同情况进行选择。下面是比较适合小班的儿歌，《三个好孩子》主要练习发"z"音，《大公鸡》主要是练习"j""q"音，《小白兔》主要是练习"t""ai"音。

🐌 小案例

三个好孩子

三个小胖子，穿衣扣扣子，

红红帮冬子，冬子帮珍子，

互相来帮助，都是好孩子。

大公鸡

大公鸡，真美丽，

红红的鸡冠花花衣。

每天清早喔喔啼，

它叫我们早早起。

小白兔

小白兔，白又白，

两只耳朵竖起来。

爱吃萝卜和青菜，

蹦蹦跳跳真可爱。

绕口令也是儿歌的一种，它故意地重复许多相同或相近的音，通过多次反复地朗诵可以使人区别出许多易混淆的音。绕口令从内容和形式上都比较活泼有趣，深得幼儿的喜欢。幼儿自己说绕口令的时候，总是努力地把相近的词语发音表示清楚，起到了练习发音的作用。成人可以根据幼儿不同的发音困难，有针对性地选择合适的绕口令，供幼儿学习。下面是练习"h"和"f"以及"j"和"y"的绕口令。

小案例

抱着灰鸡上飞机，飞机起飞，灰鸡要飞。

一葫芦酒九两六，一葫芦油六两九。

六两九的油，要换九两六的酒，

九两六的酒，不换六两九的油。

（二）幼儿词汇的发展与教育

词汇是语言的建筑材料。一个人若想要很好地掌握语言这一重要的交际工具，必须掌握足够数量的词汇，才能明确地表达自己的思想，才能与别人自如地交谈。幼儿期是幼儿大量积累词汇的时期，3～6岁的幼儿能够掌握的词，大约可由1000个左右发展到3000～4000个，对词义的理解也逐渐由具体到抽象。除动词、名词以外，副词、连词、助词、介词等也在幼儿的语言中少量地出现。

1. 词汇发展特点

（1）词汇数量的增加

幼儿期是人的一生中词汇量增加最快的时期。在此期间，词汇量年年增加。据河北大学的研究，3～4岁儿童掌握的词汇量为1200个。一般研究表明，到幼儿末期，大约已掌握3000～4000个词，约为幼儿初期的3倍多。现将史密斯（M. E. Smith）的研究结果列为表2-1，供参考。

表2-1　幼儿的词汇量（史密斯的材料）

年龄（岁）	词数（个）	增加词数（个）
3	896	
3.5	1222	326
4	1540	318
4.5	1870	330
5	2072	202
5.5	2289	217
6	2562	273

由于词汇的掌握很大程度上取决于儿童的生活条件和教育条件。因此，儿童之间

掌握词汇量的个别差异极大，以彪勒（C. Bühler，1893—1974）的材料为例，同是 3 至 4 岁儿童，最高词汇数可达 2346 个，最低的词汇数只有 598 个。

（2）词类范围的扩大

词从语法上可分为实词和虚词两大类，实词是指意义比较具体的词，它包括名词、动词、形容词、数词、量词、代词等。虚词意义比较抽象，一般不能用来单独回答问题。虚词包括介词、连词、助词、象声词等。据我国研究，儿童在幼儿早期已掌握多种词类，其中名词、动词、代词较多，也有一些副词、形容词等。幼儿掌握词类范围扩大，这既表现在幼儿在口头言语中所用词的种类随年龄的增长而增加，也表现在每一词类的应用范围不断扩大。幼儿的言语中不仅有名词、动词、形容词、代词等，还包含汉语的各种词类，见表 2 - 2。

表 2 - 2 2 到 6 岁儿童各种词类发展比较表

年龄	词类 / 词 数	名词	动词	形容词	数词	量词	代词	副词	介词	连词	助词	叹词	合计
1 岁	词数/个	42.33	14.78	3.56	1.44	2.11	2.11	2.78	0.11	0.33	1.56	0.67	71.78
	百分比/%	58.971	20.59	4.96	2.01	2.94	2.94	3.87	0.153	0.46	2.173	0.933	100
2.5 岁	词数/个	32.25	25.5	3.88	2.5	3.88	8.25	3.63	0.87	0.25	6.62	1.75	89.38
	百分比/%	36.08	28.53	4.34	2.8	4.34	9.23	4.06	0.97	0.28	7.41	1.96	100
3 岁	词数/个	47.28	39.14	6.71	3.43	5	9.86	10.29	0.86	0.57	8.	0.86	132
	百分比/%	35.82	29.65	5.08	2.6	3.79	7.47	7.8	0.65	0.43	6.06	0.65	100
3.5 岁	词数/个	70.86	48	4	6.43	7.57	9.29	11.86	1.14	0.86	6.71	0.14	166.86
	百分比/%	42.47	28.77	2.4	3.85	4.54	5.57	7.11	0.68	0.51	4.02	0.08	100
4 岁	词数/个	73.7	54.3	7.1	11.1	5.6	11.9	11.4	2.7	1	4.4	0.3	183.5
	百分比/%	40.16	29.59	3.87	6.05	3.05	6.49	6.21	1.47	0.55	2.4	0.16	100
5 岁	词数/个	76.3	74	8.5	6.6	7.7	14.5	18.2	2.8	2	5.2	1.4	217.2
	百分比/%	35.13	34.07	3.91	3.04	3.55	6.86	8.38	1.29	0.92	2.39	0.64	100
6 岁	词数/个	104.1	122.2	13.1	7.2	10.2	15.8	26.8	3.3	1.9	4.7	0.7	310
	百分比/%	33.58	39.42	4.23	2.32	3.29	5.1	8.64	1.06	0.61	1.52	0.23	100

同时，幼儿词汇的内容在不断丰富和扩大。幼儿不仅掌握了许多与日常生活、起居饮食直接有关的词，也掌握了不少与日常生活距离较远的词，如关于人造卫星、古代历史、工农业生产等。在名词中，抽象性、概括性比较高的词逐渐增加。如过去只能掌握具体的实物概念，如"积木""娃娃""桌子""椅子"等，后来逐渐能掌握"玩具""家具"等类概念。

（3）词义逐渐确切和深化

有些词在幼儿前期即已出现，但不同年龄儿童对同一个词所代表的意义可能有不同的理解，使用时也不会一直正确。幼儿期的儿童对词义的理解逐渐确切和深化。他们逐渐克服幼儿前期所出现的缺点，即对词义的理解失之过宽或失之过窄的现象。例如，幼儿对"猫"一词的理解，既不会把它扩大到泛指具有皮毛特征的一切事物，也不会缩小到仅指自家的那只小花猫，而是能够将"猫"一词作为不同大小、不同颜色、不同种类的猫的符号，使词有了更为概括的特性。

此外，幼儿口头语言中积极词汇逐渐增多。积极词汇又称主动词汇，是指儿童既能理解，又能正确使用的词。同时，在他们的口头语言中，还有许多消极词汇，而且也在增多。消极词汇，又称被动词汇。这是指能够理解却不能正确使用的词。幼儿受知识经验的限制，对于许多词不能正确理解或有些理解而不能正确使用，以致出现乱用词或乱造词的现象。如把"一个小朋友"说成"一只小朋友"，"一张电影票"说成"一个电影票"等，错误地使用量词。

2. 合适的词汇教育

（1）合理地向幼儿解释新词语

词是一类事物的代表符号，要使词起到符号的作用，就必须使词和事物建立起牢固的联系。凡是在幼儿接触到物体的名称、形状、颜色等新词汇时，都要使语音和实物同时出现，并多次重复。还要用同类实物和该词建立联系，使其在幼儿思维中起到概括作用，并帮助幼儿牢固地掌握词汇。如幼儿非常喜欢的动物"狗"，幼儿最初接触这个词的时候对"狗"的形象只限于自己家里的玩具狗，在接下来的时间里，当遇到各具特色、大小不一的宠物狗的时候，成人应把"狗"的形象及时地给幼儿补充。

当向幼儿解释新的动词的时候，要伴随着对这一动作的解释，做出相应的动作，使动作和词建立联系，这样才能使幼儿具体形象地掌握不同动作的名称。对于一些表达感觉和情感的词，不易解释清楚的，也可以用手势、表情或一些象声词来帮助幼儿掌握，如"难过""幸福""兴奋"等。还有一些无法让幼儿直接接触的事物，可以借助图片认识它们的特征，进而掌握它们的名称。

（2）在日常生活中丰富幼儿的词汇

日常生活是幼儿学习语言的基本环境，在这个环境中词汇形象、自然，而且词语多是经常重复的。成人应该抓住各种时机进行词汇教学。在晨起穿衣时，成人可以教给幼儿各种衣服的名称，如"外套""裤子""毛衣"；在吃饭的时候可以教给幼儿各种食物的名称，如"馒头""牛奶""豆浆"；在领着幼儿外出散步的时候可以沿途向幼儿介绍各种见闻，丰富相应的新词，如"外面的空气很新鲜""马路很宽阔"，幼儿可以根据实际情境理解"新鲜"和"宽阔"这两个形容词。

（3）运用词汇教学游戏丰富幼儿词汇

词汇教学游戏有活动性和广泛性的特点，通过游戏练习词语的运用，对词汇的掌握是在"玩"的过程中实现的，符合幼儿的兴趣，幼儿比较愿意参加。教师运用教学游戏的时候，应该根据本班幼儿词汇掌握的一般水平来选择合适的游戏。选择游戏的时候要保证幼儿需要掌握的目标词汇一定要在游戏中出现，教具或游戏材料要形象、美观，能正确反映事物的各种特征。进行游戏时要求幼儿遵守游戏规则，保证幼儿获得正确的练习。

（4）通过文学作品进行词汇教育

儿童文学作品中的语言是经过提炼加工的语言，生动形象，易于幼儿理解和接受。文学作品中的一些故事情节和人物心理活动的描述，能够帮助幼儿较快地理解一些抽象词。通过儿童作品丰富词汇，有的是通过故事情节来使幼儿自然地理解词义，有的还需要图片、模型来辅助，帮助幼儿理解词义。如讲述刘翔参加奥运会跨栏项目取得冠军给国家争光的事情，可以配合刘翔夺冠时的图片或者视频，并稍加解释，这样幼儿不仅能够具体形象地掌握好多新词，而且会对这种为祖国增添荣耀的人物心生敬佩。

（5）通过幼儿园一日教育活动进行词汇教育

幼儿园的各种教育活动都是有目的、有计划地向幼儿提供知识、形成概念的过程，在各种教育活动中都要丰富幼儿的词汇。如在美术教育活动中，要教幼儿认识各种画笔的名称、形状、色调等相关词汇；在舞蹈教育活动中，可以教会幼儿各种身体动作、舞蹈服装、头饰等方面的词汇。

（三）幼儿语法的发展与教育

言语发展，除表现于能正确发音、具有一定的词汇量外，还表现于语法结构的掌握、学会组词成句的规律。幼儿在与人们不断交往的过程中，自然地掌握了一些基本语法结构和一些句型。

1. 语法发展特点

（1）从简单句发展到复合句

幼儿前期、儿童语言中，虽也出现了一些复合句，但绝大部分是简单句。据研究，两岁时复合句只占所有句子的 3.5%，简单句占 96.5%。在幼儿期，简单句仍占多数，但随着年龄的增长，复合句所占的比例逐渐增加，如表 2－3。

表 2 - 3　幼儿简单句和复合句的比例

年龄（岁）	简单句（%）	复合句（%）
3	96.2	3.8
4	88.5	11.5
5	87.6	12.4
6	80.9	19.1

幼儿四岁以后的语言里还出现了各种从属复合句（偏正复合句），应用适当的连接词构成复合句以反映各种关系。如，应用"如果……就……"反映假设关系，应用"只有……才……"反映条件关系，应用"因为……所以……"反映因果关系等。

（2）从陈述句发展到多种形式的句子

幼儿的口头语言中，陈述句仍占相当的比例（约三分之一），其他句型如疑问句、否定句等也都发展起来了。在幼儿的语言实践中，可以看到他们由于受简单陈述句句型模式的影响，往往对一些复杂的句子因不能理解而发生误解。如五六岁的幼儿对被动句不易理解，因而把"小狗被小兔推着走"误认为"小狗推小兔走"。又如，对双重否定句更难正确理解，因而把"那个盒里没有一个娃娃不是站着的"误解为"没有娃娃站着"，或完全不理解。

（3）从不完整句到完整句

幼儿前期，句子结构往往松散，不严谨。在他们口头语言中，往往缺漏主要词类或词序紊乱，以致造成句子意思不明确，别人如果不了解儿童说话时的情景，就很难理解儿童所要表达的意义。如有的幼儿把"孙悟空拔头上的毛"说成"孙悟空头上毛"；把"你用筷子吃，我用调羹吃"说成"你吃筷子，我吃调羹"。三岁半以后的幼儿，逐渐掌握句子成分之间的复杂而严格的关系，出现了较复杂的修饰语句，如有介词结构的"把"字句；"他们把绳子接起来跳"，"小兔子把萝卜放在桌子上"；六岁幼儿的简单句几乎全是完整句，复合句也较完整。

（4）句子从短到长

幼儿期儿童口头言语中所用句子的长度，随年龄增长而增加。据华南师院的研究，三岁儿童主要使用三词句（占 21.5%），三岁半儿童句子长度发展到 6 ~ 10 个词（占 21.2%），四岁儿童使用句子的长度可达 11 个词以上。以后，句子的词数继续逐年增长。

一般来说，到了幼儿末期，儿童不仅会说完整的简单陈述句，而且出现了各种句型的复合句；句子的长度增加，结构也较严密。幼儿对语法的掌握并不依靠专门的语法教学而获得，而是在实际的语言活动中逐渐形成的，他们在使用句子时，并不知道句子构成的理由。因此成人在和幼儿交际的过程中，使用符合语法的语句将对幼儿正确掌握语法有直接的积极影响。

2. 合适的语言教育

（1）创设宽松的说话环境

不论是在幼儿园内还是在家里，成人都要给幼儿创设一个宽松自由的说话氛围，孩子出现错误不要严厉指责，而应该温柔纠正。幼儿在这个时期有着非常强的说话的欲望，成人应该多给予鼓励。使幼儿有话敢说、有话会说，减少因为害怕成人苛责而导致紧张、胆怯，在表达时出现的语序混乱、逻辑错误、语法不对，句子表达不畅的情况。

（2）引导幼儿多说出完整结构句子

因为幼儿还是不太熟悉完整的语法结构，说话时常常语不成句，不能或者懒得按照完整的语法结构连贯地叙述。成人应该最大限度地引导幼儿说出完整的句子，不要让幼儿形成"多词句沟通式"的依赖。如，幼儿想让成人拿水给自己喝，就会说"妈妈，水"，这时成人要帮他把话表达完整："妈妈，我要喝水"，接着让幼儿重复几遍，加深印象，再把水给幼儿。既能让他多学会一个完整的句子，又能引导幼儿说完整句子的习惯。同时，幼儿教师或家长可以通过让幼儿口头造句、用词组句、扩充句子、看图说话、讲故事比赛的形式引导幼儿多说话，巩固语法规则，养成说完整句子的好习惯。

案例分析

案例一　中班语言教育活动：小猫过生日

设计意图：

《小猫过生日》这个故事充满趣味性，虽然故事情节简单易懂，但一个又一个隐藏玄机的身影却能够始终吸引着幼儿的注意，激发他们动脑筋的欲望，并且在过程中体验着思考的快乐。

中班孩子对观察推理非常有兴趣，利用这个特点，结合中班孩子观察的必要经验，我们设计了故事《小猫过生日》，在幼儿熟悉的生活情景——过生日中，运用看看、想想、猜猜的方式，启发幼儿学会从局部猜测整体，提高幼儿的观察判断能力。

活动目标：

1. 理解故事，了解小猫过生日的特殊经历。

2. 体验动脑筋解决问题的快乐。

3. 学会用完整的句子进行表达，尝试运用观察、对比等方法，从影子的整体或者局部轮廓来猜测物品。

活动准备：

1. 物质准备。

《小猫过生日》的大图书、多媒体、幼儿操作卡片（印有物体影子的礼品袋、对应的礼品图片）。

2. 知识经验准备。

在区角活动中幼儿有"找影子"的经验。

活动过程：

（一）引疑激趣

1. 认识新朋友，故事的主角——小猫。

提问：你觉得袋里躲着的动物朋友是谁？为什么你这么认为？

（初步引导幼儿从局部推测事物，例如先从耳朵判断，之后露出一点点胡须再来判断，并进一步激发幼儿的兴趣）

出示小猫，和小猫打招呼。

2. 引出故事。

提问：小猫遇到了什么高兴的事？（重点观察图片中的蛋糕和蜡烛）

猜猜小猫过生日会遇到些什么事情？（鼓励幼儿联系自己的生活经验，进行大胆的猜测，并表述出来）

3. 分段阅读故事，观察并猜测小猫家来的客人。

阅读多媒体课件（或者阅读图书第2页）

提问：你看到发生了什么事？停电了，该怎么办？（鼓励幼儿开动脑筋，联系实际，拓展自己的想象）

小猫想出了什么办法？

屋子里又有了光亮，瞧，它照到了什么？（引导幼儿用完整、规范的语言表述，例如，鞋柜上放着两双拖鞋）

——门铃声。

引疑：怎么了？（教师带着一份好奇和神秘感引导幼儿进入故事情景）

依次阅读图书第4至第7页。（重点观察图片）

提问：猜猜来祝贺的这位朋友是谁？（验证猜测）

为什么觉得是小猴？（引导幼儿用完整的句子来表述理由）

从哪儿看出来是小兔？（侧面的小兔对幼儿具有一定的挑战，引导幼儿在观察中进行猜测，并通过教师的进一步提问进行验证）

这是一只什么样的小刺猬？（引导幼儿更全面地观察并表述）

提问：这下可热闹了，看看来了几位客人，你觉得分别是谁？（从个体到群体，一方面是幼儿观察能力的提升，同时也引导幼儿从事物之间的联系进行推断，例如看到竹笋猜测这圆耳朵的动物可能是熊猫）

翻至图书第 13 页。

这一下朋友都到齐了，小猫家里可热闹了。这时，灯又亮了，瞧瞧，来了几位客人？（帮助幼儿识别客人和主人概念上的区别）

操作游戏：进一步尝试影子配对。

猜猜这些小动物们给小猫带来了什么礼物？（在游戏中感受和朋友分享快乐的心情，并且进一步动手尝试）

游戏：首先请幼儿每人取一个礼物袋，看看袋上的影子，想想礼物袋里装着什么。其次找到实物放入礼物袋，将礼物送到小猫身边。最后交流感受，分享快乐。

（二）延伸活动

在区角活动中继续开展有关"找影子"的游戏，提高难度，从缺损的影子来猜物品，或是根据影子从相近物品中找出最合适的一个。

附故事

小猫过生日

小猫丽丽今天特别高兴，她起了个大早，穿上了美丽的花裙子，还准备了一桌美餐，在香喷喷的蛋糕上插上了三支蜡烛。今天是小猫丽丽三岁的生日。

小猫丽丽邀请了许多好朋友来共享她的生日晚餐。时间快到了，她高兴地等待着朋友们的到来。可是，突然，"啪"的一声，屋子里一片漆黑。

"呀，怎么停电了？"屋子里的灯都灭了，只看到小猫的眼睛闪闪发光。"有了！"小猫灵机一动，从抽屉里摸出了一把手电筒，轻轻一转，屋子里立刻又有了些光亮！小猫拿着手电筒，这里照照，那里照照，恨不得照亮屋子里的每一个角落。"叮咚"，就在这时，门铃响了！哦，黑乎乎的身影会是谁呢？小猫走近一照，"啊，原来是小兔呀！"紧接着小刺猬也来到了小猫家。"欢迎你们来参加我的生日聚会，我家停电了，不过，瞧，手电筒也可以为我们带来光亮！"大伙儿好奇地看着小猫的新式"武器"。就在这时，"叮咚"，门铃又响了。哇，这会儿朋友们都到齐了，梅花鹿、长颈鹿和熊猫也为小猫丽丽带来了生日祝福。大伙儿围坐在蛋糕边，点起了生日蜡烛，屋子里变得更亮了。朋友们唱起了生日歌，小猫丽丽收到了许多特别的礼物，这真是一次难忘的生日聚会！

活动评析：

在这次活动设计中，教师不仅要求幼儿在区角活动中用完整的句子表达自己根据动物的轮廓或影子来猜测动物，还要说明自己猜测的理由，以培养幼儿的观察能力和逻辑思维能力；还要求幼儿积极动脑筋帮助动物解决问题，体验能够自主解决问题的快乐。这些都需要幼儿依据实际情景运用恰当的语言进行表达，很好地锻炼了幼儿的语言表达能力，是一个成功的语言教学活动设计。

案例二　小班语言教育活动：看图说话

活动目标：

1. 帮助幼儿理解因果复句，学会用"因为……所以……"来表达；

2. 培养幼儿大胆提问、陈述理由、说明原因的能力。

活动准备：

小女孩笑（图一）、小兔带伞出门（图二）、小男孩吃冰淇淋吹电风扇（图三）、啄木鸟啄虫（图四）、老爷爷拄拐杖（图五）大图各一套，有关小图片若干。"因为……所以……"字卡一张。

学习重点：学会说因果复合句。

学习难点：表达时能正确使用关联词。

活动过程：

1. （出示图一）图上小朋友在干什么？为什么笑？

（教师做示范：因为老师奖励给小女孩一朵红花，所以她笑了）

2. （出示图二）小兔为什么拿着雨伞出门？

3. （出示图三）小男孩为什么吃冰淇淋还要吹电风扇？

4. （出示图四）为什么说啄木鸟是树医生？

5. （出示图五）老爷爷为什么拄着拐杖？

活动延伸：游戏"小博士，考考你"

规则：两个小朋友一组，各挑一张小图片后坐好，其中一人提问另一人回答，然后交换。

幼儿自由练习，教师巡回指导。

活动评析：

这次活动设计重点突出，教师设计的教学环节也是紧扣活动目标来实施的，非常有针对性。活动准备非常充分，先是出示图片，教师示范"因为……所以……"的句式，然后根据鲜活生动的图片让幼儿尝试进行句式联系，最后通过游戏活动让幼儿巩固所学的句式，环节与环节之间层层递进，有效达成了活动目标。

思考与训练

1. 人类的发音器官有哪些?

2. 简述语言和社会的关系。

3. 试述 0 ~ 3 岁语言发展各阶段的主要特点。

4. 简述 3 ~ 6 岁幼儿语音发展的特点。

5. 简述 3 ~ 6 岁幼儿词汇发展的特点。

6. 将全班同学分成正、反两方以及评判组三个小组,举行一场辩论赛,辩题参考如下。

(1) 不必进行学前儿童语言教育,"树大自然直"。

(2) 只要对儿童进行语言教育就比不教育强。

要求各小组发扬团队精神,合理进行分工合作。正反双方通过图书、网络等各种方式收集资料,深入分析,反复演练;评判组要深入解析辩题。

学前儿童语言教育活动的设计、实施与评价

1. 理解学前儿童语言教育活动设计与指导的基本原则。
2. 掌握学前儿童语言教育活动设计的方法并能进行活动设计。
3. 掌握学前儿童语言教育活动评价的方法并能根据掌握的知识实施评价。

基础理论

　　学前教育机构对儿童组织实施的语言教育活动不同于家庭对幼儿的语言教育，它更具目的性、组织性和计划性。这种有目的、有计划地实施的语言教育教学活动是实现《纲要》和《指南》中提出的学前儿童语言领域目标的有效途径，也是落实幼儿园语言教育教学任务的主要手段。新时代背景下的学前儿童语言教育必须是面向未来、面向儿童可持续发展的。幼儿园教师在组织语言教学的过程中，语言认知、情感与态度、能力与技能的培养，应该成为贯穿在学前儿童语言教育活动中的主线。作为一名幼儿园教师，在学前儿童语言教育活动实施前的设计是关系到活动能否取得成功的关键环节。另外，活动结束后的评价环节也非常有价值，它是实现学前教育整体目标的一个手段。

一 学前儿童语言教育活动设计与组织的基本原则

学前儿童语言教育活动设计与组织的基本原则，是指幼儿园教师在开展语言教育活动时必须要遵循的基本准则和基本要求，是使语言教育活动具有基本质量和必要效率的保证。

（一）以幼儿为主体的原则

全语言教育观念中活动的语言教育观强调学前儿童语言教育应在丰富多彩的活动中进行，这与幼儿的年龄特点密切相关，也与语言的习得规律密切相关。我们人类的语言习得就是在每天的活动中通过不断地模仿和联系慢慢获得的。同样，活动也是幼儿的主要学习方式，学前阶段的幼儿正处于人生发展的早期，由于他们的心理发展水平和认识客观事物的能力较低，不可能像成人那样能够借助人类其他成员活动的结果来发展自己，而是必须通过自己的活动才能获得对外界的清晰认识。因此，幼儿教师在组织语言教育活动时，必须把幼儿作为活动的主体，大胆放手让幼儿自己说、自己做，激发幼儿的主动性。

幼儿教师要想在语言教育活动中贯彻落实这一原则，必须做到以下几点。

1. 激发幼儿活动的动机

在幼儿园的教育环境中，幼儿的活动是在教师的组织指导下进行的一种有目的的学习活动，它的发生是由一定的动机引起的。如果教师能够在组织教学活动的过程中成功地激发幼儿的动机，那就会使活动产生良好的教学效果。

2. 尊重幼儿的主体地位，让幼儿成为活动和学习的主角

尊重幼儿在活动中的主体地位，是指教师要根据幼儿的语言发展水平、年龄特点、兴趣、需要等去设计和组织活动的内容和形式。只有保证幼儿在活动中始终有着积极的动机、浓厚的兴趣和主动参与的精神，而不是被动的、受强迫的、有压力的受教者，才能保证语言教育活动更积极、更深入、更持久。

3. 教师应为幼儿创设良好的语言教育环境

正如《纲要》中所提到的，"语言能力是在运用的过程中发展起来的，发展幼儿的语言的关键是创设一个能使他们想说、敢说、喜欢说、有机会说并能得到积极应答的

环境"。这就要求教师应为幼儿提供丰富的语言材料和操作材料，创设宽松自由的氛围，精心安排和组织幼儿与所提供的语言材料进行充分互动。

4. 尊重个体差异，注重因材施教

幼儿教师应在充分了解所带班级内每个幼儿的语言发展情况的基础上，对全班幼儿提出统一要求的同时，针对每个幼儿的特点给予指导。这也符合《纲要》中提出的"幼儿语言学习具有个别化的特点，教师与幼儿的个别交流、幼儿之间的自由交谈等，对幼儿语言发展具有特殊的意义"。众多教育实践表明，任何教育活动都不能搞"一刀切"，语言教育同样如此。

（二）促进幼儿语言发展的原则

在传统的语言教育中，由于一直以来以教材为中心，以教师为中心，特别注重知识的硬性灌输，如背诵一首儿歌，讲述一个故事等，忽视了幼儿的语言发展。幼儿教师要注意，语言教育不能等同于知识灌输，语言能力的强与弱也不是单凭背诵儿歌、故事就能衡量的。我们在组织语言教育活动时，必须以促进幼儿语言的全面发展为目标，这就要求幼儿教师把握好以下几个方面。

1. 了解语言教育领域的目标

幼儿教师要对语言教育的目标。首先要求每个幼儿教师深入学习《纲要》和《指南》两个文件中就语言领域提出来的目标要求，既要把握总目标，又要了解各年龄段的分目标。《指南》中把语言领域划分为倾听与表达、阅读与书写准备两个子领域，每个子领域下面又分年龄段提出了具体的目标内容和教育建议，值得每一位幼儿教育工作者好好学习，透彻领会，并在自己的实际工作中，在每一个具体的语言教育活动中贯彻落实。

2. 教师应明确语言教育活动的落脚点是幼儿的语言发展

语言教育活动包括谈话活动、讲述活动、儿童文学作品活动、早期阅读活动、听说游戏活动等多种类型。每一类型的活动内容都涉及幼儿直接经验和间接经验。从活动的形式来看，有自由交谈、情境讲述、游戏表演等多种形式。但是，无论老师选择的内容多么丰富，形式多么活泼多样，在指导思想上都应明确，促进幼儿的语言发展是语言教育活动的根本落脚点，千万不能过分追求表面上的热闹而忽视了语言发展的目的。

（三）按照幼儿的语言发展规律设计活动的原则

幼儿园教师作为语言教育活动的设计者和组织者，应准确了解0~6岁婴幼儿各年龄段语言发展的特点和认知规律，在教育过程中不能任意超前，也不能盲目滞后，只有按照语言发展规律去开展活动，才能真正地发展幼儿的语言能力。幼儿园教师在贯彻这一原则时应注意以下三点。

1. 学前儿童语言教育应以学前儿童已有的语言发展水平为基础，帮助他们在新旧语言经验之间建立联系

前面的发展是后面的基础，后面的发展是前面的教育和发展的成果。例如，幼儿在学习了单幅图的看图讲述后，再学习多幅图的看图讲述；在学习了看图讲述之后，再学习情境讲述。只有这样由浅入深、由易到难的语言教育，才是符合幼儿语言发展规律的。

2. 学前儿童的语言教育应能促进幼儿的语言能力在原有水平上有所提高

我们要根据维果茨基提出的"最近发展区"理论进行教育，通俗一点讲，就是要让幼儿"跳一跳，摘桃子"。例如，对语言能力发展较好的大班幼儿，可以给幼儿提供几幅图和几个关联词，引导幼儿观察图与图之间的关系，运用关联词，发挥想象力，练习由简单句到复合句，甚至是逻辑性较强的一段话的练习，都是可以的。

知识拓展

维果茨基的"最近发展区"理论

最近发展区理论是由前苏联教育家维果茨基提出来的。维果茨基的研究表明：教育对儿童的发展能起到主导作用和促进作用，但需要确定儿童发展的两种水平：一种是已经达到的发展水平；另一种是儿童可能达到的发展水平，表现为"儿童还不能独立地完成任务，但在成人的帮助下，在集体活动中，通过模仿，却能够完成这些任务"。这两种水平之间的距离，就是"最近发展区"。把握"最近发展区"，能加速学生的发展。

维果茨基的"最近发展区"，主要是就智力而言的，其实在学生心理发展的各个方面都存在着"最近发展区"。教师应该围绕"最近发展区"大做文章，通过联系簿、周记、作业本、期末鉴定、书信等载体给学生写评语，让学生看到成功的希望，明确努力的目标，获得前进的动力，一步一步地发展自己，一点一滴地完善自己。

3. 注重在其他领域的教育活动中渗透语言教育

语言教育虽然是以语言符号系统操作为主的活动，但同时语言也是多种符号系统共同参与的活动。任何一个领域的教学活动都离不开语言的练习和发展，我们可以在

设计其他领域的教学活动时，有意识地渗透语言教育方面的内容，但是要注意技巧和方式，也要把握好量和度，不能喧宾夺主。

二 学前儿童语言教育活动的实施步骤

学前儿童语言教育的目标和内容要通过具体的语言教育活动来实现。语言教育活动的形式多种多样，可以在日常生活中进行，也可以在集体教学活动中进行。在这里我们着重探讨有目的、有计划地按集体形式组织的语言教育活动的设计与指导。

活动设计是教师为有效地实现学习目标而预先对教学过程进行的思考，是幼儿教师依据一定的教育思想和自己对教育、教学的理解，以科学的方式对课程中的某个单元或者其中的某个内容的目标、过程进行规划、安排和设想，组成一个合理的结构，使活动得以顺利运行的程式，它是教师实施教育的基本准备。

学前儿童语言教育活动设计的一般步骤，包括确定活动目标、选择活动方法、策划活动过程及总结评价活动几个部分。活动整体设计则是将以上思考的过程文字化，即写成教案。一份完整的语言教育活动教案，一般包括活动名称、活动目标、活动准备、活动过程、活动延伸、活动评价几个部分。活动的指导则是通过一些具体的活动方式和运用一定的方法实施活动设计的过程。下面分别阐述。

（一）活动名称的设计

活动名称即某一次具体教育活动的名字。活动名字应概括地反映出教育活动的主要内容和发展目标。在活动名称后，要注明具体的活动类型和该活动适合哪个年龄段，即小班、中班还是大班。

活动名称的设计一般没有特殊的要求，在取名称时尽量符合儿童化的特点即可。如"故事活动——会动的房子（中班）""谈话活动——说说我的好朋友（小班）""听说游戏活动——猜猜我是谁（小班）"等。通常情况下教师是将教材及教学参考书的活动名称直接作为活动的名称，或者稍作改动。

（二）活动目标的设计

活动目标是指进行语言教育活动预期的结果，也就是这一次语言教育活动所要达到的目的。制定语言教育活动的目标，是语言教育活动设计中最重要的一环，它的恰当与否，直接影响着整个活动设计的成败。但是长期以来，幼儿园语言教育活动中普遍存在只有内容没有目标，或者先选择内容后制定目标的现象，使教育活动存在着极大的盲目性。

制定具体的语言教育活动的目标最直接的依据是单元目标，单元目标一般是根据总目标、分类目标和阶段目标由本园同年龄班教师一起讨论制定的。通过哪些课题的活动来实现这一目标，也是各班基本统一的。而具体的每个教育活动的目标，则需要每位带班教师发挥自己的才能，根据本班幼儿的语言发展状况，包括近来幼儿在语言教育活动中的具体情况来拟定，一般要考虑幼儿认知、情感、能力三方面的情况。当然，根据所选择的具体活动，三个维度目标会有所侧重，有的是隐性的。另外，目标在表述时应做到简洁、明了，可操作。

1. 制定活动目标时应遵循的原则

为了使语言教育活动的目标能起到龙头作用，幼儿教师在制定活动目标时应该遵循以下原则。

（1）目标应着眼于幼儿的发展。首先，目标的制定应适应幼儿已有的发展水平，符合幼儿语言发展的特点和规律。针对小班、中班、大班幼儿的不同年龄特点和水平，设计不同难度的目标。其次，目标的制定应将促进幼儿的语言发展作为落脚点。幼儿教师在设计语言教育活动时，会考虑多种内容和多种形式，但是最终都要落实到幼儿对语言内容、语言形式和语言技能的掌握上。

（2）目标制定应以学前教育机构的保育和教育目标为依据。根据《幼儿园工作规程》，幼儿园保育和教育在语言发展方面的目标是"培养幼儿运用语言进行交际的基本能力"。这句话可以说是对幼儿语言教育目标的概括性表达，它强调了语言的交际功能，这就要求我们在制定具体的语言教育活动目标时，不仅要包括最基本的幼儿倾听和表述能力的培养，还应包括提高幼儿口语表达能力以及为入学后的书面语言学习做准备等目标。

2. 语言教育活动目标的内容

语言教育活动目标应包括三个维度：认知目标、能力目标、情感态度目标。

（1）认知目标

也称知识目标，即儿童最需要理解掌握的语言领域的相关知识概念，包括所获得知识的种类以及操作这些知识的技能和能力。例如，要幼儿认识多少字，掌握多少个词以及懂得在什么样的语境下运用这些词或句式等。

认知目标方面常用的表述词语有"了解、知道、掌握、懂得"等。例如，在听说游戏活动"谁来了"中，认知方面的活动目标可以表述为"掌握'跳、游、跑、飞、爬'等动词，知道游戏的规则和玩法"。

（2）能力目标

能力目标涉及语言能力的学习，包括组词成句的能力和在具体语境中运用语言的能力。例如，能根据不同的对象和不同的情境，恰当地运用有关的词语、语法和语调；能用连贯的语句讲清楚自己所要表达的意思，也能听懂别人表达的意思等。

能力目标常用的表述词语有"会、学会、能够、形成、运用"等。例如，在大班讲述活动"快乐的五一假期"中，能力方面的目标可表述为"使幼儿学会耐心地倾听别人谈话，能够清楚地同他人交谈自己'五一'所去地方的特色及感受"。

（3）情感态度目标

情感态度目标是指幼儿在活动中产生的自我感受、内心体验，包括兴趣、态度和价值观等方面的变化。例如幼儿在活动中保持积极的情绪状态，养成耐心、有礼貌地倾听别人说话的好习惯，懂得并遵守语言交往中的一般规则，激发幼儿对活动的热情和兴趣等。

情感态度方面的目标常用的表述词语有"乐意、愿意、喜欢、培养、养成"等。例如，在故事活动"会动的房子"中，情感态度方面的目标可以表述为"培养幼儿积极动脑、大胆想象和创新的好习惯"。

需要注意的是，学前儿童语言教育领域的活动目标一般包括知识目标、能力目标和情感态度目标。如此制定的目标更完整，便于落实。但在设计每一次语言教育活动时，指定的活动目标不一定都包含上述三个方面，每一个目标也未必只含一个维度的内容。

3. 语言教育活动目标表述时应注意的问题

（1）目标表述应符合本领域的要求

学前儿童语言教育所包含的内容是所有领域教育中最广泛的。通常鉴定活动是否属于语言领域最显著的标志就是看目标的表述。例如，能够完整地讲述故事《孔融让梨》（语言），能够用筷子创造出各种各样的图形（艺术）。

（2）目标的难度要符合幼儿年龄特点

例如，同样是故事活动"老鼠嫁女儿"，大班的活动目标可以是"能够完整地讲述故事内容，并能有表情地表演故事"。而小班的活动目标则可设定为"了解故事内容，知道故事中的事物的基本特征，能跟着老师做太阳、乌云等的动作"。

（3）目标表述应明确、具体，重点突出，具有可操作性

目标应明确具体地提出语言知识的学习目标或说明能力技能的训练效果。例如，在看图讲述活动"小兔家的窗"中，可制定以下具体目标："了解看图讲述故事的方法，学会'挖''融化'等新词；明白小河在冬天会结冰，在春天会融化的道理"。

（4）目标的表述方式要统一

目标表述的角度有两种，应该要一致，或者从教师的角度出发进行表述，或者从幼儿的角度出发进行表述。但是，很多活动设计方案中在目标表述上不够严谨，目标1和目标2的行为主体不一致。这是需要注意的一个很重要的问题。

例如，①激发幼儿大胆表达个人见解，大胆讲述故事的勇气；②感受帮助别人的乐趣，增进喜爱动物的情感。目标①中的行为主体是教师，是教师的教育目标；目标②中的行为主体是幼儿，是幼儿的发展目标，这就是同一活动中的目标行为主体不一致。可改为：①激发幼儿大胆表达个人见解，大胆讲述故事的勇气；②引导幼儿感受帮助别人的乐趣，增进他们喜爱动物的情感。

（5）目标的顺序清晰

对于目标的顺序并没有统一的要求，但要能够自圆其说。最常见的排序方法是按目标的重要程度排序，最重要的目标即领域目标排在最前面；也有其他的排序方法，如按目标实现的难易程度排序，将最容易实现的目标排在最前面，然后逐渐加深难度；还有按活动进行的顺序排列目标；按情感、能力、知识方面分别阐述目标，不刻意追求目标顺序。

（6）其他要求

目标的语言表达要谨慎，语句通顺。目标的数量应适中。一般情况下，目标以3条最为合适。目标制定得太少，说明对"认知""情感态度""能力"等方面的挖掘不够，活动的价值较低。目标制定得太多，易出现书写条理不清晰的问题，并且易出现要求过多，一次活动难以实现的问题。

目标可适当体现其他领域如社会、健康、科学、艺术等领域的教育目标。

小案例

小班谈话活动"好吃的早餐"中的活动目标是这样表述的：①教幼儿学会大方地在集体面前说话，并认真倾听别人谈话；②引导幼儿用简短的语言说出早餐的种类、味道以及自己进餐后的感受；③丰富幼儿的词汇：甜甜的、咸咸的、饱饱的、胀胀的、舒服的等。

（三）活动准备的设计

学前儿童语言教育活动有其自身的特点。幼儿语言认知的增加，对语言美的情感的激发及语言的培养，不是单凭一次两次的语言教育活动就能完成的，也不是单靠教师嘴巴说就可以了。幼儿的年龄特点决定了直观、形象、生动的形式更易于幼儿理解和学习。因此，活动的准备在整个活动设计中不是一个辅助的、可有可无的部分，而是实现教育活动目标的有力保证。在中班"会动的房子"活动中需要考虑的准备工作，包括跟图画故事有关的图片的搜集，制作PPT；录有风声、海浪声、马蹄声的磁带或音频等。活动准备中有些材料是现成的，有些则需要教师进行绘制，有的情景表演准备需要教师事先安排好，保证能为活动所用。总体来讲，我们可以把活动准备分为教师的准备和幼儿的准备两个方面。

1. 教师的准备

教师的准备包括两个方面：一是物质的准备，如准备各种教具、玩具等，如开展早期阅读活动"谁的主意好"的物质准备有小鸡、小猫、小羊、小鸭和小兔的头饰，人手一份故事画册等；二是环境创设的准备，如座位的摆放、环境的布置、情境表演或角色扮演所需的环境等。

2. 幼儿的准备

幼儿的准备包括三个方面：一是知识准备，如事先参观、事先学习等。如在开展谈话活动"我的妈妈真辛苦"活动之前，请幼儿在家观察妈妈劳动的情形，如有可能，可请家长带孩子参观自己的工作场地；二是物质准备，如要求幼儿从家中带的一些材料或幼儿自己动手制作的材料等；三是心理准备，如教师要学前儿童形成勇敢的品质，要学前儿童介绍一些害怕的体验，教师就需要事先让学前儿童能坦然地面对以往自己害怕的经验，让学前儿童做好心理准备。

幼儿教师在进行活动准备时应注意：

（1）充分挖掘已有的教育资源，不宜每次都由教师去制作或购买；

（2）教具与学具应准备充分；

（3）幼儿在挑选教具时，应体现以幼儿为中心，贯彻新纲要的精神。

小案例

中班故事活动"狐狸和坛子"活动准备包括以下两点。①材料准备：教学图片6幅，故事《狐狸和坛子》的Flash动画制作；②经验准备：幼儿对坛子比较熟悉，了解坛子口小肚大的特性。

（四）活动过程的设计

学前儿童语言教育活动是作为一个过程展开的。在活动的目标确定后，就要思考通过哪些具体的活动内容和活动形式来实现目标，活动过程的设计则是将这种思考书面化与细致化。教师所设计的活动过程必须要紧扣活动的目标，为活动目标的实现服务。语言教育活动过程通常包括三个环节：活动开始部分、活动基本部分、活动结束部分。

设计活动过程的方法虽然没有固定的模式，但是仍有一些基本的方法需要教师掌握。①要认真确定活动的起点和终点。所谓过程，必须要有开始、有结束。从什么内容开始，用什么方法导入，最后用什么方法结束，这些都是在设计活动过程时需要认真考虑的问题。②活动流程步骤要清晰，并为具体实施留有余地。教师对活动流程的每一个步骤及相关的内容与组织形式，都可以事先拟定清楚，但在具体的实施过程中，不能生搬硬套，还应具有随机性和创造性，根据幼儿的具体情况灵活进行引导和教育。③教师的提问内容和方法要注意多样化。应尽可能通过多种形式让幼儿参与活动，调动各种感官，让幼儿成为活动的真正主角，如角色扮演、移情、实践等。

1. 活动的开始部分

这是引导幼儿活动的第一个步骤，起到初步引起幼儿参与活动的兴趣及调动幼儿学习主动性的作用。包括以下两个环节。

（1）组织教学

组织教学即进行纪律的组织，吸引学前儿童的注意，使他们能够有秩序地进入活动状态。组织教学的方法是多样的，如"请你跟我这样做""拍拍小手坐坐好"等。还需要幼儿教师发挥想象，进一步创新教学方法。

（2）导入

俗话说，"良好的开端是成功的一半"。导入环节是语言教育活动开始时，教师引导幼儿进入活动过程的组织方式，目的在于引起幼儿注意，激发幼儿活动的兴趣、探索的欲望等。教师恰当的导入策略非常重要，它可以在较短的时间内吸引幼儿的注意力，激发幼儿活动的兴趣，引导幼儿主动探究与思考，保证教育活动顺利地实施，使幼儿在轻松、自主、有趣、愉快的氛围中开展活动。常用方法有以下几种。

①示范法

示范法是指教师为学前儿童提供语言和行为范例并引导幼儿效仿的语言教育方法。

幼儿是通过模仿来学习语言的，教师的语言示范是幼儿直接学习和模仿的对象。因此，教师应为幼儿提供正确的榜样示范。第一，教师示范语言应标准规范。一般来说，教师示范语言的基本标准是发音准确、表意清晰、语汇丰富、用词恰当、文理通顺、响度适中。在具体的实施过程中，教师示范时还应做到，讲述生动形象，朗诵声情并茂，表情传神逼真，书写优美规范等。第二，示范应适时、适量，面向全体幼儿。教师示范时机要恰当，还要注意语音清晰，方法多样，使每个幼儿都能听到，对于一些动词、感叹词还要加上动作和表情，帮助幼儿理解。第三，教师应注意隐性示范。如果幼儿教师在语言教育过程中总是单纯采用显性示范会使示范显得过于枯燥、单调和死板，因此，教师应注意多采用隐性示范。比如，在生活经验讲述活动中，教师可以先谈谈自己的生活经验，这时教师并没有明确要求幼儿必须仔细观察教师的示范，而是主导活动方向和进程，通过暗示给予示范。

②情境表演法

情境表演法是指在教师的指导下，学前儿童扮演文学作品中的人物，根据作品情节的发展，通过对话、动作、表情再现文学作品，提高幼儿口语表达力的一种方法。情境表演直观、形象、灵活、针对性强，贴近幼儿的实际情况。幼儿通过观看表演和参与表演，能够加深对文学作品的理解，并且能够激发兴趣，使他们获得快乐的情绪体验。教师在运用表演法时应注意以下几点。第一，表演的内容应该有情节且适合表演。第二，表演的目的要明确，应适当排练。教师在表演前，应先让幼儿集体练习角色语言，然后再分派角色进行表演。例如，在表演故事《鹅大哥出门》时，应先让幼儿练习鹅大哥自夸的语言：瞧，我多漂亮！红红的帽子，雪白的羽毛，谁也比不上。这样幼儿的表演才会更加流畅生动。第三，要鼓励幼儿运用生动有趣的语言、表情和动作大胆表演。最后，教师还应注意认真布置表演场景，准备好表演道具等。

③播放录像

录像可以把原来非连续发生的事件制作成连续的片段，在短时间内展现一个直观、生动的过程。教师可以在活动前利用摄像机捕捉有价值的片段并在活动中再现，也可以选择现成的录像片段。例如，大班谈话活动"我会交朋友"，为了让幼儿学习交朋友的方法，教师在导入环节播放了事先抓拍的幼儿尝试与同龄其他班幼儿交朋友的录像片段。我们重点让幼儿观看以下片段：有的幼儿和新朋友一起玩过游戏后仍然不记得朋友的名字和特征，甚至找不到刚才一起玩的朋友。由此，教师引导幼儿共同讨论怎样记住同伴的名字和外貌特征等。录像导入一目了然地将问题呈现在幼儿面前，给予幼儿直观的视觉感受，激发了幼儿探讨和解决问题的兴趣。

播放录像既可以从正面引导幼儿，也可以从反面揭示问题。值得注意的是，录像中表达的意思应尽可能明确，不能让幼儿感觉似是而非、无法判断。

④呈现图片

呈现图片既简单、经济，又直观、形象，是教师较常用的导入方式。呈现的图片有两种：一种是单页单幅非连贯性的图片，另一种是单页单幅、单页多幅或多页多幅，具有连贯性或有故事情节的图片。有时候，图片可以最大限度地反映问题的正反两个方面，帮助幼儿学会判断。例如，在故事活动"小猪变干净了"中，老师在导入环节出示小猪（脏脏的）图片，提问幼儿：这是谁？小猪今天想找朋友做游戏，那它找到朋友了吗？小朋友们来猜一猜。最后，再呈现小猪（干净的）图片，就能使故事前后有一个较为鲜明的对比，达到好的教学效果。

⑤游戏法

幼儿时期的主要活动就是游戏。游戏法是指教师运用有规则的游戏发展儿童的语言的一种教学方法。游戏和操作可以吸引幼儿全身心地投入活动，给予幼儿最真实的体验。在语言教育活动中，使用游戏和操作则可以让幼儿获得更多的语言锻炼的机会。尤其是在听说游戏活动中，游戏法更为常用。例如，幼儿教师在使幼儿学会运用高矮、胖瘦、多少等反义词的语言教育活动中，使用游戏法让孩子边玩边学习，效果要比单纯的说教或者示范好得多。

⑥提问法

问题导入可以引发幼儿思考，引出后面将要开展的具体活动和需要注意的事项等。问题导入以提出探究任务为主，有时也会融入规则提示。如大班活动"有趣的动物园"，教师可以在带领幼儿参观动物园之前提出问题："你们去过动物园吗？你们想知道动物园是什么样的吗？"教师运用问题导入方法时应注意提出的问题一定要突出活动的主题与重点，不可繁杂，否则会给幼儿增加记忆负担。如果确实需要提出多个问题，那么这些问题必须是有联系的和层层递进的，是幼儿既能体验到挑战，又有信心和能力加以解决的。

2. 活动的基本部分

这是完成目标的主要部分，也是语言教育活动的核心部分，主要是教师引导幼儿参与活动进行学习和练习。活动的大部分时间应放在这里。在这个环节，教师的安排应该是循序渐进、由浅入深的，引导学前儿童对所学内容进行思考。在这一环节，不同的目标可以采用不同的教学方法与手段来达成。知识维度的目标可以运用讲授、谈话、演示等方法来达成。能力维度的目标可以运用示范—模仿、练习—反馈的方法来达成。情感维度的目标可以运用体验、扮演、鼓励、强化等手段来达成。

　　教师在设计时要重点注意与幼儿互动时提问的设计和活动方式的设计。提问首先要清晰，让每一个幼儿都能理解提问的内容。另外，提问要有针对性，要根据问题的难易程度向不同层次的幼儿提问。同时要启发引导幼儿积极思考，让不想说的想说，让不会说的会说，这样的提问才更有实效。活动方式既要顾及大部分幼儿，又要重视幼儿的个体差异，使每个孩子都有成功的体验，都能得到较充分的发展。

　　在这一部分的设计中，教师要十分重视前一个环节向下一个环节自然流畅地过渡，使内容和目标之间具有自然连贯性，促进幼儿的学习从低一层次向高一层次发展，保证活动目标的有效实现。

小案例

儿童诗"假如我有翅膀"（大班）活动过程设计

　　环节一：导入活动主题

　　师：孩子们，今天老师给你们带来了一幅图，咱们一起看看图上有谁？这些小天使都有一个什么共同特点？你们想有一对翅膀吗？为什么？

　　环节二：引导幼儿展开遐想

　　（1）假如你有翅膀，你会怎样飞？

　　师：谁来试试，飞给我们大家看看。我们一起来飞飞！好，一起飞到座位上吧！

　　（2）引导幼儿围绕"假如我有翅膀，我会飞到哪里，去干什么"展开想象，启发幼儿用完整的语言表达自己的想法。

　　环节三：引导幼儿欣赏诗歌，朗诵诗歌

　　师：你们的想法太好了，老师也希望有一对翅膀。想不想知道老师有什么想法啊？

　　（1）播放课件，加动作朗诵诗歌。

　　（2）幼儿跟读。

　　（3）师幼有表情地朗诵诗歌。

　　环节四：引导幼儿创编诗歌

　　师：我们每个人都有自己奇特的想法，这些想法都太美了。老师有一个建议，我们一起来编一首"假如我有翅膀"的诗歌。

　　（1）教师启发以"假如我有翅膀，我要……"的形式，把自己的想法变成一句完整、优美的话说给小朋友听。教师做记录。

　　（2）欣赏集体创编的诗歌，并学着读一读。

　　（3）集体朗诵，结束活动。

附诗歌

假如我有翅膀

假如我有翅膀，我要飞上蓝天拥抱白云。

假如我有翅膀，我要飞到森林和小鸟做伴。

假如我有翅膀，我要飞进花园亲亲花朵。

假如我有翅膀，我要飞上高楼看看大海。

3. 活动的结束部分

语言教育活动中常见的结束方法有很多，如作品展示、语言总结、教师布置任务、一起做游戏等。

教师可改变原先的活动方式，引导幼儿通过其他符号系统（如音乐、美术、身体动作等）的参与，让幼儿在轻松愉快的情绪中自然而然地结束。如要在结束部分对活动进行小结评价，应做到简洁、精练，对幼儿在活动中的表现以宽容、积极的态度进行评价，对问题本身应留有一些思考的余地，使得活动能够有效地延伸，幼儿能够保留对活动的兴趣，体验到活动带来的快乐，以企盼的心情和态度等待下次活动的到来。

小案例

在"我们都是好朋友"活动中，可以以玩"找朋友"的游戏来结束整个活动。在"没有牙齿的大老虎"活动中，可以以集体表演故事的游戏方式结束，让幼儿在表演区戴上头饰，饰演故事中的老虎、狐狸等，既能加深幼儿对故事的理解，又能在快乐的游戏中锻炼幼儿的语言表达能力。

活动过程的设计只是静态地保证了活动目标的实现。真正要提高幼儿的语言能力，还有赖于语言教育活动的具体实施。在实施过程中，教师的组织指导是关键。学前儿童语言教育活动的方法多种多样，教师可根据各个活动步骤、内容的需要，恰当地选择和灵活地运用。通常是几种方法交替使用，以发挥其综合作用。活动过程的组织形式，可以是全班的或大组的集体活动，也可以是教师指导下的比较松散的小班活动和个别活动，通常是几种组织形式交替综合使用。

（五）活动延伸的设计

活动延伸指在语言教育活动后，教师继续设计一些与此相关的辅助活动，使教育内容渗透到一日生活中，使学前儿童受教育的时间能够持续，使教育的目的能够更好地实现。活动延伸包括三个方面：家庭的延伸、活动区与幼儿园内的延伸和社区的延伸。

学前儿童语言教育活动如果只停留在增进幼儿的语言认知、提高幼儿的语言表达能力上是不够的，良好的倾听与表达的语言能力的形成非一朝一夕之功，也不是通过某一个活动就能形成的。因此，学前儿童语言教育活动的活动延伸的设计也是不可或缺的一环，延伸的方式多种多样，可以是家园共育、领域渗透，也可以是环境创设、区角活动、游戏等。可以是语言领域的继续拓展延伸，也可以与其他领域相互渗透、相互融合。

小案例

在谈话活动"我的好妈妈"中，活动延伸部分可以请幼儿在白纸上画一画自己的妈妈，（与艺术领域相结合）也可以请幼儿回家为妈妈做件事；（与社会领域相结合）在故事活动"猜猜我有多爱你"中，活动延伸部分可以在活动区营造爱意浓浓的氛围，鼓励幼儿继续用多种方式表达自己的爱。（语言领域的继续拓展延伸）

三 学前儿童语言教育活动的评价

学前儿童语言教育活动评价是指收集语言教育活动系统各方面的信息，并依据一定的客观标准对学前儿童语言发展状况和语言教育活动的过程、内容、方法、效果等方面做出客观的衡量和科学的判定的过程。对学前儿童语言教育活动评价的认识，是随着学前儿童语言发展和语言教育的认识的不断深化而发展起来的。在《幼儿园教育指导纲要》中，特别强调了教育评价的作用，认为教育评价是幼儿园教育工作的重要组成部分，是了解教育的适宜性、有效性，调整和改进工作，促进每一个幼儿发展，提高教育质量的必要手段。就学前儿童语言教育活动而言，评价是语言教育活动中不可缺少的重要一环，它调整、控制着整个语言教育的过程，使之朝着预定的教育活动目标前进并最终达到该目标。

（一）学前儿童语言教育活动评价的功能

幼儿教师在根据教育目标组织语言教育活动时，要想知道通过活动的开展是否达到了教育目标，只能借助于评价来获得有关的信息。因此，评价在语言教育活动中具有重要的功能。

1. 反馈功能

教育系统中的"反馈"，是指将教育成果的信息返回给教师，用以调整、改进教育过程。评价作为一种反馈—矫正系统，主要判断教育过程中的每个步骤是否有效，如果无效，则必须及时采取改正和补救措施，从而确保教育的有效性。通过评价，可以反馈与确认教师的教育成果和幼儿的学习成果是否有效；可以激发教师及时发现活动设计中存在的缺陷和不足，并不断调整和改进；可以帮助教师根据评价结果的反馈，强化他们所选择的成功有效的内容和方法，以及幼儿教育与学具的使用，并迁移到同类活动中。

2. 诊断功能

诊断是语言教育评价的一个基本功能。通过评价，可以诊断幼儿在教育活动实施之前、实施过程中、实施之后的语言发展情况，评价可以识别幼儿已有的语言水平，与目标相比较是全白点，还是有一定的知识、能力基础，或是已具备了目标所规定的知识与能力。通过评价，可以诊断幼儿学习语言时，在知识和能力上已有的水平如何，以此来确定活动的目标和内容。通过评价，可以诊断幼儿在语言教育活动实施后是否达到了教育目标的要求，以此来判断活动的效果如何。通过评价，还可以判断幼儿在语言方面的不同兴趣、个性、能力等方面的差异，以帮助教师有针对性地进行个别指导。

（二）学前儿童语言教育活动评价的原则

语言教育活动评价的原则是指在进行语言教育评价时必须遵守的基本要求。从事学前儿童语言教育活动评价的主体可能是执教教师本人，也可能是幼儿园的园长和其他同事，但不管是谁来进行评价，都必须遵循以下基本原则。

1. 客观性原则

客观性原则是指在进行活动评价时必须采用客观的、公正的、实事求是的态度，而不能主观臆断或者掺杂个人感情。这是进行语言教育活动评价最基本的原则。已有的实践表明，语言教育活动评价如果是客观的，就可以促进语言教育活动的展开与改进；反之则会产生阻碍作用，使评价失去它的真实意义。

在语言教育活动评价中要做到遵循客观性原则，首先要求评价者必须根据客观的评价方法和手段，以及根据教育目标确定的评价标准来实施评价，评价标准一旦确定了，就不能再任意改动；其次要求制定的评价标准应适合每一个被评价的对象；再次要求在实施评价时，必须以客观公正的态度对待每一个评价对象。

2. 参照性原则

参照性原则指的是制定语言教育活动的评价标准要有一定的依据。首先，从总体上来看，评价的标准要符合国家既定的教育方针，符合《纲要》中的总目标，也要符合《指南》中提出来的各年龄段分目标；其次，制定评价标准要依据学前儿童语言发展的基本规律，根据学前儿童各年龄段婴幼儿的水平做出恰当的规定，不能任意提高或者降低标准。

3. 全面性原则

全面性原则是指在评价时应对语言教育活动的各个组成部分和各个构成要素进行全面的评价。学前儿童语言教育活动是一个综合的过程，在进行评价时，既要评价幼儿的学习效果，也要评价幼儿的学习过程；既要对教师的教学进行评价，又要对幼儿的语言学习情况进行评价，既要对教具学具的选择利用进行评价，又要对师幼互动、幼幼互动进行评价，既要对静态的活动要素进行评价，又要对动态的活动过程进行评价。只有这样，才能对整个语言教育活动有一个比较完整的把握。

4. 发展性原则

学前儿童语言教育评价不仅仅是为了鉴定儿童的语言教育水平，更重要的是以促进学前儿童语言教育质量的不断提高和促进学前儿童语言的不断发展为最终目的。因此，幼教工作者要依据教育目标，重视教育活动评价的过程，充分发挥活动评价的反馈调节功能，及时发现活动过程中的优势和不足，并对存在的不足和问题做出适当调整和改进，不断改进语言教育功能，这样才能真正促进学前儿童语言能力的发展。

（三）学前儿童语言教育评价的内容

1. 对幼儿的评价

语言教育活动的评价应以引起幼儿身上语言方面出现的变化或者幼儿在语言教育活动中的表现为着眼点。在进行评价时，我们可以结合《纲要》中就语言领域提出来的总目标来进行评价，也可以对幼儿从语音、语法、词汇、倾听、表达、早期阅读能力等几个方面来进行评价。具体可以从两个角度来进行评价：一是幼儿学习效果的角度，对目标达成情况进行分析和评价，称为静态的评价；二是从幼儿在活动中的表现对幼儿参与活动的程度进行分析和评价，称为动态的评价。

（1）对目标达成的评价

首先，在对语言教育活动目标达成情况进行分析和评价时，要有整体观念。既要考虑《纲要》中提出来的语言教育目标，也要考虑幼儿园语言教育各种活动类型的目标，还要考虑幼儿园语言教育活动的具体目标，在此基础上，对活动目标的达成情况进行分析。一般涉及三个方面：第一，分析认知目标的达成情况，即了解幼儿是否获得了目标所规定的语言知识，是否掌握了有关的词汇和句型，是否懂得了应在什么样的语境下运用这些词汇和句型；第二，分析情感目标的达成情况，即了解幼儿是否形成了耐心倾听别人说话的态度，是否愿意在集体面前讲述自己的观点和看法，是否懂得并遵守语言交往中的一般规则；第三，分析能力目标的达成情况，即了解幼儿组词成句的能力和在具体语境中运用语言的能力，是否能够根据活动中的语言情境来运用有关的词语、语法等，是否能用连贯的语句说清楚自己要表达的意思。具体可参考表 3 – 1。

表 3 – 1　幼儿在语言教育活动中目标达成情况评价表

程度　　维度	《纲要》总目标	活动类型目标	本次活动目标		
			认知目标	能力目标	情感目标
完全达标					
基本达标					
未达目标					

（2）对幼儿参与活动程度的评价

对幼儿参与活动程度的评价是一种动态的评价。通过对幼儿在活动中的表现和参与程度，可以了解活动设计和活动组织的情况，也可以了解幼儿语言的发展状况。因此，我们要十分重视幼儿在活动中的参与程度和表现。一般可分为三个等级：主动积极参与、一般参与、未参与。

主动积极参与是最理想的状态，在这种状态下，幼儿有着强烈的学习动机，浓厚的学习兴趣。幼儿的注意力集中，能够专注地倾听，在教师提问时积极举手发言，情绪高涨，气氛活跃。如果某个语言教育活动在组织过程中，幼儿能主动积极地参与，那就说明活动目标的制定、内容的选择都是恰当的，与幼儿的语言发展有着高度地适应性，幼儿的发展状况是良好的。

一般参与是幼儿参与活动程度的中间状态。在这种状态下，幼儿虽然进行着学习活动，但是相对被动，需要在教师的不断提醒下才能集中一定的注意力倾听。教师提问时，并不积极主动发言，但是当老师点到名字时，也能站起来回答老师的问题。在一般参与的状态下，通过教师的精心组织，基本上也可以达到教育目标，完成教育任务。但是，出现这种状态说明教育目标的制定和活动内容的选择与幼儿的语言发展状况还不够完全契合，还需加以改进。

未参与是幼儿参与程度最不理想的状态。在这种状态下，幼儿对活动毫无兴趣，不能集中注意力倾听，总是交头接耳、打闹嬉戏、东张西望等。对活动丝毫没有兴趣，不能够回答老师的提问，或者答非所问。出现这种状态，说明教师在设计活动方案时，活动目标的制定、内容的选择都是不恰当的，需重新设计。

2. 对教育活动的评价

（1）对活动目标的评价

活动目标包括认知、能力和情感态度三个方面。我们可以从以下几个方面对活动目标进行具体评价：第一，是否与学前儿童语言教育的总体目标、年龄阶段目标和分类目标的内容等一致；第二，活动目标是否完整，是否分解到位，是否与儿童的实际发展水平相适应；第三，是否能将学前儿童语言教育的目标细化为课堂教学的目标；第四，教师制定的目标是否全面、具体、有操作性，并且重点、难点突出。

小案例

小班故事活动"三只小猪上幼儿园"，将活动目标设计为以下几个。①学习从前往后一页一页翻阅图书的方法，初步理解画面内容；②能仔细观察三只小猪的情绪变化，学说礼貌用语；③能通过活动联系自己的生活经验，谈一谈自己上幼儿园的经历。这三个活动目标的设计就是十分具体、可操作的，也符合小班幼儿的年龄特点。

（2）对活动准备的评价

物质准备：教具准备充分、恰当；采用身边的材料；创设有效的教育环境；合理使用多媒体教学手段。

教师自身的准备：教师要熟练掌握活动内容，活动内容需要背诵的，如故事、儿歌、歌词等应背诵熟练；需要操作的，如小实验、电化教学设备、小制作等要操作熟练；需要示范的，如动作、绘画、板书等要准确、到位，动作要注意镜面示范；体育、音乐等活动要注意准备合适的运动服饰和舞蹈服饰，使服饰与所教内容和谐统一。

为使各教学环节衔接自然，要准备好环节间的过渡性语言，使各环节转换不露痕迹，活动整体流畅有序。

教师还要了解所教内容的相关知识，以避免被幼儿提出一些意想不到的问题问倒，出现难堪的局面。

（3）对活动内容的评价

对活动内容的评价包括对活动内容的选择、设计与组织两个方面的评价。

首先，对活动内容的选择应从以下几个方面进行评价：第一，内容与目标是否匹配，是否能为实现活动目标服务；第二，所选择的内容是不是幼儿所熟悉的，或者是否符合幼儿的生活经验；第三，选择的内容是否考虑到幼儿的年龄特点和已有的语言能力；第四，选择的内容是否符合幼儿的兴趣，幼儿是否愿意接受。

其次，对活动内容的设计与组织可以从以下几个方面进行评价：第一，各部分内容间的比例是否合理；第二，活动内容与形式是否相适应；第三，活动内容的组织安排是否突出了要解决的问题和要实现的目标；第四，活动内容各部分之间的过渡衔接是否流畅。

（4）对活动方法的评价

对活动方法的评价包括使用方法的多样性和使用方法的有效性，一般从以下几个方面进行评价：第一，使用的方法是否刻板单调；第二，方法的运用和选择是否随着活动目标、活动内容及幼儿的实际而不断变化；第三，使用的方法是否符合幼儿年龄特点；第四，使用的方法是否能调动幼儿的积极性。

（5）对活动过程的评价

语言教育活动是为了促进幼儿语言能力的全面发展，使不同水平的幼儿共同提高。幼儿是活动的主体，在教师的主导下，激发起幼儿的兴趣，调动起幼儿学习语言的积极主动性，启发幼儿动脑、动手、动口，多种感官共同参与活动，使幼儿真正成为学习的主人。活动目标的最终实现需要通过活动过程的实施才能达到。

对活动过程评价的指标包括教师、幼儿、师幼互动三个方面。

第一，对教师的评价。教师在语言教育活动中应该是幼儿的支持者、帮助者、引导者、促进者。对教师的评价应包括以下几个方面。

①教师要有良好的口语表达能力，能说标准流利的普通话，有良好的文学素养，熟悉不同年龄段幼儿的语言能力和目标要求。

②教师应做到教态自然亲切，语言规范，教育方法得当，能以丰富的身体动作、表情、语调来进行教学；以游戏为基本活动，引导幼儿主动学习，坚持正面教育。

③教师应有较强的教育机智，能灵活、正确处理偶发事件，巧妙利用教育契机，使幼儿获得有益的经验。

④能公正对待每一位幼儿，关心、信任每一位幼儿，教师要给每一位幼儿提供相同的学习和表现的机会，对幼儿的提问都能给予有效的、积极的回应。

⑤教师要善于分析幼儿的需要、经验和发展水平，善于寻找幼儿发展的可能性，尽量针对每个幼儿进行指导。

⑥要善于观察幼儿，善于发现和捕捉幼儿的兴趣，通过幼儿直接感兴趣的内容或间接激发的兴趣，引导幼儿主动学习、操作。

⑦各环节要求明确，活动组织有条理：活动各环节的安排应该是清晰的、连贯的；教师对活动时间的控制应该是弹性的，即教师根据幼儿的愿望、实际状态来设计安排，灵活把握活动时各环节的时间。

第二，对幼儿的评价。在进行评价时，也应关注幼儿在活动中的表现。活动的效果直接显现在幼儿身上，具体可从以下几方面进行评价。

①幼儿对活动是否感兴趣：幼儿对活动的兴趣、态度和参与程度是评价活动效果的第一要素。

②幼儿自主活动的开展：幼儿在活动中主动学习、思考、探索、操作的程度。

③幼儿能否主动提出问题：没有问题，就不会有解释问题和解决问题的思路和方法，问题是产生新思想、新方法、新知识的种子。因此，教师要在活动中使幼儿敢于大胆质疑，鼓励幼儿多角度、全方位地思考问题，发展他们的类比、联想等发散思维能力，使幼儿不只是停留在所学内容的表层理解上，更要利用所学的知识去探究和创造。

④幼儿在活动中对基础知识、基本技能的掌握程度。

⑤幼儿主动与教师、同伴交往、合作的深入程度。

第三，对师幼互动的评价。具体可从以下几个方面评价。

①师幼配合较多，关系融洽。

②教师能根据幼儿的需要调整教学：能根据幼儿的情绪、态度、行为表现，随时反思、调整、改进活动的内容及进程。

③教师应该创设一个良好的师幼互动环境：教师要以平等、关怀、接纳、鼓励的态度与幼儿交往，成为幼儿的榜样，促进幼儿在同伴群体中积极地模仿、观察、交谈、纠正、合作，营造一种平等、宽舒，利于理解、激励的氛围。

（6）对活动延伸的评价

活动结束后，首先要评价教师是否想到了还需要活动延伸，再评价教师使用的活动延伸的方法，是否科学、合理、恰当，真正起到画龙点睛的作用，是否能对该活动长期的发展起到积极的作用。

（7）对活动效果的评价

对活动效果的评价包括以下几个。

①是否完成了本次语言教育活动的活动目标。

②是否让幼儿对活动产生期待和探究的欲望。

③在活动过程中幼儿是否有愉快的情绪体验。

④是否促进了幼儿语言能力某个方面的发展变化。

（四）学前儿童语言教育评价的方法

对语言教育活动进行评价，需要运用一定的评价方法。根据学前儿童语言教育活动的特点和评价的可操作性，一般采用自由叙述评价法、观察评价法和综合等级评价法三种方法。

1. 自由叙述评价法

自由叙述评价法是由评价者将对语言教育活动的意见、判断、感想等自由地说出来或写出来，通过口头语言或文字叙述的形式对教育活动加以评价的方法。这种方法既适合于自我评价，也适合于对他人的评价。

自由叙述评价法的最大特点是不进行定量分析，不需要专门的测量工具和复杂的评价程序。一般所谓科学的评价方法首先需要有一套完整的指标体系，还要事先确定各指标的权重，对于根据各指标获取的评价信息还要进行加权求和，再通过一系列的统计计算，得出最终的评价结果。显然，这样的评价方法对广大幼儿教师来说，操作起来是有困难的。

自由叙述评价法有利于综合反映活动过程中的情况，既可以对静态的因素（如活动的目标、内容、方法、材料、环境等）加以评价，也可以对动态的因素（如幼儿在活动中的行为表现）进行分析。但是，为了清楚地用文字表述对某一活动的评价，在叙述时应该分类。叙述中的分类可以有多种维度，可以按照活动的要素将叙述的内容分为对目标的评价、对内容的评价、对方法的评价、对师幼关系的评价、对活动气氛的评价等等，也可以按照优缺点分成两大类，还可以分为对幼儿的评价和对教师的评价等。

2. 观察评价法

观察评价法是语言教育研究中最常用的方法，它是指有目的、有计划地对语言教育活动的进行情况进行观察，获取信息，并做出评价的一种评价方法。这种方法既适合评价学前儿童语言教育活动，也适合评价学前儿童的语言发展情况。其特点是：简便易行，分析材料丰富。

观察评价法主要通过对教师和儿童的行为表现进行观察，了解语言教育活动的设计和组织以及儿童的语言教育效果。观察评价法可以分为自然观察评价法和情境控制观察评价法。

（1）自然观察评价法

自然观察评价法是指评价者在教师和儿童自然生活的状态下，有目的、有计划地对教师的语言教育活动和儿童的语言发展状况进行直接观察，通过对观察记录的整理和分析来评价教师语言教育活动和儿童语言发展的方法。例如，我们可以通过跟踪观察来判断儿童的语言发展正常与否，如果儿童的语言发展超乎平常，可以对其进行优先培养；另外，也可以运用自然观察法研究语言现象出现与语言环境的关系，注意某一语言现象在同龄儿童中是否具有普遍性。自然观察评价法的优点是真实、自然、典型，缺点是耗时、耗力较多。

在运用自然观察法评价时应注意以下几点。

①做好观察的物质、知识和环境方面的准备。

②选择恰当的观察时机，应选择幼儿身体和情绪都处在良好状态的时候进行观察。

③创造自然气氛，保证观察结果客观真实。

④做好观察记录，观察记录应准确记录观察时间、观察地点、观察对象的实足年龄、入园时间、父母职业与文化水平等自然状况，重点记录观察对象具体的语言发展表现（语音、词汇、倾听与表达、理解等方面），还要把观察对象参与活动的情况和个性特点加以说明，有条件的话应保留音像材料。

⑤做好观察结果的处理和分析。

（2）情境控制观察评价法

情境控制观察评价法，是指观察者根据研究目标控制学前儿童语言教育活动的条件，将教师或幼儿置于与现实生活场景类似的情境中，观察教师和幼儿在特定的情境下的教育活动的设计和组织情况以及幼儿的语言发展情况，然后对观察所得信息进行分析、综合，并做出相应评价的方法。

运用情境控制观察法评价时应注意以下几点。

①围绕观察目的创设情境，所创设的情境应能引发教师和儿童表现出评价者想要观察的情况。

②所创设的观察情境应尽量与日常生活情景相似，不应让教师和儿童产生拘谨、压抑或受骗的感觉。

③情境控制观察应与日常观察相结合，保证评价的客观性，避免偶然性因素的影响。

3. 综合等级评价法

为了在评价中获得对语言教育活动的总体印象，还可以选用综合等级评价法。综合等级评价法是对学前儿童语言教育活动中的各种因素进行分析并评出不同等级的综合意见评定法。这种方法既对活动的各种因素进行分析和评价，又对活动的各种状态进行分析和评价，从而能够得到综合的评价信息。

综合等级评价法一般可从横向和纵向两个维度确定评价指标。纵向维度包括构成语言教育活动的各种因素，主要有目标、内容、形式、方法、过程、幼儿参与程度、材料利用情况、师幼关系、教学效果等；横向维度包括教育活动各要素在学前儿童语言教育活动过程中的状态及等级，根据这两个维度制成综合评定表，教师在活动评价中使用时，只需在相应的栏内打"√"即可，见表3－2。

这种方法的优点是操作方便，尤其适用于分数排序、考核评价；缺点是缺乏对问题的现象及成因的深入分析。因此，在设计和使用时一定要注意分值、权重，否则可能会出现教育理念、知识都错误，但分数却依然及格的情况。

表3－2　综合评定表

目标达到分析	目标	完全达到	基本达到	未达到
	目标1			
	目标2			
	目标3			
适合程度分析	内容	完全适合	基本适合	不适合
	形式	完全适合	基本适合	不适合
参与程度分析	参与程度	主动参与	一般参与	未参与
	材料利用	充分利用	一般利用	未利用
	师生关系	积极互动	一般配合	消极被动

案例分析

案例一　大班散文诗活动：秋天的雨

活动目标：

1. 使幼儿乐意参加散文诗欣赏活动，体验作品的优美意境（活动重点）。

2. 初步学习文学作品中的拟人化表现手法，丰富词汇的使用，大胆表达自己的想法和对自然的热爱之情（活动难点）。

活动准备：

1. 物质准备：雨声录音、钢琴曲《秋日的私语》、绘有插图的自制大书《秋天的雨》（一段文字为一页）和配合阅读的背景音乐；

2. 经验准备：幼儿已初步了解秋天的季节变化特征及其给人们生活带来的影响。

活动过程：

1. 声音导入，激发兴趣。

老师播放雨声的录音，请幼儿猜想这是什么声音，然后小结，导入活动主题——秋天的雨。

评：引子开门见山，指向性明确。老师引导幼儿从已有经验出发大胆想象、表达，并激起他们对下一活动环节的期待。

2. 整体欣赏，初步感受钢琴曲《秋日的私语》并将其作为背景音乐富有感情地朗诵一遍散文诗《秋天的雨》，提问："这首散文诗的标题是什么？""诗里都说了些什么？""听了这首诗后你有什么感受？"

评：幼儿在倾听时，脑海中会涌现出与生活经验有关的形象帮助理解作品。老师引导幼儿倾听散文诗，使他们张开想象的翅膀，创造性地构建新形象，为下一环节的开展做好准备。

3. 分页欣赏，感知理解。

（1）老师请幼儿集体阅读自制大书的第1页，同时配以轻柔的背景音乐，引导幼儿以视听结合的方式感受作品的优美意境。然后提问："为什么说秋天的雨是一把钥匙，打开了秋天的大门？"请幼儿自由回答。在讨论的同时，老师帮助幼儿理解、丰富散文诗中的词语"温柔"，然后小结："原来秋雨过后大自然产生了很多变化，就像一把钥匙打开了一扇门，让我们看到了很多新事物、新景象。"

（2）老师带领幼儿配合音乐阅读大书的第2页，引导他们在富有色彩韵律变化的画面中感受秋天的美，然后提问："为什么说秋天的雨有一盒五彩缤纷的颜料呢？""'五彩缤纷'是什么意思？""你能用'五彩缤纷'造个句吗？"请幼儿回答，然后小结："秋天到了，植物的色彩变化很大，好像都换了一身新衣服，秋天是一年中色彩最丰富的季节。"

（3）老师带领幼儿配乐阅读大书的第3页，提问："为什么秋天的雨有好闻的气味呢？""这气味是从哪里来的？""你还闻过哪些好闻的气味？"请幼儿回答，然后小结："秋天到了，各种水果、农作物都成熟了，散发出诱人的香味。"

（4）老师带领幼儿配乐阅读大书的第4页、第5页，提问："秋天的雨真的有一只金色的小喇叭，给大家带来一首丰收、快乐的歌吗？"请幼儿回答，引导他们感知自然界的季节变化，感受丰收后人们喜悦的心情，并初步了解拟人的文学表现手法。

评：老师将散文诗的内容巧妙地制作成带有插图的大书，将文字内容转换成生动形象的画面，使幼儿调动多种感官，在作品欣赏与生活经验之间架起一座桥梁，寻求它们的相融共通，使文学的虚拟性和生活的真实性有机结合，让幼儿接纳、理解并喜欢。在阅读的时候，老师还播放了背景音乐，意在创设良好的氛围，让幼儿更好地欣赏、感受散文诗的节奏和韵律，培养他们良好的阅读兴趣和习惯。

4. 完整欣赏，大胆表达。

老师和幼儿共同阅读大书，然后一起朗诵作品内容。老师提问："你们最喜欢散文诗里的哪一句话，为什么？"

5. 自主阅读，拓展延伸。

老师将自制大书《秋天的雨》投放在语言区，请幼儿在区角活动中继续探索、交流。

评：一次教学活动的结束并不是幼儿语言学习的终点，将阅读材料投放到区角中，能极大地满足幼儿继续学习的愿望，进一步拓展、提升散文诗蕴含的教育价值。

活动评析：

这篇散文诗的内容来源于幼儿周围的生活，诗里所蕴含的丰富生动的语言、五彩缤纷的色彩、优美动人的画面、童趣十足的情境符合大班幼儿好奇、好问的心理，满足了他们再现生活经验、生活情境的需求，有助于启迪、培养他们的创造力和想象力。

该散文诗不仅文字优美，还有机地整合了科学领域的教育内容，暗含了自然规律，能给予幼儿关于季节变化的正确认知，同时还渗透了社会情感教育的内容，使幼儿在倾听、想象、欣赏、移情、入境的过程中获得美的享受，进而将这种感受迁移为对大千世界的美好赞叹，萌发对自然和人类生活的关注、向往之情。

附散文诗

秋天的雨

秋天的雨，滴答滴答地唱着歌。它是一把钥匙，带着清凉和温柔，悄悄地打开了秋天的门。

秋天的雨，有一盒五彩缤纷的颜料。它把黄色给了银杏，红色给了枫树，金色给了田野，橙色给了水果，紫红的、雪白的颜色给了菊花。

秋天的雨，有着非常好闻的气味。不信啊，你闻，菠萝甜甜的，梨子香香的，小雨滴迎来了许多香味——烤山芋、糖炒栗子……小朋友的脚啊，常被那香味勾住。

秋天的雨，有一支金色的喇叭，它告诉大家该穿上厚厚的、漂亮的衣裳了。落叶树的树叶飘啊飘，飘到了大树妈妈的脚下，小动物们准备过冬了。

秋天的雨，带给大地的是一首丰收的交响乐，带给小朋友的是一首快乐的歌。

秋天的雨，滴答滴答地唱着歌……

（案例选自：窦祖红．秋天的雨（J），2014（7），36－37．）

案例二　小班听说游戏活动：山上有个木头人

活动目标：

1. 要求幼儿正确发出（山、上、三）等字音，区别 s 和 sh，an 和 ang 等音。

2. 帮助幼儿听懂并理解简单的游戏规则，提高对指令性语言的倾听水平。

3. 培养幼儿的自我控制能力以及听说应变能力。

评：这个活动的目标体现了听说游戏的主要目标，即帮助幼儿发准难发的音和易混淆的音，听懂并理解游戏规则，提高控制自己的动作及语言反应的能力。目标较全面，也较具体，且目标的难度适中，较符合小班幼儿的年龄特点。

活动准备：

拉线木偶玩具（或用纸板制成的活动拉线木偶人）一个。

评：准备的材料是用来创设游戏情境的。若没有活动木偶，也可以采用手偶教具代替。

活动过程：

1. 用木偶人创设游戏情境，引起幼儿的兴趣。

教师以小木偶的口吻向大家自我介绍："我是木头人。今天我想和小朋友一起玩一个游戏，名字叫'山上有个木头人'。"接着，教师边操作拉线木偶，边念儿歌，帮助幼儿了解游戏的基本内容。

表演结束后，教师继续以木偶的口吻与幼儿交谈。教师可以这样说："谁想和我玩游戏呢？那你必须先告诉我，刚才我说了些什么？"引导幼儿回忆儿歌内容，学会念游戏儿歌，正确发出每个字音，特别是"山""上""三"。

评：活动开始，采用木偶表演的形式创设游戏情境，更符合小班幼儿的认知特点，更能吸引小班幼儿的注意力，激发幼儿对游戏的兴趣。在此活动中，教师通过语言激发幼儿学念儿歌，在幼儿学习过程中，要及时纠正幼儿不正确的发音，教幼儿正确地念儿歌，这样可以为以后顺利开展游戏奠定基础。

2. 向幼儿介绍游戏的规则及玩法。

（1）游戏时须念儿歌，并可自由做动作。儿歌做完后就不能动，也不能发出声音。

（2）如果谁动了或发出了声响，就必须将手伸给同伴，而同伴则拉住他的手说：

"本来要打千千万万下，因为时间来不及马马虎虎打三下。"然后边拍同伴的手心边说："一、二、三，游戏结束"。

评：听说游戏规则中一定要包含语言练习的要求，否则就不能达成语言学习的目标。此游戏规则中要求幼儿边念儿歌边进行游戏，这就充分体现了语言练习的要求。对小班幼儿来说，教师制定的规则一定要简单，语言也一定要简单明了，以便于幼儿理解游戏的规则，基本了解游戏的玩法。

3. 教师以游戏参与者的身份分别与全体或个别幼儿进行交流活动，给幼儿观察和练习的机会。

（1）教师带领全体幼儿边念儿歌，边坐在椅子上自由做动作，鼓励幼儿做出各种动作以增加游戏的趣味性。儿歌念完后，教师自己故意先动，然后伸出一只手让全班幼儿边说边打三下，给幼儿练习游戏语言的机会。

（2）教师与个别幼儿游戏，及时纠正个别发不准的音。

在幼儿基本了解了游戏规则的前提下，教师担任主角指导游戏，这一环节十分重要。教师先与全班幼儿游戏，可以以一个失败者的身份出现，让幼儿成为胜利者，练习游戏中的规则性语言，并充分体验游戏的快乐。接着，教师再与个别幼儿进行游戏，让每一位幼儿清楚地感知游戏的全过程，为幼儿自主游戏做好充分的准备。

4. 幼儿自主游戏。

教师安排幼儿与同伴结对，自由组合，自主开展游戏活动。注意提醒幼儿遵守游戏规则，与同伴友好合作游戏。

评：此游戏较适合采用让幼儿两两自由结伴的形式进行活动。这样可以让每位幼儿都能充分地、自主地进行游戏活动，为幼儿提供了充分的练习机会，也有利于培养幼儿与同伴合作的能力。在此过程中，教师从主角地位退出，放手让幼儿自主游戏，但并不是袖手旁观，而是巡回观察幼儿的活动，了解幼儿的游戏情况，并及时给予帮助和指导。

附儿歌

山上有个木头人

山，山，山，
山上有个木头人。

三，三，三，
三个好玩的木头人。

不许说话不许动。

活动延伸：

在日常活动中，教师可启发幼儿想象，进行简单的听指令仿编游戏儿歌的活动。教师可提出其他问题，如"除了木头人，你还看见过用其他材料做成的人吗？还可以用什么材料做人呢？"引导幼儿说出"铁皮人""石头人""稻草人"等。

游戏时，幼儿必须听指令改编游戏儿歌，如发令人说"稻草人"，幼儿就念"山上有个稻草人"的游戏儿歌。

专家点评：

此活动可安排在日常生活中进行，让幼儿有更充分的时间去进行发音练习和训练各种能力。

在幼儿较熟练地开展上述游戏的基础上，组织安排幼儿进行简单的仿编游戏儿歌活动，一方面可以丰富游戏的内容，提高幼儿对游戏的兴趣，另一方面能培养幼儿听说应变能力，提高幼儿的语言仿编能力。

思考与训练

1. 结合生活实例谈谈学前儿童语言教育的意义。

2. 通过观看视频了解学前儿童的语言发展特点并写成观察记录或观察日记。到幼儿园实地进行见习，记录不同年龄段幼儿的语言发展特点，并分析不同年龄段幼儿的语言发展水平和个体差异。

3. 观摩一堂学前儿童语言教育活动课，观察记录活动的全过程，重点观察教师的导入、结束以及活动的组织形式和环节的过渡，学习幼儿教师对教学方法的灵活运用。

4. 自选主题设计一个语言教育活动方案，并在班级内进行模拟试讲。

5. 以小组讨论的形式，尝试运用本单元学习的语言教育活动评价方法评价班级内其他小组的活动方案。

学前儿童谈话活动的设计与指导

1. 了解学前儿童谈话活动的概念、特点和价值。
2. 掌握幼儿园日常谈话活动、集体谈话活动的指导方法。
3. 能够独立设计并组织实施一次幼儿园谈话活动。

基础理论

　　谈话是我们在一定范围内与其他人进行交流的基本方式。学前儿童的谈话活动就是培养幼儿学习运用语言与周围的人进行语言交流的语言教育活动。在各种幼儿园语言教育活动中，谈话活动是最为常见的一种类型，种种实践也已经表明，谈话活动对促进学前儿童语言的发展和社会交往水平的提升具有重要作用，能够使幼儿乐意与人交谈，提高他们的倾听、理解与表达能力。学前阶段的幼儿已经具备了一定的语言表达能力，但是他们与人交谈的能力和水平还处在起步阶段，需要在幼儿园教师的引导和帮助下不断提升。我们要鼓励和支持幼儿与他人交流，让幼儿想说、敢说、喜欢说，并能从这种表达中得到积极回应，这是每一个幼儿园老师组织谈话活动首先要关注的问题。

一 学前儿童谈话活动的特点

（一）幼儿园谈话活动与日常谈话活动的区别

日常谈话活动是幼儿在日常生活中所进行的谈话，幼儿园谈话活动则是在幼儿教师的指导下有计划、有目的、有组织地进行的语言教育教学活动。二者虽然都能够促进儿童语言能力的发展，尤其是口语表达能力的发展，但是二者有着本质区别。其根本区别在于，幼儿园谈话活动是教师有目的、有计划地创造交谈机会，教师的指导作用明显；而幼儿日常谈话则没有预期的目标和计划，具有自发性和随机性，更多的是发挥幼儿的主动性。

（1）从形式上来看，前者是在集体场合下进行，而后者往往是在两名或两名以上幼儿中发生的。

（2）从话题来看，前者的话题是固定的，是教师根据教育目标、计划而精心设计的；后者则是非固定的，是幼儿随机产生的。

（3）从时间上来看，前者是利用正式活动时间专门进行的，后者则一般发生在自由活动中。

（二）幼儿园谈话活动的特点

学前儿童谈话活动是对幼儿进行语言教育的一种特殊形式，在谈话活动中，教师启发引导幼儿围绕一个中心话题，以交谈为主要形式展开教育活动。在良好的语言教育环境中，谈话活动能够帮助幼儿学会倾听，学习与他人交流的方式、规则和技巧，提升幼儿的人际交往能力。幼儿园的谈话活动有以下几个特点。

1. 有一个具体、有趣的中心话题

能否选择一个难度适宜又有趣的中心话题是谈话活动能否取得成功的关键。一个全体参与谈话者共有的中心话题限定了幼儿交流的范围，从客观上也主导了幼儿交流的方向，使幼儿的交谈具有了讨论的性质。一个有趣的中心话题能够使幼儿对谈话活动保持较高的热情和参与程度。那么，幼儿教师应该怎样选择一个具体而有趣的中心话题呢？首先，应了解幼儿已有的谈话经验；要保证幼儿对中心话题有一

定的经验基础。例如，以"过大年"为谈话主题要比以"魅力南极"为主题更为恰当，因为陌生的话题（魅力南极）不能引起孩子的谈话热情。其次，话题要有一定的新鲜感。使幼儿感兴趣的往往是那些新颖的生活内容，曾经反复提起和谈论的话题不会引起幼儿的强烈关注。最后，选择的话题应与幼儿日常生活中的共同关心点有关。这就要求幼儿教师平时要走近孩子，深入了解孩子近期都关注哪些内容，从中选择合适的中心话题。

2. 有一个宽松、民主的谈话环境

在谈话活动中，每个幼儿都可以围绕中心话题，积极地表达自己的观点和想法。营造宽松自由的谈话氛围，幼儿教师要注意以下两个方面。其一，不要求幼儿统一认识。谈话活动中不必要求有统一的答案和看法，幼儿完全可以根据自己的意愿和内心感受，将自己的想法直截了当地表达出来，与大家共同分享。其二，不特别强调规范化语言。谈话活动的主要目的是鼓励幼儿大胆地与他人交谈，不必要求幼儿必须使用准确无误的句式、完整连贯的语言进行表达，只要保证幼儿愿意谈、大胆说即可。实际上，在谈话活动中给幼儿提供大胆说的机会，无形中就会使幼儿在表达的过程中提升自己的语言表达能力。

3. 有多方的信息交流

这也是谈话活动与后面要讲的讲述活动的主要区别之一。讲述活动目的是发展儿童的独白言语能力，而谈话活动则更注重儿童的交往语言和对白语言。在谈话活动中，教师及时启发引导，幼儿积极思考应答，幼儿之间相互引导和模仿，不断开阔思路，不断拓展谈话活动。在这种不断的师幼互动、幼幼互动多方位交流中，老师和每个幼儿都获得较大的信息量，这是其他类型的语言活动不可比拟的。

4. 幼儿教师起间接引导作用

幼儿教师是谈话活动的设计者和组织者，但是在谈话活动中，教师的指导作用往往以间接引导的方式出现。通常情况下，教师以参与者的身份参与谈话，给幼儿以平等的感觉，这也是保证谈话活动宽松自由环境的一个重要因素。需要注意的是，幼儿教师在谈话活动中以参与者的身份出现，并不意味着谈话活动会成为任意的无计划交谈。教师在设计实施谈话活动时，仍然需要按照预定的目标内容，紧扣谈话的中心话题，有效地影响着谈话活动的进程。在幼儿园谈话活动中，教师的间接引导主要体现在以下两点：第一，用提问的方式引出话题或转换话题，引导幼儿谈话的思路，把握谈话活动的方式；第二，用平行谈话的方式对幼儿做隐性示范。例如，教师可以通过谈论自己的生活经验和感受等，向幼儿暗示谈话的内容和方式。

二 学前儿童谈话活动的目标

正如前文中所提及的，幼儿园谈话活动与日常谈话活动最大的一个区别体现在，幼儿园的谈话活动是在幼儿教师的指导下有目的、有计划实施的语言教育教学活动，在实施谈话活动之前，幼儿园教师首先要根据幼儿的年龄特点和语言发展水平来设定谈话活动的目标。根据教育部颁发的《3~6岁儿童学习与发展指南》中语言领域提出来的目标要求，幼儿园谈话活动目标可概括如下。

（一）情感态度目标

1. 乐意与同伴、老师及他人用普通话进行交谈

幼儿语言的发展与他们对语言的情感态度相联系。《指南》中指出："应为幼儿创设自由、宽松的语言交往环境，鼓励和支持幼儿与成人、同伴交流，让幼儿想说、敢说、喜欢说并能得到积极回应。"这就要求我们应让幼儿在没有压力的情境中学习说话，幼儿教师在设计和组织活动时，应特别注意激发幼儿说话的欲望，帮助他们树立说话的信心，使幼儿不仅想说并且喜欢说，在运用语言过程中增强口语表达能力。

2. 积极与他人交谈，乐意说出自己的想法和感受

幼儿对生活总是充满好奇，生活中的很多新鲜事物、见闻都会引起他们的交谈兴趣和探究愿望，许多幼儿教师发现，绝大多数孩子在幼儿园生活中都是愿意表达的，但有的幼儿由于胆小，怕被别人笑话，或者自己说了之后没有得到关注和回应，慢慢地表现出不敢说话、不愿意与人交流的现象。这就要求幼儿教师要帮助幼儿树立并不断增强与他人交谈的信心，在各种各样的环境里给幼儿提供说话和表现的机会，尤其要注意的是，要用更加包容和接纳的态度，允许幼儿说得不完整或者不流畅，遵循"流畅先于正确"的原则，鼓励幼儿大胆说出自己的想法和感受。

3. 养成有礼貌地倾听他人谈话的好习惯

倾听是指有意识地、专注地、认真地听，是感知和理解语言的基础。同时，倾听也是幼儿学习与他人交流的一种不可或缺的交谈技能，是幼儿感知、理解语言的基础。婴幼儿学习语言就是从"听"开始的，要经过先听后说、先理解后表达的过程，只有

听懂、理解了他人的语言，才能顺利地与他人交流。因此，在幼儿园谈话活动中，应注重培养幼儿良好的倾听习惯，使幼儿能够安静地、认真地倾听别人说话，知道认真倾听是尊重他人的表现，在倾听中理解他人的说话内容。

（二）认知目标

1. 知道围绕中心话题展开交谈，不跑题；知道倾听他人的谈话内容

前文中已有介绍，谈话活动的一个特点是围绕某个中心话题展开交谈，自由发表个人见解，参与谈话的任何一方都必须围绕中心话题交流各自的意见和想法。在谈话活动过程中，每个幼儿由于自己的生活经验和兴趣爱好不同，对中心话题会有自己独特的想法和感受。例如，在谈话活动"我最喜欢的小动物"中，不同幼儿会对自己喜欢的小动物的名称、颜色、外形特征、生活习性等有不同的认识，教师应鼓励幼儿围绕这个中心话题大胆表达个人观点，只要不跑题即可。另外，还应注意引导幼儿轮流发表个人观点，当别人谈话时要注意认真倾听。

2. 掌握谈话应遵循的基本规则，如轮流、等待、认真倾听，不随便打断他人的谈话等

运用语言进行交谈的基本规则，是人们在社会交往的过程中约定俗成的一些方式、方法。违背这些谈话的规则，就会使谈话活动难以继续，对人际交往也会造成不利的影响。为了保证幼儿能正确地运用语言与他人进行交流，提升幼儿的谈话交流技能，就应让幼儿学会语言交往的基本规则。这些基本规则主要有等待发言、轮流说话、安静地倾听别人说话，不随意打断别人说话，当别人正在谈话时不能随便插话，应对别人的发言做出一定的回应，能用修补的方法延续谈话等。

（三）能力目标

1. 能够倾听他人的谈话，并能及时从中捕捉有效的语言信息

通过谈话活动，教师应帮助幼儿在倾听的基础上，学会在倾听中迅速捕捉他人谈话的主要内容，把握谈话内容中的关键信息，并帮助幼儿学会从仔细的倾听中分辨不同的言语声音，感受说话人不同的表达特点，分辨不同的声调所表达出的不同情绪等。

2. 能够围绕中心话题展开交谈，并不断扩展谈话内容

谈话活动要选择一个具体而有趣的中心话题，在此基础上，我们还应引导幼儿围绕着一个中心话题不断扩展谈话的内容。例如，在谈话活动"参观动物园"中，我们

可以引导幼儿不断扩展谈话内容：怎样到达动物园？你看到了哪些动物？它们长什么样子？它们爱吃什么……这样，既能保证谈话活动的深入开展，也能使孩子的谈话积极性一直保持下去。

3. 能够在适当的场合主动热情地运用基本的交谈规则与他人进行交谈

许多幼儿教师都有这样的苦恼：在组织谈话活动时，秩序很难控制，容易变成一锅粥，小朋友们都在说，但是谁也听不清他们到底说了些什么。究其原因，一是幼儿的年龄特点决定了他们在谈话活动中往往以自我为中心，只顾自己说；二是没有有效运用谈话的基本规则。作为幼儿教师，需要引导幼儿不仅仅要知道谈话的基本规则，更主要的是在谈话过程中学会运用这些基本规则，老师可以给那些认真倾听他人谈话、不打断别人谈话的幼儿积极的肯定和表扬，树立榜样，以此来带动全班幼儿遵守这些谈话的基本规则。

知识拓展

《幼儿园教育指导纲要》中语言领域的教育内容与要求

（一）目标

1. 乐意与人交谈，讲话礼貌；

2. 注意倾听对方讲话，能理解日常用语；

3. 能清楚地说出自己想说的事；

4. 喜欢听故事，看图书；

5. 能听懂和会说普通话。

（二）内容与要求

1. 创造一个自由、宽松的语言交往环境，支持、鼓励、吸引幼儿与教师、同伴交谈，体验语言交流的乐趣；

2. 养成幼儿注意倾听的习惯，发展语言理解能力；

3. 鼓励幼儿用清晰的语言表达自己的思想和感受，发展语言表达能力；

4. 引导幼儿接触优秀的儿童文学作品，使之感受语言的丰富和优美；

5. 培养幼儿对生活中常见的简单标记和文字符号的兴趣；

6. 利用图书和绘画，引发幼儿对阅读和书写的兴趣，培养前阅读和前书写技能；

7. 提供普通话的语言环境，帮助幼儿熟悉、听懂并学说普通话。少数民族地区还应帮助幼儿学习本民族语言。

（三）指导要点

1. 语言能力是在运用的过程中发展起来的，发展幼儿语言的关键是创设一个能使他们想说、敢说、喜欢说、有机会说并能得到积极应答的环境。

2. 幼儿语言的发展与其情感、经验、思维、社会交往能力等其他方面的发展密切相关。因此，发展幼儿语言的重要途径是通过互相渗透的各领域的教育，在丰富多彩的活动中去扩展幼儿的经验，提供促进语言发展的条件。

3. 幼儿的语言学习具有个别化的特点，教师与幼儿的个别交流、幼儿之间的自由交谈等对幼儿语言发展具有特殊意义。

4. 对有语言障碍的儿童给予特别关注，要与家长和有关方面密切配合，积极地帮助他们提高语言能力。

三 学前儿童谈话活动的类型

（一）日常生活中的谈话

这是谈话活动的一种重要形式。幼儿在园的一日生活中，教师与幼儿、幼儿与幼儿之间有大量的时间和机会进行交谈，这些交谈有时仅仅是一种简单的对话闲聊，但它是发展儿童口语的重要途径，带有极大的情境性和感情色彩，交谈的话题非常丰富，交谈的对象经常变化，可以在任何时间、任何地点开始和结束，不受时间、空间和谈话对象年龄的限制。主要包括以下两种形式。

1. 日常个别谈话

这是最常见的一种谈话形式，它贯穿在幼儿一日生活的各个环节，如早晨入园、晨间活动、盥洗、如厕、午餐、游戏、离园等时间都可以进行。教师可以利用任何零散的时间与部分幼儿进行个别交谈。教师在这种谈话时，要考虑到谈话对象的性格特点和语言发展水平。如，假设是与性格内向、语言能力较弱的幼儿进行交谈，可以选择这样的话题：今天谁送你来幼儿园的啊，来园的路上都看到了些什么？这种鼓励式的提问可以使孩子有的说，帮助他们建立表达的自信，调动儿童参与谈话的积极性。

2. 日常集体谈话

与个别谈话相比，日常集体谈话的话题更加自由，可以同时有多个话题。形式也更加活泼，可以是师幼间的谈话，也可以是同伴间的谈话，或者是师幼、幼幼之间的讨论等。这种谈话往往遵循着"自由参加"的原则，幼儿既可以参与谈话活动，也可以自由从事其他活动。例如，在每日散步时，教师可以结合季节的变化就园内的花草树木等环境的变化与幼儿展开交谈。教师可以问：小花园里花有什么颜色的？你还见过什么颜色的花……通过这样的日常集体谈话活动，教师既可以经常为幼儿提供机会锻炼他们的口语表达能力，又可以培养幼儿的观察力和注意力。

（二）幼儿园集体谈话活动

幼儿园集体谈话活动是由幼儿教师制订一定的计划和教育活动方案，依据幼儿感兴趣的话题，运用生动有趣的方法，引导幼儿围绕主题展开交谈的集体教学活动。与日常谈话活动相比，幼儿园集体谈话活动是以集体教学的形式展开的，话题集中、固定，谈话进程往往在教师控制之下，交谈的形式既包括教师与幼儿的交流，也包括幼儿之间的交流。

在幼儿园集体谈话活动中，要想让幼儿积极参与谈话并有效展开谈话，话题的选择是非常重要的，谈话的话题可以各式各样，凡是幼儿熟悉的或是与他们的生活联系密切的，都可以选择。话题可以由教师来确定，也可以请幼儿参与确定。教师在确定谈话主题时应注意以下几点。

1. **选择的话题必须是幼儿感兴趣的，这样才能保证幼儿"愿意说"**

一般情况下，幼儿感兴趣的话题主要包括三大类：饮食类、娱乐类、游戏类等。例如，"我喜爱的动画片""好吃的糖果""快乐的儿童节"等，都是不错的话题。另外，有趣的话题往往与幼儿今日生活中的共同关心点有关，某一区域内孩子们共同经历过的事情，最新热播的动画片等，都能使幼儿产生交流和分享的愿望，这就要求幼儿教师在确定谈话主题时首先要考虑孩子的兴趣，只有选对了幼儿感兴趣的话题，才能让孩子积极参与谈话，激发谈话的热情。

2. **选择的话题必须是幼儿熟悉的，具备一定的知识经验，这样才能保证幼儿"有的说"**

如果幼儿对中心话题有一定的知识经验基础，可以帮助他们在谈话过程中有话可说。反之，完全陌生的话题则无法使幼儿产生谈话的兴趣。假设谈话主题是幼儿完全不熟悉的"海啸是怎样产生的"，就会使幼儿无话可讲，也不能激发他们谈话的兴趣。只有对谈话主题具备一定的生活经验，有对主题的基本看法，幼儿愿意表达、有话可说，才能形成交流和讨论的氛围，保证谈话能够轻松愉快地进行下去。

四 学前儿童谈话活动的设计、组织与指导

前文中提到，幼儿园集体谈话活动是由幼儿教师制订一定的计划和教育活动方案，选择幼儿感兴趣的话题，运用生动有趣的方法，引导幼儿围绕主题展开交谈的集体教学活动。这就要求幼儿教师在实施谈话活动之前，先做好谈话活动的设计准备工作，这是有效实施谈话活动、保证谈话活动顺利进行的前提。因此，了解谈话活动的基本结构和组织要点，是十分必要的。

（一）学前儿童谈话活动的基本结构

从教育活动研究的角度看，幼儿园谈话活动的设计与组织有其特别的规律。谈话活动的目的、对象、活动方式的独特性，在活动设计的基本结构以及组织要点上可得到充分反映。一般情况下，谈话活动的基本结构可以分为四个步骤，依据这四步去设计组织谈话活动，可以取得较为良好的实践效果，这一点已在实践过程中得到证实。

1. 创设谈话情境，引出谈话的中心话题

根据确定的话题创设相关的谈话情境，引出谈话的话题是设计和组织谈话活动的第一步。教师在谈话活动的开端，通过一定的情境，激发幼儿的兴趣，启发幼儿对话题相关经验的联想，打开幼儿言语表达编码的思路，做好谈话的准备。这是谈话活动中不可缺少的重要环节。一般情况下，教师创设谈话情境主要通过三种方式。

（1）以实物、直观教具的方式创设谈话情境

教师可以利用室内活动区角的布置、墙饰、桌面玩具、图片、实物摆设等向幼儿提供与谈话活动的主题有关的直观可视的形象，启发幼儿谈话的兴趣与思路。例如在组织谈话活动"好吃的水果"时，幼儿教师可以利用室内区角布置一个水果展，把各种水果实物直观地呈现在幼儿面前，教师带着幼儿参观水果展览，调动他们的生活经验，激发起幼儿谈话的热情；教师也可以搜集水果的图片，以幻灯片的形式呈现在幼儿面前，让幼儿猜猜它们的名字、形状、颜色、味道等，可以激发孩子的交谈兴趣。利用实物、直观教具方式来创设谈话情境，是因为学前阶段幼儿的思维还处在具体形象思维阶段，需要借助具体、直观、形象的支撑材料来展开教学活动。

（2）通过语言（引导提问）来创设谈话情境

教师除了可以利用实物、图片等直观的方式创设谈话情境之外，还可以通过语言的引导来创设。事实上，教师在组织谈话活动时，通过语言来创设谈话情境的方式更为常见。这种方式要求教师通过自己生动的语言，描述一种情境，或者是通过提问一些问题来唤起幼儿的记忆，调动幼儿的相关经验，以便使幼儿顺利地进入谈话过程中。

🐌 小案例

中班谈话活动：我的好妈妈

幼儿教师通过语言引导创设谈话情境：小朋友们，我们每个人都有自己的妈妈，每个人的妈妈都不一样。比如，有的小朋友的妈妈是长头发，有的小朋友的妈妈是短头发，有的小朋友的妈妈是教师，有的小朋友的妈妈是护士，有的小朋友的妈妈喜欢唱歌，有的小朋友的妈妈喜欢跳舞……小朋友们，你们爱自己的妈妈吗？今天，老师就给小朋友们一个机会来说一说自己的妈妈，好吗？

（3）通过游戏或表演的形式创设谈话情境

幼儿教师可以通过开展一些游戏或表演活动，向幼儿提供一些与谈话内容有关的情境，以引起幼儿谈话的愿望。如在中班谈话活动"发生在公交车上的事情"，教师可以先请几个大班小朋友分别扮演公交车的司机和乘客，进行情境表演，当他们表演到老奶奶上车后，没人给老奶奶让座时，教师可提问幼儿"如果你也在车上，你会怎么做？"通过这种生动的游戏或者表演的形式，也很容易调动幼儿的积极性和谈话热情。

在讨论谈话活动特点的时候，我们已经说明了谈话的中心话题在谈话活动中的地位，以及怎样选择一个好的中心话题。选择话题是谈话活动设计最先涉及的问题，确定好话题之后，需要考虑的重点就转为如何创设情境，引出话题。

幼儿教师在第一步的活动设计和组织方面，需要注意以下几个问题。

①注意创设谈话情境的方式

无论是以哪种方式创设谈话情境，都必须以有利于幼儿谈话为前提。幼儿教师应充分认识到，创设谈话情境的目的在于开启幼儿的谈话愿望，这取决于幼儿谈话的需要。一般来说，对于幼儿已经具备比较丰富的经验的话题，或幼儿最近关注比较多的话题，可以以语言的方式来创设；对于难度较大、幼儿缺乏经验的话题，可以采用实物或者游戏、表演的方式来创设。

②注意创设的情境与谈话话题之间的关系

创设谈话情境是为引出谈话主题服务的，应避免出现两种情况：一是避免与谈话内容无关的摆设过多，要紧扣谈话的中心话题。二是避免过于热闹以致喧宾夺主的现象发生。谈话的情境创设应尽量简单明白，以便直接进入谈话内容，过于复杂的情境有可能分散幼儿的注意力，教师在运用直观教具或游戏、表演方式创设时尤其要注意这一点。这就要求幼儿教师在创设谈话情境时，必须记住情境是谈话话题的"助手"，应以达到引出谈话话题为目的的标准来衡量情境创设得是否恰当。既要充分利用谈话情境引导启发幼儿，又要尽快导入话题，进入下一环节。

2. 教师引导幼儿围绕话题自由展开交谈

当幼儿就谈话话题展开交谈之后，教师接下来要给幼儿提供围绕中心话题自由交谈的机会。这个环节的目的在于调动每个幼儿对谈话中心话题的知识储备，运用已有的谈话经验与他人交流个人见解。当幼儿围绕话题展开自由交谈时，教师不能袖手旁观，千万不能把幼儿的自由交谈等同于"放羊"模式，让幼儿随便交谈。在谈话活动中，教师的职责体现在三个方面。

（1）教师必须在场

幼儿教师在幼儿心目中处在一种至高无上的权威地位。因此，当幼儿看到教师在场，即使教师并未发言，幼儿也能感受到自己说话的价值，这种感受促使他更加积极地发言。可以说，教师在场意味着活动的正常开展，能够对幼儿产生潜在的影响。

（2）教师参与谈话

幼儿教师可采用轮番巡视的方式参与各组的谈话，每到一个小组都听一听幼儿谈话的内容，用微笑、点头、皱眉、凝视、拍肩等体态语言给幼儿以回应和鼓励。教师也可以适当发表个人见解，但不宜过多，要把交流和发言的机会留给幼儿，这种巡视和反馈也会对幼儿的谈话产生积极影响。

（3）教师观察幼儿谈话情况

当幼儿展开自由交谈时，教师应认真、仔细观察幼儿在谈话过程中的表现，了解幼儿谈话水平的差异、观点的不同以及谈话内容有无紧扣主题等，为下一阶段的指导做准备。

幼儿教师在第二步的活动设计和组织方面，需要注意以下几个问题。

①给幼儿充分的自由表达内心真实感受。

一个谈话活动开展得如何，取决于幼儿教师对谈话过程的把握程度。教师应当尽量放手让幼儿围绕话题自由交谈，允许幼儿说任何与话题有关的想法。教师在指导中应尽量做到"一个中心""两个自由"。所谓"一个中心"是指教师指导儿童围绕中心话题大胆地与同伴交谈；所谓"两个自由"是指幼儿交谈的对象、交谈的内容要自由。儿童交谈的对象应是自由的，可以两两交谈，也可以分组交谈，也可以师幼交谈，形式上不必有过多的规范和限制。教师不要干涉幼儿转换交谈的对象，只要是积极地围绕主题交谈，教学目的就达到了。另外，交谈的内容也应是自由的，幼儿只要是围绕话题进行交谈即可，教师不必过多干涉幼儿交谈的内容，只要他们想说、敢说、多说就可以。

②注意自由交谈中幼儿的个体差异，保证每个幼儿都能参与谈话。

谈话活动虽然给幼儿提供了开口说话的大好机会，但是一些语言能力较差的幼儿在这个环节中得不到很好的锻炼，他们常常光听不说，这就要求幼儿教师在组织谈话活动时注意仔细观察，是否每个幼儿都参与到谈话活动中来，给予这些语言能力弱的孩子更多的发言机会，多鼓励、肯定他们的表现，以增强他们的信心。

3. 引导幼儿围绕主题不断拓展谈话内容

经过上一环节的自由交谈之后，教师要集中引导幼儿逐步拓展谈话的范围，教师可以提问或启发的方式帮助幼儿学习新的谈话技能和规则，掌握新的谈话思路和经验，使幼儿的谈话水平有质的提高。这个阶段是整个谈话活动的重点和核心。在幼儿园集体谈话活动的设计和组织中，幼儿教师应着重思考：围绕某个新话题可以引导幼儿从哪些方面来谈，先谈什么，后谈什么。具体来讲，幼儿教师在第三步的活动设计和组织方面，需要注意以下三点。

（1）注意根据幼儿的年龄特点和谈话经验，不断拓展谈话内容

每一个谈话活动向幼儿提供新的语言经验，必须考虑到不同年龄段幼儿的谈话水平和已有经验，应在幼儿已有谈话经验的基础上进一步扩展他们的经验范畴。例如，培养幼儿倾听谈话的意识、情感和能力，对小班、中班、大班的幼儿都应有不同的要求，落实到每一次活动中，应逐步加入新的倾听经验要求。另外，各个谈话活动的新语言经验应有所侧重，例如，这次谈话活动的重点是帮助幼儿学习围绕中心话题谈话，下次的重点可能放在学习围绕中心话题深入拓展小话题，在之后的谈话活动中还可能把重点放在帮助幼儿自己提出话题谈话等。

（2）教师引导时应注意循序渐进，逐步拓展

教师在引导幼儿拓展谈话内容时，应注意方式方法，不要让幼儿觉得太过突然，而是自然而然地使话题一步步向纵深拓展。一般说来，中心话题往往沿着这样的顺序拓展：对话题对象的描述和基本态度—为什么会有这种态度—对话题对象的独特感受。

如大班谈话活动"我喜欢的故事书"中，可以引导幼儿从描述故事书的外形、名字，到为什么会喜欢这本书，再谈看完整本故事书后的感受，这样以提问的方式层层递进、不断拓展，就给幼儿提供了一种谈话的思路，这种宝贵思路的习得无论对后面的讲述活动还是幼儿以后的读、写都是非常有帮助的。

（3）鼓励幼儿在交谈中提出问题，并根据幼儿提出的有价值的问题展开交流讨论

教师在谈话活动中可能预设很多提问，这些提问可以保证谈话活动的顺利进行。但是，幼儿对于谈话主题有哪些独特的想法，有哪些问题和困惑，往往是幼儿教师在组织谈话活动时容易忽略的。在幼儿园集体谈话活动中，教师应该给幼儿机会，让幼儿能提出关于主题的问题，并从中发现有价值的问题，引导幼儿围绕问题展开讨论。尤其是当面对语言能力发展较强的大班幼儿，甚至可以尝试用辩论会的形式引导幼儿展开讨论交流。

小案例

中班谈话活动：我的爸爸

在组织中班谈话活动"我的爸爸"过程中，一个孩子提出："爸爸小时候跟我们一样有糖吃吗？"有的孩子说有，有的孩子说没有。有的孩子说爸爸小时候很苦，家里穷，没有钱买零食吃；有的孩子则反驳说爸爸小时候也有零食可以吃。于是老师围绕爸爸的童年提出了三个问题。

1. 爸爸小时候有没有零食吃？

2. 爸爸小时候有没有去过游乐场？

3. 爸爸小时候是不是要什么就能买什么？

孩子们围绕这几个问题讨论得特别激烈。很多幼儿在表达了自己的看法后，老师代表爸爸回答了这几个问题。谈话活动结束时，教师让幼儿就这三个问题回家亲自问问自己的爸爸。

4. 教师隐性示范新的谈话经验，做好谈话活动的结束工作。

幼儿教师在这一环节向幼儿展示新的说话经验不是用显性示范说给幼儿听，也不是用指示的方法要求幼儿怎么说，而是通过深入拓展的谈话范围将这种经验逐步传递给幼儿。幼儿教师应用提问、平行谈话的方法将新的谈话经验引入，让幼儿在谈话过程中不知不觉地沿着新思路去说，潜移默化地应用新的谈话经验，最终学会这种新的谈话经验。例如，在谈话活动"我喜欢的故事书"中，教师可以谈一谈自己喜欢哪本

故事书，喜欢的原因是什么。如："我最喜欢这本《三只小猪》的故事书，因为它告诉我，盖房子不能图省事儿，一定要用砖头盖一座最结实的房子，才不怕大灰狼闯进来。它还告诉我，小朋友们要学会互相帮助，一起对付大灰狼一样的坏人，这本书特别有意思，所以我特别喜欢它。"教师的示范可以给幼儿提供模仿的样板。

总之，教师在设计这一步骤的谈话活动时，应特别注意思考自己"说什么"和"怎么说"，因为这一环节中教师说话的内容和方式，直接关系到幼儿有关新的谈话经验的学习，倘若教师准备不够充分，或信口开河随便说说，或干巴、呆板无话可说，都会直接影响到谈话活动的教育效果。

案例分析

案例一 大班谈话活动：有趣的电视广告

活动目标：

1. 知道广告信息能给人们的生活带来方便，也会给人们带来烦恼。

2. 学会关注生活中有意思的广告，并能大胆表达自己的想法。

3. 认真倾听他人谈话，愿意与同伴分享自己的感受。

活动准备：

1. 在教室贴一些广告图片。

2. 教师对幼儿喜欢的广告进行调查并有选择地录制。

3. 录音机、电视机、视频资料。

活动过程：

1. 导入部分。

（1）师幼共同欣赏教室里的广告图片。教师提问：这些是什么？图片上说了些什么？

（2）教师请事先排练好的小朋友模拟表演一段电视广告，激发幼儿谈广告的兴趣。

（3）教师提问：小朋友们，你们平时看过、听过广告吗？什么是广告？

2. 师幼共同讨论自己见过的电视广告。

（1）观看广告视频。教师提问：这些广告分别介绍的是什么产品？

（2）你印象最深的电视广告是哪个？为什么？

（3）教师用日常生活中的一段话和广告中的词语分别描述一种食品，引导幼儿讨论：广告语和日常生活用语有何不同之处？使幼儿了解广告语有简短、生动、有趣等特点。

（4）师幼集体讨论：广告有什么作用？为什么要做广告？

教师总结：广告的作用就是宣传自己的产品，让大家都知道它是用来做什么的，吸引大家都去购买和消费。

3. 教师引导幼儿讨论：广告给我们的生活带来了怎样的影响。

（1）引导幼儿讨论：除了在电视上能看到广告，你还在什么地方见过广告？

（2）播放幻灯片，向幼儿介绍不同地方的广告：马路上的、报纸上的、汽车上的、引导幼儿发现生活中各种做广告的地方。

教师总结：杂志、报纸、广告牌、传单、手提袋、餐巾纸等很多地方都印有广告，广告存在于我们生活中的方方面面。

（3）教师引导幼儿讨论：你觉得这些广告给我们的生活带来了哪些好处？有坏处吗？

4. 教师介绍公益广告。

（1）播放一段公益广告的视频。教师提问：你觉得这段广告说的是什么？是在介绍产品吗？

（2）教师向幼儿介绍什么是公益广告。

（3）教师引导幼儿讨论：你还见过哪些公益广告？它们有什么作用？

5. 游戏：广告表演。

请幼儿在自制的"电视机"里做广告表演。

活动评析：

1. 活动选材分析。

现代人们的生活中到处充斥着广告。通过各种媒介，幼儿从小就接触到了很多的广告，它们对广告中生动有趣的形象和语言很感兴趣，甚至喜欢去模仿。因此，教师选择这个谈话主题是非常恰当的，它既是幼儿感兴趣的，又是幼儿熟悉的。

2. 活动目标达成分析。

从认知、能力和情感态度三个维度，本次活动目标提出了三点，一是知道广告信息能给人们的生活带来方便，也会给人们带来烦恼；二是学会关注生活中有意思的广告，并能大胆表达自己的想法；三是认真倾听他人谈话，愿意与同伴分享自己的感受。教师在活动过程中，利用视频、课件、集体讨论及游戏等方式，充分调动幼儿的积极性，让幼儿在看、听、说、演中充分了解广告，并通过丰富的讨论让幼儿充分与同伴交流、分享，活动目标很好地达成了。

3. 活动准备与环境创设分析。

本次活动中以电视广告录像和幻灯片为材料，生动、形象、直观地向幼儿展示了生活中各式各样的广告，符合幼儿的年龄特点，既能激发幼儿的兴趣，又可以增加幼儿对广告的全面认识。

4. 活动组织形式和方法分析。

本次谈话活动环节清晰，环节与环节之间层层递进，组织方式灵活多样，游戏性强。教师非常注意创设宽松、自由的谈话环境，给幼儿提供了充分的表达和交流的机会。教师注意启发、引导，每个提问的设计都很有针对性，巧妙地引导幼儿一步步拓展谈话内容。

5. 幼儿体验与发展分析。

整个活动过程中幼儿都能积极主动地参与谈话，表达愿望强烈，积极性高。最后的游戏表演活动能够极大地激发幼儿参与的积极性，并通过自导自演获得成功的情感体验。整个活动过程做到了以幼儿为中心，在愉悦的气氛中，教师引导幼儿积极思考，大胆发言，提高了幼儿的语言表达能力。

案例二 中班谈话活动：有趣的尾巴

活动目标：

1. 认识一些常见动物的尾巴，运用连贯、流畅的语言进行谈话。

2. 结合已有经验续编故事，发挥想象力和创造力。

活动准备：

1. 物质准备：故事背景图一张，录音磁带一盒，动物贴绒玩具若干，动物头饰若干。

2. 知识经验准备：活动前为幼儿丰富有关动物尾巴的知识。

活动过程：

1. 教师出示故事背景图片，引导幼儿观察图片上画的是什么地方，有什么动物。引出谈话主题。

2. 教师借助贴绒玩具，完整讲述故事。

在这一环节，教师设计以下几个提问：

①故事里出现了哪些小动物？

②马大哥的尾巴为什么甩个不停呢？

③蜜蜂的尾巴为什么像把尖刀？

④小松鼠的尾巴有什么用呢？

3. 教师引导幼儿再次欣赏配乐故事，提问：你觉得小鱼、大马、蜜蜂、猴子、松鼠的尾巴各有什么用途呢？为什么？（启发幼儿讨论，培养初步的自我保护意识）

4. 讨论活动：请幼儿谈一谈自己知道的其他小动物的尾巴有什么用处。

附故事

尾巴的功能

松鼠妈妈带着松鼠去猴大伯家做客。

路过小河，小松鼠看见小鱼在水里玩耍，便问："妈妈，小鱼怎么在水里游来游去啊？"妈妈说："这是它的尾巴起的作用啊。"

走过草地，看见大马在草地上吃草，尾巴还摆来摆去的，小松鼠问："妈妈，马大哥的尾巴为什么甩个不停呀？"妈妈说："它在用尾巴赶走身上的苍蝇啊。"

走过花丛，看见蜜蜂在忙碌地采蜜，小松鼠问："妈妈，蜜蜂弟弟的尾巴怎么像把尖刀？"妈妈说："是呀，如果谁欺负它，它就用这把尖刀来保护自己。"

来到树林，听到"欢迎、欢迎"的声音，小松鼠抬头一看，猴哥、猴姐用尾巴吊在树上，正向它们打招呼呢！

小松鼠想了想，问妈妈："小鱼、大马、蜜蜂、猴哥的尾巴这么有用，那我们的尾巴有什么用呢？"妈妈说："我们靠尾巴保持身体的平衡，睡觉时用尾巴当枕头或者当被子。"小松鼠摸着自己毛茸茸的大尾巴，高兴地笑了起来。原来，不同的尾巴都有各自的功能呢！

活动拓展：

1. 教师可组织幼儿进行故事表演，注意表现角色的动作和神态。

2. 教师可以将动物图片的身体和尾巴分开，请幼儿配对。

3. 教师可以请幼儿续编故事，如，还有哪些动物有尾巴呢？它们的尾巴又有什么功能呢？

活动评析：

本活动以各种动物尾巴的不同功能作为谈话线索，引导幼儿采用观察、讨论、游戏等多种形式层层深入，理解动物尾巴的不同用处。活动以谈话贯穿始终，在饶有兴趣的谈话中锻炼了幼儿的语言表达能力。在组织本次谈话活动时应注意两点：一是教师应注意引导幼儿围绕主题的要求进行谈话，不要跑题；二是幼儿在谈话时，教师应及时肯定幼儿的点滴进步。

案例二　大班辩论赛："男孩该不该让着女孩"

选题背景：

由于大班幼儿人数较多，很多时候，教师都会引导幼儿分组进行活动。一天早上幼儿做完早操回到班里，老师先请女孩子去洗手，同时请男孩子稍等一下，一个男孩子很不服气地说："哎呀，为什么老师先请女孩子啊，真不公平！"身边的其他男孩子也很有同感的小声说了起来："就是啊，老是让我们男孩子让着女孩子。"站在愤愤不平的男孩子身边，我欲言又止，想了想，不如利用这个机会，主动搭建一个幼儿交流的平台。于是，在做了一些准备活动的基础上，我在班里举行了这次辩论赛。

活动目标：

1. 幼儿通过围绕一个话题展开交谈，尝试清楚、连贯地运用语言发表自己的意见。

2. 幼儿敢于表达自己的想法，初步体验辩论和竞争的乐趣。

3. 幼儿通过参与辩论赛感受辩论规则的特点，体会制定不同规则的作用。

材料准备：

白纸、笔（每人一套）。

环境准备：

（1）将幼儿的桌子分成两大组对着摆放；

（2）制作了横幅，横幅上有以绘画形式表现的辩论内容（幼儿自制），主持位置，桌上的正、反方的标牌（幼儿自制）；

（3）由正、反双方各自请来的另一个大班的 5 名幼儿做观众，由老师请来的 5 位外班老师做评委。

活动过程：

1. 说明辩论目的。

由主持人（教师）说明辩论的原因及最终要达到的目的。

师：小朋友们，因为班里人比较多，所以老师经常请大家分组做事情。最近一段时间，咱们班里经常有人对老师总是先请女孩子做事后请男孩子做事觉得很不公平。（幼儿私下轻轻议论："就是的！""啊？先请女孩子怎么啦！"……）

师：首先，老师向大家道歉，是老师没有注意这个问题，所以可能好几次都先请了女孩子。

2. 获得大家认可。

师：那天，老师听到几个小朋友在议论这件事情，我突然有了一个好主意！不如咱们一起讨论讨论这件事吧，最后咱们再想一个解决的办法，让大家都觉得公平。大家觉得怎么样？

幼：好！好主意！

3. 介绍辩论规则。

主持人自我介绍。

大主持人：主持人由一名教师和一位小朋友共同担任，这次辩论会的主意是我想出来的，所以由我来做大主持人。

小主持人：大家好，我是××，是我最先觉得这件事不公平的，所以由我来当小主持人！

由两名主持人交替介绍辩论规则。

4. 宣布辩论开始。

（1）主持人宣读规则，征得大家同意。（幼儿纷纷举手表示同意）

（2）主持人宣布比赛开始。

主持人（合）：大一班"男孩该不该让着女孩"辩论赛现在开始！

大主持人：首先，咱们要分出正反两方队员。认为男孩应该让着女孩的是正方，认为男孩不该让着女孩的是反方（分别有图片标明）。请大家开始选择并就座。

5. 自由辩论。

小主持人：第一项，自由辩论，开始！

反：凭什么要让着女孩子？

正：因为女孩子比男孩子表现好。

反：女孩子表现好的时候是应该让着她们，可是我们男孩子也有表现好的时候啊！

正：还是女孩子表现好的时候多，所以就应该先请。

反：我觉得不应该让，如果遇到坏人，男孩子就得保护女孩子，所以应该先让男孩吃饱喝饱，女孩子应该让着男孩子。

正：还说要保护呢，男孩子有时候还欺负女孩子呢。再说我们都是一样的，为什么你们就要先吃先喝啊？

反：我觉得男孩子能做的事女孩子也能做，女孩子不用男孩子让着。

正：老师也是女的！要照顾那么多小朋友，多辛苦呀，我们男孩子就应该让着女的，照顾女孩子，让老师不那么累，所以就应该让着！

反：可是如果老是让着女孩子，她们就会越来越娇气，将来能干什么大事情啊？

6. 中场休息并交换场地。

大主持人：有的队员有了新的想法，想换到对方那边去，下面进行中场休息，小朋友们如果有了新的想法，可以站到对方的队伍里。（此时，班中另两名教师可针对两方的不同问题分别给予鼓励和指导）

7. 再次自由辩论。

大主持人：刚刚由于部分幼儿变换了辩论方，正方的椅子不够用了，有些小朋友站在后面，没有椅子坐了。

正方女孩子反应很快：没有椅子了，男孩子就应该站起来让着女孩子先坐啊！

反方男孩子：女孩子又不是站不住，锻炼一下嘛！如果累了就说一声，我们会让的。

反方女孩子坚决地说：我们不坐，我们不用男孩子让着。

反方女孩子：我刚才看到有座位了，我还让给男孩子坐了呢！

正：我看女孩子老站着会累的，我们男孩子要是不让着，晚上她们回家要是告状，家长就该说我们男孩子不懂事了。

反方几个女孩子同时：我们不用让！

8. 分组总结。

小主持人：请双方到不同的教室进行总结，并选出总结发言人。

9. 评委点评。

主持人：请在场的评委说一说听完这次辩论会的想法。

10. 宣布结果。

由评委们举手投票决定辩论的结果。

11. 延伸活动。

根据辩论结果，商讨解决办法。

教师自评：

我本以为这个话题涉及男孩和女孩的问题，孩子们可能会分成男孩派和女孩派，然而事实并不和我想象的一致，第一次分组后我发现很多女孩子都到了反方"男孩子不应该让着女孩子"的一边，而且此方聚集了班上很多能说善辩的孩子，而正方那一边也坐着不少小男子汉，辩论在正方和反方你一言我一语的自由表述中逐渐升温。看到孩子们对辩论赛这么感兴趣，我们把"小小辩论赛"的活动扩展到了活动区，并改进和丰富了辩论规则。

我认为这次活动的设计是新颖和前卫的，也取得了一定的成效，但同时我也发现了一些问题。在活动中，由于辩论人数较多和幼儿性格不同等原因，幼儿发言的次数不平均，有个别幼儿甚至只是一直肯定地点头并没有发言。我想，今后我还会不断尝试各种活动，让孩子们在快乐的体验中获得成长，也让不同个性的幼儿有机会展现自己的风采。

专家评析：

此次活动中，教师进行了大胆的尝试，创意独特，能看出教师的用心和认真。教师运用辩论赛的形式进行活动，很符合该班幼儿的特点和需要，在活动的分配上也很到位，既尊重了幼儿的个体差异，又培养了幼儿的合作能力。活动目标很明确，并能够很好地达成。因为这样的活动既需要幼儿具备较强的能力和丰富的经验，也需要教师有较强的应变和随机教育的能力，因此建议教师要继续尝试新的活动，并不断提高自己的专业技术能力，以便适合不同幼儿的需要。

（作者：北京市丰台区方庄第二幼儿园陈雪梅。指导园长：孔震英、徐环）

📚 思考与训练

1. 到幼儿园见习或利用教学活动课观摩幼儿园各年龄班的谈话活动，每个年龄段观摩一堂课，观察并记录活动的全过程。重点观摩活动的组织形式和各环节之间的过渡，学习教师的指导语和教学方法的灵活运用。

2. 任选一个幼儿园谈话活动的主题，设计一份幼儿园集体谈话活动教案。教案应包括：设计意图、活动目标、活动准备、活动过程。若该话题需要相关的教辅材料（如制作相关幻灯片，制作玩教具等），请一并准备好。

3. 请思考，在以下集体谈话活动中，你觉得应该从哪些方面拓展谈话的内容？

（1）好吃的糖果（小班）；（2）我最喜欢的动画片（中班）；（3）有趣的动物园（大班）。

4. 任选一个谈话活动主题，准备好教案和相关的教具、材料，模拟组织谈话活动。

5. 将全班同学分成五个小组，每个小组通过调查问卷和与家长、幼儿访谈等方式，选取某一年龄段的幼儿作为调研对象，调查不同年龄段幼儿日常感兴趣的话题。

要求：

（1）撰写调查报告，并以小组讨论的方式在班级中分享、交流；

（2）自选其中一个话题，谈谈自己对这个话题组织谈话活动的设计思路。

学前儿童讲述活动的设计与指导

1. 了解学前儿童讲述活动的概念、特点及其对幼儿发展的作用。
2. 掌握学前儿童讲述活动的基本结构和设计方法。
3. 掌握学前儿童讲述活动的目标设定及设计、组织和指导方法，并能撰写出优质的学前儿童讲述活动方案，做好此项活动的模拟课堂教学任务。

讲述是发展学前儿童口语表达能力的重要形式，幼儿园开展儿童讲述活动对培养幼儿的独白言语能力有十分重要的意义。3~6岁的幼儿在独立表达时，已经开始注意到事物之间的联系，逐渐能围绕一定的时间、地点和起因讲述一件事情。抓住幼儿语言发展的这一关键期进行语言训练对幼儿的终身发展是非常必要的。但事实上，在当前学前儿童讲述活动的设计与实施中却存在着种种问题，如幼儿教师对讲述活动的基本特征、本质及其自身的一些规律认识不明确，对学前儿童讲述活动的设计、组织形式太过枯燥单一，对幼儿独白语言的发展特点了解不足等。因此，我们有必要深入地探讨讲述活动的一些基本问题，从而达到提高学前儿童讲述活动质量的目的。

一　学前儿童讲述活动的特点

学前儿童讲述活动是一种有目的、有计划地培养幼儿语言能力的教育活动，包括看图讲述、实物讲述、生活经验讲述、情境讲述等，这类活动可以帮助幼儿逐步获得独立构思的能力和完整连贯的语言经验，也对幼儿思维的发展起到推动作用。

幼儿园的讲述活动是一种有目的有计划地培养幼儿语言表述能力的语言教育活动。这类活动要求幼儿依据一定的凭借物，使用比较规范的语言来表达个人对某事、某物或某人的认识，进行语言交流。学前儿童讲述活动主要有以下几个特点。

1. 讲述活动需要有一定的讲述对象

讲述活动中的对象，是幼儿讲述的客体，决定了他们讲述的内容范围和指向。这些讲述对象主要包括讲述活动中教师为幼儿准备，或者幼儿自己参与准备的图片、实物和情境。

2. 讲述活动旨在培养幼儿的独白语言

讲述活动中幼儿要学习的是如何使用独白语言，独白，顾名思义，需要说话的人独自构思和表达对某一事物的完整认识。讲述的独白语言特性，要求幼儿的口头语言表述经历从独立完整编码到独立完整发码的过程，这个过程对幼儿来说是有一定难度的。在讲述活动中，幼儿的语言交流对象是不明确的，往往由一个人讲给多人听，说出的话语相对较长，而且往往相对独立、各成篇章。

3. 讲述活动具有相对正式的语言情境

讲述活动为幼儿提供的是一种相对正式、规范的语言运用场合。它不仅要求幼儿能在小组中发表自己的见解和观点，还要求幼儿能在集体面前用规范的语言大胆地表达自己的认识。讲述活动是通过经验精心设计和准备的语言环境，鼓励幼儿运用已有的经验，使用较为规范的语言来表达个人对某人某事的认识，进而培养幼儿清楚连贯地在集体场合表达自己见解的能力。

4. 讲述活动中需要调动幼儿的多种能力

讲述时，幼儿需要感知理解一定的对象，借助对对象的认识和已有的生活经验，构思组织自己的独白语言，从独立完整地编码到独立完整地发码。而且，不同讲述内容有不同的思维方式和逻辑顺序，这对幼儿的观察力、记忆力、想象力和思维能力的要求都是极高的。如果幼儿缺乏这些能力的配合，那么讲述的水平也不会提高。

通过学前儿童讲述活动的培养和锻炼，培养幼儿的讲述能力、独白语言能力，帮助幼儿掌握正确的认识事物的方法，发展幼儿的思维和想象能力，促进幼儿身心发展，也有利于幼儿的社会性发展。

知识拓展

学前儿童谈话活动与讲述活动的区别

活动类型	活动目标	活动内容	语言方式
学前儿童谈话活动	侧重幼儿运用语言与他人进行交流	围绕幼儿已有经验的话题进行交谈	对话方式宽松自由，不拘形式的语言风格
学前儿童讲述活动	侧重幼儿清楚连贯地表述某一事、一物的能力	针对某一幼儿需认识的凭借物（图片、玩具等）进行讲述	独白言语，要求规范、清晰且有条理地表达相对完整的观点

二 学前儿童讲述活动的目标

（一）培养幼儿的感知和理解能力

幼儿不仅要学会表达自己的想法，而且要学会按照主题要求去构思和说话。这就要求幼儿懂得积极地感知理解"要求说"的内容，讲述活动就是提高这方面能力的良好途径。

讲述活动要求幼儿不仅要听懂指示，还要观察讲述对象——凭借物，然后通过运用概念、想象、判断、推理等多种思维方式的活动，获得一定的认识。因此，这一过程有利于幼儿不断增强综合性信息的汲取能力，对幼儿语言和其他方面的发展都会产生极大的促进作用。

小案例

中班讲述活动：我带来一把美丽的扇子

教师请幼儿分别展示自己带来的扇子，让幼儿观察扇子的外形和结构、扇面的材质和颜色、扇把的材质等，然后让幼儿分组观察，交流各自的扇子的特点、用处等，在交流的过程中，幼儿可以从不同角度加深对扇子的感知和理解。

（二）培养幼儿独立构思与清楚、完整表达的能力

培养幼儿掌握对语言交流信息清晰度的调节功能，是为了进一步完善幼儿的独白语言，让其有话会说，或者是更好地表达出来。讲述活动为幼儿提供了独立构思和清楚完整表述的场所。通过这类活动，可以从三个方面提高幼儿的语言水平。

1. 在集体场合自然大方地讲话

3 岁的幼儿萌生了在集体面前讲话的意识，但幼儿在集体面前讲话的能力需要通过不断学习才能得到提高。比如，许多幼儿在集体场合讲话音量很小，完全不像在游戏活动或个别交谈时那样大方。通过教师指导，幼儿可以在讲述活动中逐步学会如何在集体面前自然大方地讲话。在集体场合自然大方地讲话，包括这样几点要求：一是勇于在许多人面前说出自己的想法；二是乐于跟别人分享自己的观点，积极地说话；三是在集体面前说话不忸怩作态，不脸红害羞，不胆怯退缩；四是用大于平时讲话的音量和正常的语调、节奏在集体面前说话。

2. 使用正确的语言内容和形式进行讲述

幼儿处于语言学习过程之中，他们的表达还会出现语音、语法、词语方面的错误。但是通过尝试，错误可以不断得到修正，一步一步地向正确的方向靠拢。讲述活动要求幼儿使用规范化的语言，这就可以不断地纠正错误，提高幼儿使用正确语言内容和形式的水平。

3. 有中心、有顺序、有重点地讲述

在讲述活动中要求幼儿使用独白语言，以发展幼儿有中心、有顺序、有重点地说话的意识和能力。有中心地讲述，要求幼儿敏锐地感觉说话范围，在讲述时不跑题，不说与中心内容无关的事；有顺序地讲述，要求幼儿按照一定逻辑规律来组织、表达自己的口头语言，增强他们说话的清晰度、条理性；有重点地讲述，要求幼儿抓住事件或物体的主要特征，传达最重要的信息，而不是漫无目的。幼儿在讲述活动中，独立进行构思和清楚完整表达的语言能力，可以提高他们的表述水平，促进语言发展。

（三）培养幼儿语言交流的信息调节能力

心理语言学的有关研究成果告诉我们，儿童在学习运用语言与人交往的过程中，需要不断提升个体对交流信息清晰度的调节技能。从总体上说，这种调节技能是针对

交往场合中各种主客观因素，以及这些因素与个人使用语言关系的敏感性而言的。幼儿有必要通过讲述活动学习获得这种语言运用技能。在讲述活动中，幼儿可从以下三个方面提高对交流信息清晰度的调节技能。

1. 增强对听者特征的敏感性

根据听者的特征来调节说话的内容和形式，使听者能理解和接受，这是保证交流信息清晰度的一个方面。按照皮亚杰的观点，4 岁前儿童的语言主要是以自我为中心的，他们之间没有真正的相互交流，即使在一起游戏他们也常常各说各的话。每个儿童在讲到自己正在做或准备做的事情时，既不注意别人在说什么，也不关心别人是否在听自己说。因此，他们对听者的特征是不敏感的。

但是幼儿在语言发展过程中，在教育的影响下，可逐步提高幼儿语言交流清晰度的调节技能。幼儿园的讲述活动，要求幼儿在所处的集体中说话、交流，并且这种说话有共同指向的内容。这样的活动可促使幼儿关注别人的言谈，以及自己所说与别人所说内容之间的关系，努力使听众对自己所讲内容产生兴趣并能理解自己讲述的内容。于是，他们就可能渐渐学会去把握听者的特征，提高这方面的敏感性。

2. 增强对语境变化的敏感性

根据语言环境的变化来调节语言表达方式，也是保证交流信息的清晰度，促使听者理解的一个方面。幼儿园的讲述活动是一种不同于其他语言交往的环境场合，所以要求幼儿使用不同于其他场合的语言进行交流。即使在讲述活动范围内，每一次给幼儿提供的语言环境也不尽相同，例如，讲述"春天的阳光"与讲述"有趣的星期天"不一样，看图讲述和情景表演讲述也有差异。可以说，每一次具体的讲述活动，都对幼儿提出了感知语境变化的具体要求，幼儿在学习讲述的过程中，逐步锻炼自己对语言变化的敏感性，培养能随语言环境变化而调节自己表述方式的能力。

3. 增强对听者反馈的敏感性

在运用语言进行交往时，幼儿需要根据听者的反馈，及时调整自己说话的内容和方式，这是保持语言清晰度和交流效果的又一种语言技能。

掌握这一种语言技能，需要幼儿获得两方面的能力。一是及时发现听者的信号。讲话人在说话时，要及时地捕捉听者听懂与否，表现出哪些困惑的、同意的、不赞成的或其他反馈信息，并做出相应的反应。二是讲话人要能够根据听者反馈的信息对所说内容进行修正。有关研究认为，幼儿修正自己讲话，以适应听者的能力尚处在初级阶段。当听者发出不理解的反馈信息时，幼儿多半是沉默或多次重复最初的话语。如果讲述的内容是他们熟悉的事情，幼儿能根据听者反馈的信息进行再编码，情况会显得好一些。通过修正和解释，幼儿说的内容为听者所接受的水平也就相对高一些。

幼儿可以并且应当在讲述活动中学习敏锐发觉听者的反馈，从而及时调整交流内容和方式。在讲述活动中，幼儿要在集体面前讲述一段较长、较完整的话。就听和说双方而言，关注的是同一内容，均处于高度注意的过程，再通过教师的提示、插话，幼儿可以觉察自己所说的是否有遗漏和信息被接受的状态，并能按照要求进行修补，最终培养起根据听者所发生的反馈及时调整交流内容和方式的能力。

既然将讲述活动的重要目标定位于促进幼儿独白语言的发展，那么教师在开展讲述活动时，就应该把自己和幼儿的主要精力放在"讲"上，重点引导幼儿运用已有经验自由讲述，学习并运用新经验进行讲述等。教师应该树立这样的观念：讲述活动中的所有工作，如图片、实物准备、情境表演等都是为幼儿的"讲"服务的。

知识拓展

学前儿童讲述活动各年龄阶段具体目标（小、中、大班）

学前儿童年龄阶段	学前儿童讲述活动具体目标
小班	（1）乐意运用各种感官，按照要求去感知讲述内容； （2）能基本理解内容简单、特征鲜明的实物、图片和情景； （3）愿意在集体面前讲述，能准确说出讲述内容的主要特征或事件； （4）能安静地听他人讲述，并用眼睛注视讲述者
中班	（1）养成先仔细观察，后进行讲述的习惯； （2）逐步学会理解图片和情景中展示的事件顺序； （3）能主动地在集体面前完整讲述且声音响亮，学习按照一定的顺序讲述实物、图片和情景的内容； （4）能积极地倾听他人的讲述内容，发现异同，并从中学习好的讲述方法
大班	（1）通过观察，理解图片和情景中蕴含的主要人物关系和思想感情倾向； （2）能有重点地讲述实物、图片和情景，突出讲述的画面； （3）在集体面前自然、大方地讲话； （4）讲述时语言表达连贯、流畅，且用词、用句较为准确

三 学前儿童讲述活动的类型

学前儿童讲述活动要求幼儿用比较恰当、完整、连贯的语言表达自己的想法和看法，是一项可以锻炼学前儿童多种能力的综合性的语言活动。根据讲述活动凭借物的不同，我们可以将学前儿童讲述活动主要分为：看图讲述、实物讲述、生活经验讲述和情景讲述四个类型。

（一）看图讲述

看图讲述是指幼儿在教师的启发和引导下观察图片、理解图意，并运用恰当的语句完整、流畅地表述图意的语言教育活动。看图讲述的内容丰富，教育手段灵活，语言环境宽松，能够为学前儿童提供充分的说话练习机会，学前儿童能用自己的语言描述事物、表达思想、逐步发展语言的连贯性，提高口语表达能力并能促进思维、观察等多方面能力的发展，同时还能受到良好的思想品德教育，看图讲述是幼儿园讲述活动中最主要的形式。

看图讲述的凭借物可以是印制的教学图片，也可以是教师自己绘制的，或是自己拍的照片，也可以是教师绘制的留有联想空间的半成品的图片，还可以是学前儿童画的或贴的图片。这些图片本身都给孩子以形象的视觉刺激，因为这些图片记录的都是瞬间的事物，因此教师在指导幼儿进行讲述时，要帮助他们联想图片中事物发生之前、之时、之后，图片之内、之外的情节，引导孩子发散思维，讲出事物的发展和事物之间的因果关系，从而有力地促进幼儿观察、思维和口语表达能力的发展。总之，看图讲述对学前儿童逻辑思维能力的锻炼和提高有着极为重要的作用，也对启发学前儿童的创造性思维具有极为重要的意义。

根据图片类型和不同的教育要求，可以将看图讲述分为以下几种类型。

1. 单张图片讲述

这是讲述活动中最简单的一种讲述形式。它只有一张图片，而且图片上一般人物较少，强调人物和动作，背景较简单，人物形象较为突出。学前儿童在讲述中只要讲出三个 W（Who，Which，What），即"图上有谁？图上的哪一个人或动物在干什么？"这种形式的讲述活动一般只适合小班开展，以问答的简单形式进行，主要培养小班学前儿童说完整句子的能力。此类活动除了在教学中开展之外，语言活动区也可以投放这样的图片，通过师幼、幼幼及幼儿与环境之间的互动交流，提高学前儿童平时多讲述、爱讲述、善讲述的积极性。

2. 多张图片讲述

这是一种要求学前儿童按顺序将多张图片的内容、图片与图片间的联系用完整、连贯的语句描述出来的讲述形式，适合在中、大班进行。在这种讲述中，学前儿童不仅要讲出三个 W（Who，Which，What），还要知道"How"和"Why"，即学前儿童要讲清楚图片上"有什么""他们在做什么？""为什么要这样做"以及"图片上的对象当时的内心体验"等。也就是说学前儿童不仅要讲述图片上所描绘的对象及特征，还要将图片上的细节描述出来，并将所观察的对象之间、事件之间的联系也描述出来。

3. 排图讲述

排图讲述是把图片排成一定顺序所进行的讲述。这种讲述首先要求学前儿童将无顺序的图片排出顺序，讲清理由，然后再讲述图片的内容。由于排列的顺序不同，学前儿童会根据自己的思维方式去排列讲述，每个学前儿童都会讲出不同情节、不同意义的故事。在孩子排图讲述的过程中，只要能够讲出自己的理由，教师都应给予积极的鼓励与肯定，使学前儿童体验到积极思维、大胆想象的成就感。排图讲述活动不仅培养了学前儿童开放性讲述的能力，也培养了学前儿童多通道、多角度思考问题的习惯。它具有的教育功能包括：观察图片——观察能力；分析图片——分析综合能力；讲述图片——口语表达能力。另外，排图讲述还要求学前儿童发现此图与彼图的关联：为什么这张图要连接那张图呢？这就必须进行有逻辑性和推理性的思维过程，所以排图讲述有利于发展思维的分析、判断、推理能力，特别有利于发展逻辑思维。

在小班前期，学前儿童抽象思维能力较差，不适合进行排图讲述。小班后期和中班前期，可以在一般的看图讲述中，加进排图讲述的因素，在对画面充分描述的基础上，进行简单的图片排序，讲出简单的道理即可。图片的数量要少一些，内容是较简单的，图片之间的关系是较外显的。中班后期到大班，排图讲述应逐渐深化：图片的内容逐渐加深，表现画面的复杂程度渐深，关联的辨别程度逐渐加深。

4. 拼图讲述

拼图讲述是看图讲述的延伸，又是看图讲述的拓展。拼图讲述的特点是教师不直接提供讲述的凭借物，而是向儿童提供各种构图材料，如图片、磁铁图片或立体图片，还有七巧板等，将人物、动物、花草树木、天气状况及不同地点等讲述信息提供给学前儿童，引导他们根据一定的主题自由构思，拼出连续的画面，然后展开丰富的想象，构成一个完整的、有情节的故事，并将故事清楚地表达出来。通过拼图讲述，既培养了学前儿童的口语表达能力，也锻炼了孩子们的创造性思维。这种讲述内容丰富饱满，形式灵活多变，克服了传统的看图讲述图片单一的缺点，而且场景的设置完全依靠学前儿童自己的爱好和想象而定，符合学前儿童的心理发展特点，因此深受学前儿童的欢迎。

5. 绘图讲述

绘图讲述是将绘画、泥工、折纸等手工活动与讲述活动相结合的综合性活动，在活动中，学前儿童自己制作讲述材料按照自己的思路和想法，设计出自己喜欢的材料类型，然后将所制作的材料组合成一个有情节的内容并讲述出来。由此可以看出，绘图讲述保留了"动手、动口、动脑"的优点，又兼备了面向全体、因材施教的好处，活动形式灵活，内容丰富，既可以使学前儿童在动手操作和讲述中体验到创造的乐趣，又可以发展儿童独立思考和创造性思维的能力。对不同年龄班绘图讲述所提的要求也不相同，小班学前儿童允许他们先绘图后讲述，而中班边绘边说，大班则应培养先讲述后绘画的能力。

（二）实物讲述

在这种讲述形式中，教师使用具体的实物来帮助学前儿童讲述，使学前儿童有身临其境的真实感受，它以实物为凭借物，包含真实的物品、玩具、教具和外在的自然景物等。教师在指导学前儿童感知理解实物并进行讲述时，最重要的是教会幼儿把握实物的特征。实物讲述往往是伴随着观察进行的，应该注意的是，实物讲述活动一定要与科学活动区分开来，实物讲述更侧重于描述、倾听等言语方面的目标；科学活动则多倾向感知和理解。

（三）生活经验讲述

生活经验讲述是指幼儿在教师的启发和引导下利用凭借物，围绕一个主题流畅、完整地讲述生活经验的教学活动。它要求学前儿童将自己在生活中遇到的有趣味或对自己有教育意义的事情用自己的语言讲述给大家听，讲述内容不仅包括事情的起因、发展、结果，还要包括对自己的启发和教育。

这种形式要求学前儿童具备比较高的概括能力和比较强的记忆力，它不仅锻炼了儿童的口头表述能力和思维的敏捷性，还可以激发幼儿的观察热情和认真对待生活的态度，对儿童留意生活中的小事情大道理也是一种促进和引导，引导学前儿童从中体会生活的乐趣，正面促进儿童对生活的热爱和细心品质的养成。

（四）情景讲述

情景讲述是在某种情景表演后，学前儿童在老师的帮助下，将表演中的情节、对话和内容连贯地表达出来的一种讲述形式。在活动中，情景表演可以是真人表演或木偶表演，也可以是真人和木偶一起表演，他们往往会激发学前儿童的兴趣和积极性，这些方式均体现出"角色表演"和"连贯活动"的特点，向学前儿童提供可供讲述的内容。

情景讲述让幼儿处在真实的活动内容之中，有利于幼儿理解情节，能诱发幼儿的观察兴趣和讲述愿望。但这种活动要求学前儿童具有较强的记忆力，因为学前儿童在观看完表演后要马上把内容讲述出来，要求他们在观看表演时集中注意力，搞清人物和情节，弄明白人物对话，甚至还要体验人物的内心感受。在所有讲述活动中，情景讲述难度最大，它旨在增强学前儿童的记忆力和快速思维能力，因此具备一定记忆和思维能力基础的学前儿童，可通过这种活动训练敏捷的思维。这种活动适合在小班后期、中班早期开始进行。

四 学前儿童讲述活动的设计、组织与指导

学前儿童讲述活动是学前语言教育活动的主要内容之一，在学前儿童语言教育活动中发挥着不可替代的作用。讲述活动的类型虽然很多，但它们在设计和实施上存在着相对固定的结构。

（一）讲述活动设计与实施的基本结构

1. 感知理解讲述对象

学前儿童讲述活动的特点之一，是具有相对固定的讲述对象即讲述的凭借物，因而在设计组织讲述活动时，首先要帮助幼儿感知理解讲述对象。感知理解讲述对象，主要是通过观察的途径进行。这里所说的观察，大部分是通过视觉汲取信息，例如常见的看图讲述活动、情景讲述活动等都是先让幼儿仔细观察图片或情景表演来感知理解讲述对象，这些主要是通过视觉通道获得的。而听录音讲述如"夏天的声音"，教师

可以先让幼儿听一段录音，让幼儿分辨出录音中的各种声响，如知了、青蛙、蟋蟀的叫声等。这主要是通过听觉通道获得的。那么，教师应怎样指导幼儿感知理解讲述对象呢？

（1）教师可指导幼儿依据讲述类型的特点感知理解讲述对象

例如，叙事性讲述应重点感知理解事件发生的过程顺序以及人物在其中的作用，而描述性讲述的观察重点则要放在物体的形态或人物的状态、动作、特征以及像什么等上。

（2）教师可指导学生依据凭借物的特点感知理解讲述对象

讲述活动中的凭借物是多种多样的，有的是几张相互之间有联系的图片，有的是现实的实物，也有的是某个活动的情景等。教师在指导幼儿感知理解讲述对象时，应抓住这类讲述对象的特点去组织观察活动。

（3）教师可指导幼儿依据具体活动要求的特点感知理解讲述对象

每一次活动的目标要求是不一样的，可以要求幼儿学习有中心、有重点地进行讲述，也可以要求幼儿有顺序地讲。教师的任务是根据活动的具体要求，指导幼儿细致观察，为讲述打好认识上的基础。

2. 运用已有经验自由讲述

在幼儿感知理解讲述对象的前提下，教师引导幼儿运用已有经验进行讲述。在这一环节教师应尽量放开让幼儿自由讲述，给他们充分的机会、时间，运用已有的经验进行讲述。这是幼儿自由展开讲述的阶段，教师要注意活跃讲述活动的气氛，提高幼儿参与讲述活动的积极性。组织幼儿运用已有经验讲述的方式有很多，主要有集体讲述、分组讲述和个别交流讲述等。教师在指导幼儿运用已有经验自由讲述时，需要注意以下几点。

（1）幼儿自由讲述之前，教师要注意交代清楚讲述的要求，提醒幼儿要围绕感知理解的对象进行讲述。

（2）在幼儿自由讲述的过程中，教师要注意倾听幼儿的讲述内容，及时发现幼儿讲述的"闪光点"以及存在的问题。

在讲述活动中，教师要注意不要过多地指点幼儿的讲述，不要急于告诉幼儿应该讲什么，而是要注意耐心、仔细倾听，最多以插问、提问等方法引导幼儿讲述，以免干扰幼儿的正常讲述，降低幼儿讲述的积极性。实践证明，在讲述活动的开展中，这一步骤不可缺少，否则会影响讲述活动的效果。

3. 引进并学习新的讲述经验

经过上一步相对自由的"开放式"讲述之后，教师应将讲述活动导入"收"的程序，为幼儿引进新的讲述经验。新的讲述经验的学习，是每次讲述活动学习的重点。通过前两个步骤的铺垫，教师可以根据本次活动目标要求，帮助幼儿学习新的讲述经验。新的讲述经验主要是指讲述的思路和讲述的方式。

教师在示范新的讲述经验时，很重要的一点就是帮助幼儿理清讲述的思路，使整个讲述活动有较强的顺序性和条理性。例如在看图讲述"捉迷藏"活动中，教师可以按照这样的思路来讲述："小熊来草地上干什么""后来谁又来了""他们在一起做什么""捉迷藏的过程中发生了什么事情""后来怎么样了?"。帮助幼儿理清讲述思路是非常重要的，可以帮助幼儿将基本内容讲述出来，避免重大人物、事件的遗漏。值得注意的是，教师的示范决不能成为幼儿复述的模板，否则会大大降低幼儿讲述的积极性和创造性。

讲述的基本方式包括观察、感知理解讲述对象的哪些部分是重点内容，要多讲，哪些是次要部分，可以略讲或少讲。这种讲述方式可以提高幼儿的分析、概括等思维能力。

教师引进新的讲述经验的方式是多种多样的，大致可归纳为以下三种。

（1）教师示范新的讲述经验

教师可以在幼儿讲的基础上，提出一种新的讲述思路，就同一讲述对象发表个人见解。例如在大班拼图讲述活动"城市里的交通工具"中，幼儿自己拼图讲述之后，教师可重新拼摆贴绒图案，构成一个合理的画面，并添画街道、花园、高楼等事物，然后按照这一完整的画面，组成现代城市有情节的内容并讲述出来。

（2）教师可以通过提示引进新的讲述经验

在某些讲述活动中，教师可以用提问、插话的方法引导幼儿的讲述思路，为他们导入新的讲述经验。在运用这类方法时，教师表面上顺着幼儿的讲述内容，实际上却是通过提问、插话不断改变幼儿的讲述思路。例如，在幼儿拼图讲述活动中，当幼儿自由讲述后，教师通过提问："小朋友，你还可以用拼图拼出什么故事，给我们讲一讲，行吗?"

4. 巩固并迁移新的讲述经验

在讲述活动中，仅仅引进新的讲述经验是不够的，还需要提供给幼儿实际操作新经验的机会，以帮助他们更好地获得这些经验。因此，讲述活动的最后一步是巩固迁移新的讲述经验。幼儿教师在指导幼儿巩固和迁移新的讲述经验中，可采取以下几种方式。

（1）由 A 及 B

当幼儿学习了一种新的讲述经验后，教师可以立即提供同类不同内容的机会，让幼儿用讲 A 的思路去讲述 B。例如，幼儿学习讲述一本图书之后，教师可让幼儿用同样的思路讲述另一本图书，从而帮助幼儿掌握新的讲述经验。

（2）由 A 及 A

在教师示范新的讲述经验并帮助幼儿理清思路后，可以让幼儿尝试用新的讲述方式来讲同一件事、同一情景。例如，在学习了讲述"秋天的树叶"之后，让幼儿开个"树叶作品展"，向小班的弟弟妹妹们介绍"秋天的树叶"。需要注意的是，在这种情况下，教师应要求幼儿创造性地运用新的讲述经验，尽可能地避免绝对模仿和复述别人的话。

（3）由 A 及 A1

教师可以在原讲述内容的基础上，提供一个扩展或延伸原内容的讲述机会。例如在拼图讲述活动"城市里的交通工具"中，教师在示范过新的拼图添画和讲述经验之后，可以进一步要求幼儿自己拼图添画，然后再讲述。通过这一步骤可以让幼儿巩固和迁移新的讲述经验。

以上四个步骤的讲述活动组织中，有一个内在完整的组织程序。可以说，幼儿学习新的讲述经验，要在每一次的讲述活动中获得操练、实践，以利于巩固、迁移，并且在下一次讲述活动中再次尝试运用。通过这种"滚雪球"的积累过程，幼儿的讲述能力会不断得到发展。

（二）看图讲述活动的设计与组织

1. 图片的准备与选择

看图讲述所使用的材料主要是图片（可以是印刷出版的图画，也可以是由教师自己构思制作的图片，可以是半成品的边讲边勾画的图片，也可以是幼儿自画的图片）。教师选择什么样的图片内容开展讲述活动，对幼儿讲述能力的发展和讲述水平的提高有直接的影响。教师在选择图片时应注意以下几点。

（1）内容上要注意选择对幼儿的情感、能力、知识、健康等方面具有教育意义的内容。例如中班的"窗外的垃圾"，大班的"明亮的窗户"等都是内容非常好的讲述材料，有利于促进幼儿情感和社会性的发展。

（2）教师应选择符合时代要求，具有时代感，密切联系幼儿的生活实际并有助于丰富幼儿生活经验的内容。

（3）教师应选择有利于培养幼儿观察力、想象力和创造性思维能力的内容。帮助幼儿用完整、连贯、有条理的语言进行讲述，发展幼儿的讲述能力。

（4）注意为不同年龄阶段的幼儿选择不同难度、不同数量的图片。为小班幼儿选择的图片画面要大，要以单幅为主，主题要单一，人物角色要少，角色的动作、表情要明显，画面的背景要简单或者没有背景，使小班幼儿易于观察画面的内容；为中班幼儿选择的图片要不超过4幅，图画与图画之间要有一定的情节联系，画面的主题要生动鲜明，情节可稍复杂，图片要能反映人物的表情和动作，使幼儿能从图片上看出人物的内心活动；为大班幼儿选择的图片可以是连环画，最好不要超过6幅，图片之间要有内在的逻辑联系，能给幼儿提供更多的想象空间，帮助幼儿理解并讲述图片中人物之间的关系。

2. 分析图片内容

选择好图片之后，教师要引导幼儿仔细观察、认真分析，理解图片内容。

（1）帮助幼儿理解图片内容

看图讲述活动要在理解的基础上进行，教师在教学活动中，可以事先遮挡图片的某些部分，让幼儿观察画面，了解事件发生的时间、地点等信息。

（2）分析重点图片和难点图片

在选择好图片之后，教师应帮助幼儿分析重点图片和难点图片，对于难点图片，要注意指导幼儿观察细节和发现图片之间的逻辑关系，明确讲述的主题。对于重点图片，教师应引导幼儿抓住图片的主题和主要情节，帮助他们讲深、讲透。

（3）确定幼儿应该掌握的词句

在分析图片内容的同时，还要考虑引导幼儿观察和讲述图片时对幼儿语言培养上的要求。因此，教师应事先分析讲述活动中幼儿可以掌握的词句，确定对幼儿语言表达的新要求。

3. 精心设计提问

看图讲述活动的关键是教师能进行启发式的提问，引导幼儿积极思维，帮助幼儿理解图片，并学习使用恰当的词句表达图意。因此，教师应精心设计提问，借助优质的提问引导幼儿的讲述。教师在设计提问时要注意以下几点。

（1）提问要围绕主题，突出重点

设计的提问应能反映图片的关键环节，有时可直接提出与主题有关的时间、地点、人物、环境等方面的问题，有时可提出与人物动作、神态等有关的问题。

（2）提问要有顺序

教师在提问时应根据图片所提供的线索确定问题的顺序，问题与问题之间要有必要的逻辑关系，后一问题应是前一问题的发展或延续。

（3）提问要有启发性

幼儿在观察图片时往往比较粗略，容易看到明显的动作、表情，而对内容的内在联系不够注意，这就会影响他们对内容的表达。教师在提问时要尽量避免选择性的、带有暗示性的问题，如"是不是""对不对"等，这种问题不需要思考，不利于培养幼儿的思维能力和语言能力。

（4）提问要有针对性

教师设计提问必须考虑幼儿的年龄特点，小班幼儿的思维以直观行动思维为主，教师所提出的问题应具体、明确，简单一些；中班幼儿的思维以具体形象思维为主，教师设计的提问应适当增加难度；大班的幼儿开始有了抽象逻辑思维，教师可以设计一些概括性的问题。

（三）生活经验讲述

生活经验讲述要求幼儿把自己所经历过的、印象最深而又最感兴趣的事有条理地讲出来，可以训练幼儿围绕一个中心独立、连贯说话的能力，而且能够促使幼儿关心周围事物，正确理解社会生活，培养幼儿从小热爱生活的情感。

1. 预设或生成话题

生活经验讲述活动的话题可以是教师在了解幼儿生活经验的基础上，为幼儿预先准备的话题，例如"我最喜欢的动画片""好玩的游乐场"等，也可以是在幼儿园日常生活中幼儿随机产生的感兴趣的话题。这就要求幼儿教师对幼儿的发展水平有充分的了解，对幼儿喜欢的话题敏感和了解，能够从幼儿的生活中随时捕捉幼儿感兴趣的话题，并提前为幼儿的讲述活动做好计划，提供适宜的条件。

2. 组织展开生活经验讲述活动

（1）帮助幼儿感知理解讲述的题目和内容

幼儿教师可以通过谈话或者利用图片、教具等，唤起幼儿生活中相似的回忆，促使幼儿产生讲述的兴趣和愿望。例如，在讲述活动"有用的标志"中，教师可以布置一个小小的标志展，搜集并展览生活中常见的各种标志。让幼儿在观赏中激发讲述兴趣。

（2）幼儿运用已有经验，围绕题目自由讲述

在感知理解讲述主题的基础上，引导幼儿围绕主题讲述自己的生活经验，这是讲述活动的重点环节。在这一环节中，教师要注意倾听每个幼儿的讲述，着重指导幼儿讲述的完整、连贯和符合逻辑，针对不同幼儿的特点给予不同的指导。

（3）引进新的讲述经验

这一环节，教师要做好示范工作。一般来讲，对于未接触过生活经验讲述、语言基础较差的幼儿，示范讲述的目的在于引起幼儿讲述的兴趣并为幼儿树立榜样。对于参加过生活经验讲述的幼儿，示范讲述的目的在于提高幼儿的表达能力。讲述活动要求幼儿使用独白语言，这对幼儿的语言能力的要求较高。因此，教师的示范对幼儿是有效的帮助。对于那些已经掌握讲述方法的幼儿，教师可不必再提供讲述范本，以免限制幼儿的发挥。

（4）巩固和迁移新的讲述经验

为了使幼儿对生活经验的讲述发生兴趣，教师也可采用其他生动活泼的形式，以激发幼儿讲述自身体验的愿望。譬如，教师可以事先鼓励幼儿自带喜爱的玩具来幼儿园，并为幼儿提供一些较为新奇的玩具，让幼儿在活动中看看、玩玩，然后再谈自己对最喜欢的玩具的感受。对语言表述生动活泼、用词新颖、描述具体的幼儿要及时给予肯定和表扬。

（四）情景讲述

情景讲述要求幼儿用自己的语言讲述情景表演的内容，要求幼儿必须努力回忆观察所获得的印象，想象、思考表演动作所表达的意思，并按照动作表演的顺序组织语言。因此，情景讲述对培养幼儿的有意注意、认真观察、记忆、想象、思维能力和连贯语言的组织能力都有积极的作用。

1. 组织准备

（1）选择内容

选择的内容应动作性较强，便于表演；主题突出，情节较为简单，角色不宜太多，表演中可以有适当的简单对话；到了中、大班，有时可采用哑剧的方式，只靠动作、表情和道具等来表现情节。

（2）组织排练

内容选好后应物色人选，扮演角色，可以由教师表演、幼儿表演或师幼共同表演，也可由教师操作木偶等进行表演。情景表演成功与否，直接影响到幼儿讲述的积极性

和讲述的质量。

（3）准备道具，布置场景

排练之后，要注意表演场景和道具的设计，为了使情景真实、生动，可以用电化教具来配合。

（4）设计活动计划及提问

情景讲述活动计划应包括活动名称、活动目标、活动准备、活动过程等部分，活动过程中的提问要紧扣主题，有启发性，能够帮助幼儿通过观察表演产生相关的情绪记忆和运动记忆。

2. 教师指导情景讲述活动的展开

（1）感知理解讲述对象

情景讲述活动开始时，教师可以用富有表情和吸引力的语言揭示内容，介绍场景、角色等，引起幼儿观看情景表演的兴趣，并提醒幼儿仔细观看，记住表演内容。教师还要注意根据表演内容设计启发性问题，帮助幼儿理解表演内容。

（2）幼儿运用已有经验讲述情景表演内容

幼儿看完表演之后，教师引导幼儿采用自由组合讲述或个别讲述方式，运用已有的经验进行讲述。教师应借助于提问，提醒幼儿要在感知理解的基础上进行讲述。第一轮提问可以笼统些，第二轮的提问则要具体、细致一些。

（3）引进新的讲述经验

幼儿自由讲述表演内容之后，教师可根据主要情节的线索提问，让幼儿产生联想，然后再次观看表演，教师也可做示范讲述，由教师或幼儿按照表演顺序，连贯地示范讲述整个表演内容，帮助幼儿了解新的讲述思路。

（4）巩固迁移新的讲述经验

教师可以尝试让幼儿根据老师的要求更换角色、场景和事件，用上述的讲述经验做迁移讲述。也可以在经历多次讲述活动之后，让幼儿自编自演，自己设想角色之间的对话和动作，提高幼儿的表演和讲述能力。

案例分析

案例一　幼儿园大班看图讲述活动：大树和男孩

活动目标：

1. 观察图片的细节，能大胆表达对图片内容的理解。

2. 感受图片的意境，乐意说出自己的感受。

3. 感受朋友之间的关爱，体会相处的快乐。

活动准备：

大树和男孩相关图片 4 幅。

活动过程：

一、教师直接语言导入：今天我带来了几幅关于"大树和男孩"的图片，让我们一起看看吧。

二、看图讲述（逐幅观察图片）。

第 1 幅：

1. 图片上有谁？他们在干什么？

——小男孩在跑步。

——小男孩在跟大树打招呼。

2. 你怎么知道男孩在跟大树打招呼？

——因为他的手这样子。（回答问题的小朋友用手势表示，其他幼儿模仿动作）

3. 小男孩在跟大树打招呼，大树呢？

——大树伸出树枝要抱小男孩。（老师追问：是大树的什么？你来指指看。小朋友在图片上指出到底是大树的什么）

——树枝！

——它为什么要这样做呢？

——它想抱小男孩。

——跟小男孩打招呼。

4. 完整讲述。

第 2 幅：小男孩来到大树下，他们在干什么？（幼儿猜测接下来的情节发展，对下一幅图片的观察充满期待）

1. 他们在干什么？

——睡觉。

——休息。

2. 谁有不同意见？大树是怎样做的？大树有变化吗？

——它一只手伸得好长。（幼儿模仿动作）

它长长的手指在指着谁？它为什么要指着他？他们到底在干什么？

——捉迷藏。（师生模拟"捉迷藏"的游戏）

怎么玩？（请幼儿完整讲述，当幼儿讲述出现困难时老师给予动作提示，幼儿讲不

下去时，请下一位幼儿"接力"讲述）

3. 师生完整讲述，及时捕捉幼儿创编的角色对话并给予肯定。

4. 完整讲述。

5. 玩着玩着，小男孩怎样了？

——困了。

——困了？要不要休息呀？

——要，在大树旁休息。

——在大树下。

第 3 幅：

1. 谁在哪里干什么？

——小男孩在大树旁边睡觉。

2. 大树有变化吗？有什么变化？

——变成圆圆的月亮。

——像屋子。

——像一把伞。

3. 大树为什么会有这些变化？

——它想遮着小男孩，不让阳光晒着他。

——如果有大树为我遮荫，我就会睡得怎么样？

——很香。

——很舒服。

老师模仿大树为幼儿遮荫，提问：有什么感觉？

——很舒服。

——睡得很香，没有阳光。

4. 完整讲述。（鼓励幼儿把自己的感受带进图片讲述中）

5. 大树热情地欢迎小男孩的到来，跟他玩"捉迷藏"的游戏，小男孩子累了，大树为他撑开一把伞，为他遮风挡雨。大树为什么要这样做呢？

——关心他。

——他们是好朋友。

第 4 幅：

1. （老师用拥抱的动作表示对幼儿的关心）我们一起看看大树和小男孩有些什么关心的动作。

——大树做摇篮。

——荡秋千。

2. （师生模仿大树和小男孩的动作）大树和男孩在干什么？

——拥抱。

3. 他们为什么要拥抱在一起？

——因为他们感情很好。

——因为他们是好朋友。

4. 完整讲述。

三、完整讲述四幅图片。

四、原来互相关心除了一起玩游戏、帮助解决一些困难之外，一个拥抱也是一种爱。我爱你们！（师生拥抱）

1. 平常是谁给你拥抱最多？

——爸爸、妈妈。

2. 爸爸、妈妈除了给你拥抱之外，还会给你做什么？

——亲一亲。（亲一亲是一种爱的表现）

——好好照顾我们。（好好照顾我们也是一种爱的表现）

3. 原来在我们身边有很多爱我们的人，他们会用各种不同的方式来爱我们，那我们也爱他们吗？你会怎么去爱你们所爱的人？我相信你们会用自己的行动去告诉他们——你爱他们。

活动反思：

本次活动的图片节选自美国作家谢尔·希尔弗斯坦的图画书作品《爱心树》。看似简单的线描画面，虽然没有孩子喜爱的色彩，却蕴含着许多秘密，能激发起孩子反复观察与积极讨论、讲述的欲望，我们可以感受到孩子在过程中的投入。活动中我主要采用了以下手段与孩子共享活动的愉悦。

第一，引导孩子观察画面细节。在以往的看图讲述活动中，我们发现孩子在观察图片的时候，常常只注重对主体的观察，忽视细节部分，而那些在经意或不经意之间留下的细节，通常与主题息息相关，甚至可以说，如果对细节缺少关注，就会妨碍对图片内容的理解。因此，在本次活动中，我们可以看到，画面中树枝的变化绘画得生动、拟人化，我不断引导孩子对这些细节及其变化重点进行观察，展开想象，使孩子在反复的观察与讨论中不断有新的发现，孩子们也乐此不疲。

第二，教师语言的引导与层层追问。活动中我通过运用适当的语言提示帮助孩子观察画面，连贯讲述，对于孩子的回答，能注意及时捕捉，层层追问，并注重帮助孩子对观察的内容进行归纳和提升。如当观察讲述"男孩向大树跑来，大树弯下腰伸出手臂欢迎他的到来"这一画面时，我用语言进行提示："男孩子来到大树下，他会干什么呢？"当出现下一幅画面"大树和男孩玩捉迷藏游戏"后，我又提示："玩累了，会做些什么事情？"此时幼儿自然而然地把自己日常游戏中的感受带到讲述中，形成新的体验，并积极展开想象，进入下一画面的观察和讲述中。当孩子带着切身体验重回画面进行讲述时，他们中的多数在语言表达上更为丰富，也更富有创意。

第三，教师情感的自然流露有效地感染幼儿的情绪，并在情感互动的过程中产生共鸣。如在观察大树与男孩捉迷藏这一画面时，我们一起玩起了捉迷藏的游戏。在玩的过程中，我注重启发孩子模仿角色的行为和创编角色的对话，孩子从中真切地感受到画面营造的氛围，体现大树和男孩双方亲密无间的关系。

（案例选自：http：//www. yejs. com. cn/Jiaoan/article/id/35076. htm，有改动）

案例二　中班语言教案：娃娃

活动目标：

1. 指导幼儿用描述性的语言，完整、连贯地讲述"娃娃"。

2. 启发幼儿通过有趣的"猜猜谁不见了"和"改错"游戏，对"娃娃"进行由特殊到一般的有序感知、讲述。

3. 帮助幼儿形成"听清楚了再回答"的倾听表述习惯。

（引导幼儿用描述性、陈述性、议论性及交往的语言进行表达，是培养幼儿表述能力的具体行为内容，而描述性语言在实物讲述中运用得更为普遍。本次活动就运用了智力游戏"猜猜谁不见了"和"改错"，让幼儿在玩的过程中，自然、生动、有趣地夸赞自己喜爱的娃娃，可以达到从娃娃的特征到一般形态的有序表述的目的。）

活动准备：

1. 每组一个神态、性别、衣饰不同的玩具娃娃。

2. 玩具娃娃已放在"娃娃家"游戏角中让幼儿玩了几天。

活动过程：

1. 运用游戏"猜猜谁不见了"，引导幼儿感知和理解"娃娃"

教师将六个娃娃（每组一个）展示在幼儿面前。请幼儿闭上眼睛拿走一个娃娃。教师提问：哪个娃娃不见了？让幼儿集体回答。幼儿回答后，教师也可以进一步启发幼儿从某娃娃的一般形态特征进行描述。可以这样提问：第几个娃娃长得什么样？游戏可以进行多次，由教师藏娃娃，大家猜，然后可以请几位幼儿来藏娃娃，大家猜"谁不见了"。

（这一活动重点叙述了游戏"猜猜谁不见了"的玩法。游戏的规则即启发幼儿有序地运用描述性语言讲述娃娃的过程。)

2. 运用"抱一抱,亲一亲",让幼儿结伴讲述

(1) 幼儿分组轮流抱娃娃、说娃娃。当抱着娃娃时,可以亲一亲、搂一搂娃娃,并说"我最喜欢娃娃×××(特征部分)。因为娃娃穿着××(长着××)"或"我的小宝宝,你的嘴长得像一朵小花,你的××长得像××。(抓住"特殊到一般"进行讲述)

(2) 教师以参与者的身份加入幼儿的讲述中去,以平行示范的方式引导幼儿用合适的形容词来形容娃娃。

(幼儿自由结伴讲述也是运用游戏的方法进行的,很像民间游戏"击鼓传花"。可爱的娃娃在每个幼儿的手中传来传去,谁见了都忍不住抱一抱,亲一亲,说句夸奖的话。如果哪位幼儿不愿说或说得不合适不要紧,教师可以以参加者的身份抱抱、亲亲、夸夸娃娃,同时示意幼儿也来夸夸自己的娃娃。这种以游戏的方式进行的结伴讲述,可以消除幼儿表述时的紧张,有利于幼儿调动自己已有的经验,为下面的讲述做好准备。)

3. 运用"改错"游戏,提供讲述思路

(1) 教师抱起娃娃:我的娃娃真快,你听,他长着像苹果一样的鼻子,绿绿的嘴唇,两条大大的耳朵,我真喜欢我的娃娃。

(2) 幼儿运用集中讲述的方式,纠正老师不正确的讲述,同时说出正确的表述方式和思路。教师可以这样启发幼儿:哪里说得不合适?为什么?如果要你说,你会怎样说?怎样说才能让别人一下就找到你的娃娃?

(提供新的讲述思路也是以游戏的方式组织起来的,教师故意说几句错话,让幼儿去纠错,因为中班幼儿已具备了初步识别字、词、句错误与否的能力。因此,在欢快的纠错活动中,他们又一次在自然、生动、有趣的玩耍中学习了新的讲述思路,在纠错游戏中一遍遍地练习了新的讲述思路的表述方式。)

4. 从说"娃娃"到"夸"同伴

请出一位幼儿。请幼儿一起"夸夸××小朋友"。教师注意引导幼儿运用"先特点再其他"的讲述思路夸同伴。

(最后的层次,教师设计了"夸自己同伴"的活动,帮助幼儿迁移新的讲述经验。从玩具娃娃迁移到活生生的同伴。虽然人物变了,但是讲述的思路可以是相同的。于是,通过教师的指点,幼儿以与夸"娃娃"相同的思路,进行有序的讲述,达到了迁移的目的。)

(案例选自:http://www.yejs.com.cn/Jiaoan/article/id/16471.htm,有改动)

案例三　幼儿园中班讲述活动：逛三园

设计思路：

本活动来源于幼儿熟知的电视游戏节目，从孩子的兴趣出发，主要经历了以下几个环节：1. 由生活经验直接导入，引导幼儿运用回忆引出电视中"逛三园"的游戏，并集体学习开场白；2. 在游戏中，帮助幼儿从"蔬菜园""水果园""动物园"入手，由"大家一起逛三园。什么园？蔬菜园。蔬菜园里有什么？蔬菜园里有××"这个问答的形式，过渡到后半程的"水果园里有×色的××""动物园里××在××地方干××"的句式，让孩子的语言逐步从简单的词过渡到简单的短句，从而丰富孩子的发现，丰富孩子的语言。

活动目标：

1. 引导幼儿在游戏情境中，掌握讲述固定的句式。

2. 帮助幼儿巩固对蔬菜、水果、动物名称的认识和发现。

3. 鼓励幼儿在游戏中大胆表现，积极表述。

活动准备：

知识准备：幼儿已看过江苏卫视少儿频道中"逛三园"的节目，有一定的认识。

物质准备：PPT课件、魔法棒、贴纸围裙；动物活动的图片、水果园的场景布置。

活动过程：

由生活经验引出活动主题

1. 师：小朋友，江苏电视台少儿频道林子姐姐主持的节目"我爱饭米粒"中有个"逛三园"的游戏，还记得吗？

2. 幼儿个别讲述，引出游戏的玩法：大家一起逛三园，什么园？……（问答形式）

3. 师：今天我们也来玩玩这个游戏，不过我们玩的时候可有点不一样哦，我们在逛三园的时候，要说一句好听的话。看，老师带来了两样东西：魔法棒和奖励贴纸。当魔法棒点到谁，谁就来参加游戏，而且我们在游戏中不惩罚，只要讲得正确，就奖励贴纸哦。

（评析：从幼儿喜欢、熟悉的生活游戏中引出本次活动的主题，易于幼儿接受，而且能激发起幼儿的活动兴趣，魔法棒和奖励贴纸的运用则能充分调动幼儿活动的积极性。）

组织幼儿参与游戏，鼓励幼儿大胆讲述句式"蔬菜园里有××""水果园里有×色的××"

1. 师：好，逛三园的游戏开始了，看看我们逛的第一个园是什么。

2. 展示 PPT 课件，引出"蔬菜园"，纠正发音。

3. 教师与孩子一起讲述游戏开始时的句式："大家一起逛三园，什么园？蔬菜园，蔬菜园里有什么？"

4. 根据教师指到的蔬菜（放大 PPT 照片），孩子们集体学说"蔬菜园里有××"。

（评析：从简单、常见的蔬菜入手，让孩子在基本掌握问答形式的语言结构的基础上，简单讲述短句，锻炼语言能力。）

5. 组织幼儿游戏"逛三园"。

①教师点动魔法棒"讲讲讲"，鼓励指到的孩子来讲述"蔬菜园里有××"的句式，讲述正确奖励贴纸。

②教师过渡：蔬菜园逛完了，看看我们第二个园来到了什么地方。

③组织幼儿起立来到水果园，鼓励幼儿每人采摘一个水果。

（评析：这个环节中增添了魔法棒，活跃了游戏气氛，采用自由采摘的形式，达到了动静结合的活动目的。）

④师："逛三园的游戏又开始了，这一回，你来讲的时候，除了讲出水果园里的水果，还要讲出水果的颜色哦。"

⑤教师点动魔法棒"讲讲讲"，鼓励指到的孩子讲述"水果园里有×色的××"的句式。讲述正确奖励贴纸，并请孩子将水果送上来。

⑥根据教师指到的水果（放大 PPT 照片），幼儿集体讲述"水果园里有×色的××"的句式，巩固认识。

（评析：在这一环节的游戏中，将"水果园里有×色的××"句式加以运用学习，增加了语言讲述的难度，也使活动层层递进。）

鼓励幼儿完整讲述"动物园里××在××地方干××"的句式。

1. 教师过渡：水果园也逛过了，请小朋友们猜猜第三个园是什么？引出"动物园"。

2. 组织幼儿分散观察动物园的图片，教师个别指导，鼓励幼儿用好听的词语来讲述。

3. 组织幼儿第三次游戏"逛三园"，玩法同上，巩固"动物园里××在××地方干××"的句式。教师根据小朋友个别讲述的内容，利用 PPT 展示大图。

4. 教师鼓励幼儿讲出"动物园里××在××地方干××"的句式，并加上感叹词。

5. 幼儿集体讲述，巩固句式的学习，学习个别感叹词。（采用分组比赛的形式，通过 PPT 的展示，让孩子在一定的时间内根据展示的图片，进行接龙比赛讲述。)

（评析：这一"逛动物园"的游戏环节，是本次活动的重点。一方面直接展示 PPT 图片，而且有一定的时间限制，加大了游戏的难度；另一方面则将短句的学习进行了扩充，语言的内容更为丰富了。采用竞赛的形式则更能激发幼儿参与的兴趣。)

活动结束：

师：我们一连逛了三个园，也有点累了，回去好好休息休息吧。

带领幼儿做放松动作退场。

（作者：江苏省苏州市吴中区木渎实验小学附属幼儿园沈静）

思考与训练

1. 到幼儿园现场观摩或视频观看幼儿教师组织的某个年龄班的讲述活动，并对教师的教学设计和组织情况进行评析。

2. 在大班生活经验讲述"快乐的新年"中，你准备怎样引出讲述主题？请写出引导语并模拟展示活动的组织实施。

3. 在中班看图讲述活动"小兔家的窗"中，你认为应该设计哪些提问，才能更好地观察图片、讲述图意？请按顺序列举出提问设计。

4. 请设计以下讲述活动的方案并进行模拟教学的组织和实施：

（1）生活经验讲述"逛超市"（中班）；

（2）情境讲述"做好事"（大班）；

（3）绘图讲述"我的一家人"（中班）。

学前儿童文学作品活动的设计与指导

学习目标

1. 了解学前儿童文学作品活动的特点、目标、类型和内容。
2. 掌握各类型学前儿童文学作品活动的设计、组织、指导与评价要点。
3. 掌握部分优秀的儿童文学作品，能设计出有创意的优质的学前儿童文学作品活动教学方案并进行模拟课堂教学。

基础理论

　　学前儿童文学作品活动是指儿童在成人的引导下，通过欣赏文学作品来进行语言学习的一种活动，在欣赏文学作品的过程中，培养幼儿的倾听能力，帮助幼儿积累和扩展词汇量，鼓励幼儿创造性地运用语言，提升幼儿的语言感受能力、审美能力和艺术想象力。《纲要》中指出："要引导幼儿接触优秀的儿童文学作品，使之感受语言的丰富和优美，并通过多种活动帮助幼儿加深对作品的体验和理解。"因此，学前儿童文学作品活动对幼教教育教学工作的开展和幼儿身心的健康发展有着十分重要的作用。

一　学前儿童文学作品活动的特点

学前儿童文学作品通过典型的形象、生动的故事情节和充满童趣的语言来反映现实生活，潜移默化地影响儿童的思想和情感，发展儿童的倾听与表达能力。学前儿童文学作品活动对学前儿童语言的发展有着非常重要的意义，学前儿童文学活动主要具有以下特征。

（一）学前儿童文学作品活动应以儿童文学作品为核心

儿童文学作品是学前儿童文学作品活动开展的核心和载体，因此，所有学前儿童文学作品活动的开展都要立足于儿童文学作品这一核心。

1. 学前儿童文学作品蕴含丰富的思想情感

儿童文学作品将人类的现实生活以生动形象的方式反映在儿童世界，又蕴含着非常巧妙的哲思情感。

如《鸭妈妈找蛋》的故事告诉孩子做事情要认真仔细，有始有终，不要丢三落四，有头无尾；《小马过河》的故事告诉孩子凡事要自己多思考，多勇敢地去尝试，不能一味相信别人的说法；《聪明的乌龟》的故事告诉孩子遇到危险不要害怕，要学会动脑筋，巧用智慧；《金色的房子》的故事告诉孩子要学会分享，也要懂得感恩；《瓜瓜吃瓜》的故事告诉孩子不能乱扔垃圾，要养成良好的卫生习惯和行为习惯。

很多儿童文学作品本身含有的充满正能量、有教育意义的思想情感和哲理都需要幼儿教师为孩子挖掘出来，由浅入深地进行剖析，帮助孩子感受和理解，引导孩子形成正确的价值观，从而对他们的人生起到正面的启蒙作用。

2. 学前儿童文学作品的语言是艺术性的语言

儿童文学作品语言简单凝练，形象生动，幽默诙谐，充满艺术表现力。

例如，《爱美的小公鸡》中对小公鸡傲气出场的形象介绍：小公鸡，真神气，戴着小红帽，穿着花花衣。"喔喔，看我多美丽"；《桃树下的小白兔》中老桃树向小白兔介绍附近环境的描述：这儿美呀，有草地，有鲜花，还有一条小溪，整天叮叮咚咚弹着琴。《老爷爷的帽子》中小鸟们讨论爷爷生病的原因时表现出的内疚："一定是爷爷把帽子给了我们，自己着凉生病了，我们赶快给老爷爷做顶帽子吧。"小鸟们就用自己的羽毛做了一顶帽子送给老爷爷。儿童诗《神奇的小雨滴》中关于雨点落下的动态旋律的描述：雨点落到雨伞上，敲响了一面面小彩鼓。叮叮咚！叮叮咚！雨点儿顺着雨伞滑到地上，开出一朵朵水花花。水花花，笑嘻嘻。亲亲娃娃们的脚丫丫。

生动逼真又充满童趣的语言风格，曲折离奇的情节内容，充满艺术感染力的角色塑造，对于培养幼儿的个性性格和行为习惯，培养幼儿的语言表达能力、艺术表现能力和审美能力，有着至关重要的影响。因此，学前儿童文学作品活动要重视儿童艺术语言的学习，要引导幼儿学会感受、学会理解文学作品中的艺术语言美。

（二）学前儿童文学作品活动的开展要符合学前儿童身心发展特点

学前儿童思维能力刚刚萌芽，主要以直观形象思维为主，在开展儿童文学作品活动时，要注意将书面语言转化为儿童更容易接受的生动形象的口头语言，同时要辅助使用一些直观形象的活动材料，以帮助儿童理解文学作品中的各种语言信息。

1. 学前儿童文学作品选择的多样化

第一，学前儿童思维具体、直观，记忆力差，所以选择儿童文学作品时，要选择角色形象生动鲜明的、或可爱萌动的、或勇猛有力量的文学作品。这样既符合儿童的审美要求，又能给儿童留下深刻的印象。第二，文学作品的内容应该是学前儿童所熟悉的，与他们日常生活相关的，能契合儿童生活经验的。第三，文学作品的语言要浅显易懂，还要具有艺术性。故事开头诙谐幽默，情节发展曲折有趣的，这样可以让儿童有好奇探索的欲望和学习的兴趣，也可以帮助幼儿感受文学作品的语言文字美、韵律节奏美和内蕴情感美。第四，由于学前儿童很难了解事物之间太复杂的关系和联系，因此我们选择的作品人物不要太多，关系不要太复杂，故事中适度塑造 3～6 个相关人物形象，既可以满足儿童喜欢热闹的天性，又能培养儿童的口语对话能力，还符合儿童思维发展水平特点。第五，故事中所蕴含的哲思情感应该是暖人的、感人的、催人上进的、充满正能量的、或者是塑造出一些错误的典型，给孩子以告诫、以警示，这样的作品才容易被学前儿童所理解，所接受。

如儿童故事《青蛙卖泥塘》，主要线索就是"青蛙想把自己住的烂泥塘卖掉，搬到城里去住—很多动物都嫌他的泥塘不够好—青蛙听取了他们的意见，把自己的烂泥塘一步一步进行改造—青蛙辛苦改造完的泥塘变得非常美，它自己也舍不得卖掉泥塘了"。首先，"青蛙""黄牛"等形象、"买卖""改造"等行为都是孩子们日常生活可以接触到的；其次，故事情节的发展，由拼命地想卖掉泥塘，到听着小伙伴们热热闹闹地你一言我一语地建议，逐样地动手改造，再到最终舍不得卖掉泥塘，是一百八十度的大转弯；再者，故事中，主人公自己动手丰衣足食，"自己动手最快乐"的哲思也巧妙地传达出来。整个故事内容既是幼儿熟悉的，也让他们产生兴趣去探究青蛙一步步的改造行动是怎么样的，还有利于幼儿理解能力、语言表达能力的提升和社会性的发展。

再如，儿童故事《鸭妈妈找蛋》，讲述的是鸭妈妈因为找不到自己生的蛋了，而到处找邻居们询问帮忙，最后想起自己其实并没有生蛋的故事。孩子们都吃过很多鸡蛋、鸭蛋、鹅蛋，也多多少少知道各种蛋的来历，所以这个故事是切合幼儿生活经验的。首先，鸭妈妈找不到自己的蛋了，教师要激发儿童想要参与故事中去帮忙的想法，继而让幼儿跟随故事情节的发展一起去向鸡、鹅、山羊等邻居询问，在各个询问的环节中，充分为孩子搭建生动的锻炼口语表达能力和人际交往能力的平台，过程中既激起了儿童的好奇心，又发展了孩子们的思维能力、语言能力和人际交往能力。故事中鸭妈妈的粗心大意让她出了洋相，也给孩子们上了生动的一课，告诫孩子们平时要认真严谨，不能丢三落四，不能粗心大意。诸如此类的儿童文学作品便是我们开展儿童文学作品活动的首选。

2. 学前儿童文学作品活动开展途径的多元化

学前儿童文学作品活动应以儿童自身已有的知识经验为基础，把各种活动贯穿于教学活动过程中，并通过操作让儿童获得亲身体验，即调动视觉、听觉、触觉等多种感官参与到活动中，使幼儿在动口、动手、动脑、动眼、动耳等多种途径的学习中获得对作品的感受和理解，帮助幼儿更好地掌握故事内容，也培养和锻炼了幼儿各方面的能力。

楼飞甫的散文《春雨的色彩》：

春雨，像春姑娘纺出的线，轻轻地落到地上，沙沙沙，沙沙沙……

田野里，一群小鸟正在争论一个有趣的问题：春雨到底是什么颜色的？

小白鸽说："春雨是无色的。你们接几滴瞧瞧吧。"

小燕子说："不对，春雨是绿色的。你们瞧，春雨落到草地上，草就绿了。春雨淋在柳树上，柳枝也绿了。"

麻雀说："不对，春雨是红色的。你们瞧，春雨洒在桃树上，桃花红了。春雨滴在杜鹃丛中，杜鹃花也红了。"

小黄莺说："不对，不对，春雨是黄色的。你们看，春雨落在油菜地里，油菜花黄了。春雨落在蒲公英上，蒲公英花也黄了。"

春雨听了大家的争论，下得更欢了，沙沙沙，沙沙沙……

在上述儿童文学作品活动中，教师须设置四个场景，设计四幅挂图或PPT，让幼儿观察挂图，并分组扮演小白鸽、小燕子、麻雀和小黄莺，想象它们飞翔的动作，模仿它们的声音对话，同时还可以鼓励幼儿展开想象，猜猜春雨还可以是什么颜色的？还有哪些小动物见过春雨的颜色？它们为什么觉得春雨是那种颜色？让幼儿在游戏的情境中自然而然地、饶有兴趣地理解和朗读儿歌，丰富幼儿的语言和思维创造力。

3. 学前儿童文学作品活动开展的环境和材料的适宜性

学前儿童文学作品活动的环境布置，包括教学区域的布置、户外活动区的布置，主要指讲解区、游戏区、表演区、操作区。通常学前儿童文学作品活动都是复合型的幼儿教育活动，包括故事讲解、游戏设计、故事角色表演、手工操作等环节，不同环节需要不同的环境，只有在恰当的环境中，才能为幼儿活动提供最适合的活动背景。

如《谁咬了我的大饼》，在游戏设计环节，老师会带领幼儿到各个地方寻找小动物，看看它们的牙齿是什么样子的；故事讲解环节，老师需要安静的相对封闭的环境进行故事讲述和提问；角色表演环节需要在相对开放宽敞的环境下开展；手工操作环节需要提供小桌椅板凳，让幼儿画出他们最喜欢的饼干的形状。

学前儿童文学作品活动的材料准备，需要为幼儿准备与儿童文学作品活动相关的绘本、图片、实物、头饰、道具，挂图或PPT，以及背景音乐、舞蹈、其他手工材料等。

（三）学前儿童文学作品活动的开展要整合其他领域的内容

儿童文学作品活动的开展，不应仅局限在语言领域，为了学习语言而学习语言，而应从文学作品本身出发，以作品包含的语言信息为基础，引导幼儿学习和欣赏作品，引导幼儿体验作品反映出来的社会知识，引导幼儿通过动手动脑的活动，将作品经验迁移至生活经验，最后，引导幼儿学会创造性地想象和表达，经过四个阶段的融会贯通，实现幼儿园教育内容的全面性和学前教育五大领域教学活动的相互渗透。

例如，儿歌《月儿》："月儿弯弯，像只小船，摇呀摇呀，越摇越远。月儿弯弯，像个银盘，转呀转呀，越转越弯。"从语言领域的角度看，这首儿歌既用诗般的语言向孩子们道出了月儿的变化，也让孩子们感受到了月下的温馨舒适；从艺术领域的角度看，"摇呀摇呀""转呀转呀"充满了童稚的韵律之美，可以配之以安静舒缓的曲调，引导幼儿开展一次韵律节奏的放松舒展；从科学的角度看，儿歌将月儿的圆缺变化用非常生动形象的方法告诉了孩子们。

低幼故事《小白兔找太阳》，在幼儿熟悉了故事内容之后，可以开展表演活动，户外观察太阳活动，让幼儿体验、理解作品中人物的心理，还可以开展绘画活动"我眼中的太阳"，讲述活动"我心中的太阳"，科学活动"太阳的朋友——圆形物体"；儿童故事《没有牙齿的大老虎》中，以大老虎由最开始的威武勇猛，到最后"没有牙齿，谁都不怕它"的结局，告诫孩子们要爱护牙齿，要养成每天刷牙的卫生习惯，也是融合了语言和健康两大领域的教育内容和意义。

在儿童文学作品活动中整合其他领域教育内容，强调语言知识、语言技能和运用的整体性，既有助于幼儿对作品的全面感知和理解，更有利于幼儿身心的全面协调发展。

知识拓展

表6-1　儿童文学作品活动与谈话活动、讲述活动的比较

活动类型 要素	谈话活动	讲述活动	文学作品活动
活动方式	在幼儿已有经验的基础上进行交谈，包括围绕某一主题的谈话活动和开放性的讨论等，相对地较随意	组织幼儿针对一个凭借物（图片、实物）进行较完善的构思，以独自语言的形式进行讲述，活动的计划性和主题性更强	让幼儿在看图、倾听的过程中理解故事内容，并进行整体表达、表现
幼儿语言表达要求	比较宽松自由，语言形式不拘，以说明想法为目的，不特别强调规范化的语言	需要幼儿运用独白语言，要求讲述有中心、有重点、完整而有逻辑顺序	旨在培养幼儿语言综合表达能力，如准确发音、丰富词汇、连贯表达等，分为讲述、复述、续编和表演

活动类型 要素	谈话活动	讲述活动	文学作品活动
凭借物的运用	凭借物的出现往往是为了创设一种谈话情境，以引出有趣的话题，旨在促成幼儿之间宽松、自由的交流	凭借物是幼儿讲述的依据，幼儿要运用语言描述凭借物，可以充实，但不能修改凭借物的主要特征	凭借物只是辅助材料，帮助幼儿理解字词，理解故事，激发幼儿学习兴趣

二 学前儿童文学作品活动的目标

学前儿童文学作品活动通过让幼儿接触大量优秀的儿童文学作品，培养幼儿的文学审美能力，培养幼儿的语言兴趣和创造能力，满足幼儿的精神需求。学前儿童文学作品活动目标的制定应该与幼儿自身的身心发展阶段和水平相适应，结合具体的文学作品文本，依由浅入深、由易到难的次序设定，具体如下。

（一）让幼儿学习准确、生动、优美的文学语言表达，扩展词汇量和句型量

学前儿童文学作品活动向幼儿传达了大量准确、生动、优美的文学语言，可以帮助幼儿积累词汇，丰富句型，提高语言感受能力，为幼儿自主运用在文学作品活动中学到的词汇和句型、对话来为自己在日常生活中不同语境下的人际沟通需要提供基本素材。

例如，《小象转学》中形容小象抓老鼠时的窘态："笨手笨脚地踩呀踩"；形容马儿跑起来的英姿飒爽；"马儿跑起来多威风，撒开蹄儿，跑得像云那么轻，像风那么快"。四五岁的孩子可能不是非常明白"笨手笨脚""威风"的意思，但在儿童文学作品活动的情境下，经过教师的引导，就能较快地理解这两个词语的意思。

再如，《鸭妈妈找蛋》中形容鸭妈妈生的蛋好看，故事用了"圆溜溜""亮晶晶"等形容词来描绘，鸭妈妈"慌慌张张"地找蛋，因没找到蛋而"垂头丧气"，以及最后发现自己原来并没有下蛋之后的"难为情"，通过文章情节的巧妙构思和词语表达，

能让儿童准确地明白词语的意思。

再如，《小枣树和小柳树》中，小枣树对小柳树说的"你虽然不会结枣子，可是一到春天，你就发芽长叶，比我绿得早；到了秋天，你比我落叶晚。再说，你长得也比我快"等，可以充分利用故事的语境让幼儿掌握"虽然……可是……"和"谁比谁……"两种句型的使用。

（二）鼓励幼儿创造性地运用语言，提高幼儿对语言的灵活运用能力

幼儿在学前儿童文学作品活动中，由倾听文学作品，到逐渐学会理解文学作品的画面和情节内容，再到熟悉掌握一些词语、句子和对话。在此基础上，幼儿教师应结合各个文学作品文本所提供的语言信息，鼓励幼儿进行创造性的想象和表达，包括讲述、复述、表演、仿编和续编等形式。

比如，《彩虹蛋糕》故事中和小猴一起做蛋糕的小动物有小老虎、小猫、小兔子、小笨熊、小鸭子，它们都把自己最爱吃的东西加到了蛋糕里，所以蛋糕变得五颜六色，成了彩虹蛋糕，那么以此为基础，我们可以调动幼儿的想象力，鼓励他们大胆想象还可以邀请哪些小动物来一起做彩虹蛋糕，让小朋友猜猜这些小动物分别会把什么颜色的东西加到蛋糕里，然后幼儿教师要帮助幼儿理顺思维，将自己的想法完整地表达出来。

再如，儿童诗《虫虫飞》：

虫虫虫虫飞飞飞，飞到草地喝露水。

虫虫虫虫飞飞飞，飞到花园踢踢腿。

虫虫虫虫飞飞飞，飞到天空排成队。

虫虫虫虫飞飞飞，飞到树上睡一睡。

幼儿教师可以引导幼儿想象一下，如果自己变成了一只可爱的小虫虫，你想飞到哪里？你飞到那里想干什么？然后指导幼儿自主进行表达或讲述，续编或表演。

更高层次地鼓励幼儿创造性地使用语言，应该非续编、创编诗歌和故事莫属了。在续编创编诗歌或者故事的过程中，我们可以先给幼儿展现一种实物，如蘑菇、竹子，然后和幼儿一起探讨蘑菇和竹子长什么样子，长得像我们生活中经常见到的什么东西，生活在什么地方，在我们生活中有什么作用，或者哪些小动物喜欢蘑菇和竹子，蘑菇和竹子对它们的作用、价值等问题。继而假设一些小动物为故事的主人公，让幼儿再想象一下小动物们和蘑菇、小竹子之间会发生什么事情，这样一个故事的雏形或者梗概就基本设计好了。当然在整个续编或创编过程中幼儿教师应该时刻谨记把我们的教

育意图融入故事中，比如希望通过这个故事，让孩子们懂得分享，或者学会合作，或者懂得谦虚，或者学会感恩等。

（三）引导幼儿学会欣赏文学作品，能够感受文学语言美、形式美和情感美

儿童文学作品题材广泛，体裁多样，加之语言自身具有的丰富性和多样性的特点，作为幼儿教师，应经常向幼儿讲述、朗读优秀的儿童文学作品，组织幼儿开展丰富多彩的儿童文学作品活动，使幼儿在倾听的过程中充分感受到不同文学作品的语言词句的风格美，行文节奏的韵律美，体验文学作品中蕴含的哲思情感之美。

例如，儿童诗歌《风在哪里》：

风在哪里？树儿说：当我的枝叶翩翩起舞，那是风在吹过。

风在哪里？花儿说：当我的花朵频频点头，那是风在吹过。

风在哪里？草儿说：当我的身体轻轻晃动，那是风在吹过。

风在哪里？风就在我们身边。春天，它吹绿了大地；夏天，它送来了凉爽；秋天，它飘来了果香；冬天，它带来了银装。

对诗中"翩翩起舞""频频点头""轻轻晃动""吹绿了大地""送来了凉爽""飘来了果香""带来了银装"，幼儿教师应充分运用挂图、PPT、音乐、舞蹈等教学元素帮助幼儿构建诗情画意的"风来了"的空间，充分借助生动的语言、优美舒展的乐曲、曼妙婀娜的舞姿，让幼儿充分感受文学作品的语言、形式和情感之美。

再如，绕口令《小花鼓》：

一面小花鼓，

鼓上画老虎，

宝宝敲破鼓，

妈妈拿布补，

不知是布补虎，

还是布补鼓。

上面的案例尽管是绕口令，但是情节内容非常全面，完整地营造出了妈妈、宝宝在敲鼓和画虎、补鼓、补虎四件事情上的疑惑问答，呈现了非常温馨生动的妈妈和宝宝的生活场景，通过这个绕口令，可以帮助幼儿校正"h""g"的读音，让幼儿体会富有趣味性的节奏和内容，感受母爱的温暖和童趣的可爱。

知识拓展

表 6-2　文学作品活动各年龄阶段目标

年龄阶段	文学作品活动目标
小班	1. 喜欢欣赏文学作品，愿意参加文学作品活动
	2. 能初步感受文学作品的语言美，能区分故事、诗歌和散文
	3. 能初步用语言、动作、表情等表达自己对文学作品的理解
	4. 可以发挥想象，能仿编简单的诗歌句子，续编故事结尾
中班	1. 能积极主动地参加文学作品活动，喜欢不同类型的文学作品
	2. 能更好地感受文学作品的语言美，能区分其与日常用语的区别
	3. 能用自己的语言和动作表达对作品内容和形象的理解
	4. 能根据线索，仿编诗歌内容、创编故事部分内容和结尾
大班	1. 在文学作品活动中积累语言，尝试在适当场合使用
	2. 以理解为基础，能理解作品主题和情感脉络
	3. 初步感知和理解文学作品的艺术语言构成方式
	4. 能进行创造性地表述和创编、续编

三　学前儿童文学作品活动的类型

　　根据文学题材和体裁的不同，学前儿童文学作品分为儿童故事、儿童诗歌和散文、生活故事、儿歌、绕口令和谜语等，但在学前儿童文学作品活动中最常见的是儿童故事和儿童诗歌两种。

（一）儿童故事活动

　　儿童故事，就是在现实生活的基础上，用适合儿童口吻的语言，说给儿童听或者写给儿童看的一种幻想色彩的故事。广义的儿童故事泛指神话、传说、童话、寓言等，狭义的儿童故事主要指适合低幼儿童阅读和欣赏的篇幅短小的各类故事，包括民间童话和文学童话。

民间童话是指民间创作和流传的适合儿童阅读的幻想故事，例如《小红帽》《长发妹》《牛郎织女》《齐天大圣》等。

文学童话是由作家个人创作的，具有文学作品的书面色彩。既可以民间流传的童话为素材，进行加工、改写和再创作，如《渔夫和金鱼的故事》《五彩云毯》等，也可采用拟人体的手法，赋予人类之外的有生命或无生命的事物以人类的思想、行为和感情，借以抒发情感，表达思想，寄托寓意，如《三只蝴蝶》《月亮船》《爱美的小公鸡》《白云枕头》《小金鱼找朋友》《学跳舞的小螃蟹》等。

（二）儿童诗歌、散文活动

儿童诗歌是儿童文学作品中韵体作品的统称，包括儿童诗、儿歌、古诗、绕口令和谜语等。它们的共同特点是语言精练、形象具体、想象丰富、内容生动、富有韵律和节奏美，情感饱满，意境优美，是儿童喜闻乐见的一种文学形式。

儿童诗反映时代精神，语言简单，富含作家情感，或童真烂漫，或温馨有爱，或蕴含科学常识，儿童散文语言优美，陶冶情操。如《捉迷藏》《虫虫飞》《神奇的小雨滴》《梳子》《假如我是一片雪花》等。

儿歌有多种形式，包括摇篮曲、游戏歌、数数歌、问答歌、绕口令等，如《小白兔》《高高山上一条藤》《鹅和鸽》《板凳和扁担》《打醋买布》等。

谜语主要有物谜和事谜，分谜底和谜面，通过猜谜语游戏，可以锻炼儿童的分析能力、推理能力、观察能力和想象能力，富有韵律的谜面语言更有利于增长幼儿知识，发展儿童的语言能力。

古诗用词精辟，语句凝练。浅显的古诗，生动有趣，易懂易记，多与孩子交流一些优秀、简单的古诗，如《鹅》《悯农》《春晓》《望庐山瀑布》《九月九日忆山东兄弟》《赋得古原草送别》等，有利于发展儿童思维能力和语言能力。

（三）生活故事活动

生活故事主要取材于儿童的现实生活，反映的多是儿童熟悉、常见的事物和行为，通过故事中人物形象及行为的塑造，通过循循善诱的教导，或负面警示，让孩子感受生活中的真善美，引导孩子形成正确的思想观念和行为习惯，如《瓜瓜吃瓜》《珍珍唱歌》《小奇傻不傻》《琪琪家的椅子》等。

四 学前儿童文学作品活动的设计、组织与指导

学前儿童文学作品活动旨在引导儿童积极主动地感知学习学前儿童语言文学作品，理解体验文学作品中的思想和情感，并能结合自身生活进行经验迁移，同时可以创造性地展开想象，准确地进行口头语言表达。幼儿教师在设计、组织、指导和评价儿童文学作品活动时，要注意结合学前儿童身心发展的特点，贯彻适宜的活动教育理念，巧妙设计，精心组织，并认真对幼儿在儿童文学作品活动中的表现以及活动组织实施过程中出现的问题进行评价、反思。总之，学前儿童文学作品活动是综合性、系统性的活动形式，需要幼儿教师认真学习学前儿童文学作品活动设计、组织与指导的基本结构，牢记在活动设计、组织实施过程中需注意的问题。

（一）学前儿童文学作品活动设计、组织与指导的基本结构

1. 感知理解文学作品内容

以文学作品为学习内容的学前儿童文学作品活动，首要环节就是让幼儿感知作品，根据作品内容的难易程度、幼儿的实际水平以及活动环境和材料利用的便利与否，教师可采用不同的方式组织教学。可以采用直观的实物、挂图、幻灯片等视觉手段呈现作品内容，也可以采用讲述、阅读、录音等手段呈现作品内容，还有的可以采用游戏、观看动画视频、情节表演的形式，帮助幼儿理解作品。

（1）需注意的问题

儿童能否理解作品内容，是学前儿童文学作品活动开展成败的关键，也决定了整个文学活动能否顺利进行，教学目标能否实现。因此，幼儿教师们要注意以下几点。

第一，不要在幼儿第一次接触作品时就过多地重复讲述作品，以免让幼儿产生厌烦情绪。一开始，教师只需带领儿童从整体上感知文学作品的基本内容。

第二，不要强调让儿童机械肤浅地记忆文学作品的内容，儿童的注意力有限，要重视引导幼儿将注意力集中在对作品的思考和理解上。

第三，要注重在活动的开头部分激发幼儿的兴趣，可以运用多种导入方式，如实物、图片、视频，游戏、谜语、儿歌和巧妙的提问等，让幼儿积极主动地参与到活动中来。

第四，要学会设计活动的导入方式，尽量以开放式、启发式的问题引导幼儿开展讨论，通过巧妙的提问，吸引幼儿思考和讨论，调动幼儿发表观点，加深幼儿对作品的理解和记忆。

（2）导入问题的设计

第一，提出的问题要结合幼儿的发展水平和生活经验，不要太难，也不要太陌生，让幼儿无法理解。

在《鸭妈妈找蛋》的故事活动中，教师完全可以就各种蛋的问题先和幼儿进行一番交流："你们平常都吃过哪些蛋？""还见过什么其他的蛋？""蛋都长得什么样子？""你们觉得哪些动物会下蛋？""你们觉得蛋有什么营养？""对我们的身体有什么好处？"

第二，提出的问题不要太多、太杂。问题一定要事先准备、选择，设计优质的问题，结合作品内容的情节发展脉络，或者按逻辑认识顺序，逐步向幼儿一一提出，让幼儿有"跳一跳，够果子"的挑战心和成就感，问题提问得有价值，也能激发幼儿有效的思考。

第三，对幼儿进行提问要多问一些开放性的问题。不要让问题禁锢住幼儿的思维，"对不对""好不好""是不是"成了很多幼儿教师挂在嘴边的问题，但是这恰恰是最没有含金量的问题。在设计问题时，要注意促进幼儿的想象能力和语言运用能力，多设计推测性问题、阶梯性问题、追问性问题，以启发幼儿探究、思考和质疑、应答。

🐌 小案例

如《没有牙齿的大老虎》，可以设计如下问题："你们觉得大老虎凶猛吗？它哪里让你觉得凶猛？你害怕它吗？那它如果没有锋利的牙齿了，你们会害怕它吗？没有锋利的牙齿，它该怎么吃东西呢？""老师这里有一只没有牙齿的大老虎，你们猜猜它为什么没有牙齿？如果让你给老虎拔牙，你会怎么办？""我们要怎么对待我们的牙齿？"通过这类问题的设计，拓展儿童思维，发挥儿童的创造性。

第四，提出的问题应该结合作品的主题、作品的情节和作品中出现的人物或对话，或者作品中典型的词汇。

🐌 小案例

如故事《谁咬了我的大饼》，可以问幼儿"你们平时爱不爱吃大饼？""小猪做了一个大饼，可是不知道被谁吃掉了，你们愿不愿意和老师一起帮小猪找找是谁吃了它的大饼？""我们应该怎么去问别人呢？"引导幼儿自己思考应该如何与别人开展询问的对话，再将幼儿的回答用到之后的作品讲述中，提高幼儿的主动意识和积极性；还如故事《爱美的小公鸡》，可以提问"小公鸡特别爱和别的小动物比美，你们猜它跟别的小动物比美的时候会说什么话？"训练幼儿复述故事对话内容的能力；再如故事《金色的房子》，"红的墙，绿的窗，金色的屋顶亮堂堂"这样的语言，可以让幼儿想象一下这个场景，然后请幼儿用语言描绘出生活中还有什么是亮堂堂的。通过这样的问题设计，既可以拉近幼儿与作品之间的距离，增加熟悉感，又可以让幼儿产生对作品或对话语言的好奇心和探究欲。

（3）教学材料的使用

由于学前儿童文学作品活动的综合性，因此在活动的不同环节中，需要运用不同的教学辅助材料，通过提供多种多样的操作材料，充分激发幼儿的兴趣，让幼儿体验参与文学活动的乐趣，同时也为幼儿的情感交流和语言表达提供凭借物。教学教辅材料的使用应注意以下问题。

第一，教学材料的选择和使用，要紧扣教学目标，体现教学内容。

🐌 小案例

在文学活动《漂亮的颜色》中，教师可以通过提供各种颜色卡，帮助幼儿确定颜色名称；在故事《青蛙卖泥塘》中，通过花花草草、清水、大树、房子、道路等道具的添加，完美展现出泥塘前后的变化，让幼儿形象地了解到通过亲力亲为的行动改造，可以发生天翻地覆的变化，让幼儿明白动手实干的重要性。

第二，教学材料的选择要符合幼儿的发展水平和实际操作能力。

教学材料的使用不要太复杂，超过幼儿接受能力范围。操作过程不能存在安全隐患，教学材料的色彩要丰富，大小要适中。

第三，教学材料的使用要适合并能促进学前儿童文学作品活动的开展。

教学材料要服务于学前儿童文学作品活动的开展，如《桃树下的小白兔》通过制作好的信封、桃花瓣，以及由桃花瓣做成的书签、小扇子、摇篮、小帽子、小船等道具，让幼儿更鲜明地了解桃花瓣的形象，知道信封的样子和用处，感受和分享小动物们温暖的友谊和快乐的情绪。

第四，教学材料应坚持就地取材，废物利用，变废为宝，健康环保的原则。

教学材料应尽量地利用身边的资源，就地取材，如纸、纸盒、绳子、松果、贝壳、易拉罐、矿泉水瓶、沙子、包装袋等，师生一起根据活动内容发散思维，制作出适合的教学材料。如文学作品活动《乌鸦喝水》，可利用矿泉水瓶、水和沙子等常见材料，制作出教学需要的教学道具。

2. 理解体验文学作品蕴含的思想情感

理解体验文学作品情感，就是让幼儿在感知作品内容的基础上，以创设的环境为媒介，通过自己的亲身感受去体验作品中所展示的人物的情感历程和思想世界。可通过观察挂图、PPT、视频，或组织幼儿开展绘画、手工、表演、讨论等亲身体验活动进行。

3. 迁移作品经验

学前儿童文学作品活动向幼儿展示的是建立在幼儿生活经验基础上的间接经验，这种经验既让幼儿熟悉，又让他们感到新奇，但是如果仅仅让儿童的学习停留在理解间接经验这个层面上是不够的，因为幼儿不能充分地将这些间接经验与他们自身的直接经验联系起来，因此需要幼儿教师设计、组织与作品内容相关的一系列操作、表演、活动等，帮助幼儿将文学作品中的内容整合纳入自己的经验之中，实现两类经验的迁移。

迁移作品经验的活动可以是围绕作品重点内容开展的操作、游戏和表演活动，如《三只蝴蝶》可以让六位幼儿分别表演红蝴蝶、黄蝴蝶和白蝴蝶以及红花、黄花和白花，设定下雨情境之后，请六位儿童将整个故事表演出来，让幼儿切身理解友情的真诚；再如文学作品活动《彩虹蛋糕》，我们可以组织幼儿根据故事内容，扮演不同的小动物，自己动手来画或者制作一个彩虹蛋糕送给妈妈，在动手绘制或制作的过程中，让幼儿切身感受蛋糕内含的祝福、感恩等情感。

4. 创造性的想象和语言表达

儿童文学作品的语言简练、生动、形象富有情感和想象力，幼儿教师可以在儿童对文学作品学习、感知、理解和体验的基础上，进一步创设条件，让儿童展开想象，并运用语言去表达自己的认知和想象，挖掘幼儿的语言潜力。在这个环节中，幼儿教师可以组织幼儿学习创编故事或仿编诗歌，通过此类创造性学习活动的开展，培养幼儿对语言艺术的敏感性，发掘幼儿的艺术思维能力和创造潜能。

（1）指导幼儿艺术地再现文学作品

以幼儿能够理解作品内容，体验作品情感为基础，幼儿教师通过引导儿童复述、表演、做游戏、手工、舞蹈等方式帮助儿童艺术地再现文学作品，尤其可以借用作品的原词原句，加上自己的解释以及辅助性的情感表达手段，如表情、声调变化等，将作品中的词语和句型加以分析和选择，引导幼儿朗诵或表演或自主表达，再现内容可以有情境对话、哑剧表演、主要人物形象的动态塑造、作品段落表演和完整表演。由此，帮助幼儿完成作品中词语、句型和完整作品内容的真正内化。

（2）指导幼儿学习仿编儿童文学作品

教师可以先帮助幼儿感知、理解作品中一句话或一段话的结构特点，然后引导幼儿凭借想象构思出新的内容，再借用原作的结构，通过换词或者换句的方式完成仿编活动。

🐌小案例

例如，儿童诗歌《假如我是一片雪花》，可以引导幼儿思考"如果你是一片雪花，你想飘到哪里？飘到那儿干什么"？幼儿教师将幼儿给出的回答结合诗歌内容形式进行整理，再统一整理仿编的诗歌内容，带领儿童一起有韵律地朗读。

再如，儿童诗歌《摇篮》："蓝天是摇篮，摇着星宝宝；白云轻轻飘，星宝宝睡着了。大海是摇篮，摇着鱼宝宝；浪花轻轻翻，鱼宝宝睡着了。花园是摇篮，摇着花宝宝；风儿轻轻吹，花宝宝睡着了。妈妈的手是摇篮，摇着小宝宝；歌儿轻轻唱，小宝宝睡着了。"幼儿教师可以引导儿童利用原有句式，改变部分词汇，例如"大地是摇篮，摇着草宝宝，风儿轻轻吹，草宝宝睡着了"等，让幼儿自己感受自己创编的文字的韵律和内容，体验成功的喜悦，从而提高幼儿学习语言文字的兴趣。

（3）指导幼儿学习创编儿童文学作品

故事创编就是故事作品与儿童各种经验的内化组合，包括认识经验、情绪经验、语言经验、作品经验（结构图式）和文学创作实践经验等，是一种创造性的语言活动，有利于训练幼儿创新思维能力，扩展幼儿想象空间。而指导幼儿开展文学作品创编要有两个必备条件：一是经验和语言准备，二是创编动机。

创编动机的准备包括内在动机和外部动机，内在动机是儿童内在的兴趣需要和表达的成功体验，是儿童对语言交往的需要，对文学语言的好奇心和自发的探索兴趣。外部动机就是成人的鼓励和要求以及气氛的感染、同伴的相互模仿等。这就要求幼儿教师在指导幼儿进行故事创编时，要为他们创设宽松愉悦的氛围，鼓励幼儿自由发挥想象，积极讲述，同时结合幼儿年龄特点和发展水平，设置不同的创编要求，可以让儿童根据故事开头提供的线索，组织中班、大班创编故事高潮和结尾；或者根据故事结尾遗留的线索，组织小班创编故事结尾；或者根据幼儿感兴趣的事物确立题目或主题，组织大班幼儿进行创编。

（二）学前儿童文学作品活动的设计、组织与指导原则

1. 充分发挥文学作品的整体功能

幼儿文学作品蕴含着丰富的社会知识、认知知识和语言知识，自身又有寓教于乐

的风格，我们幼教工作者必须重视并乐于借助文学的感染力和丰富内涵来开展幼儿教育。

首先，儿童文学作品能够启迪儿童智慧。有些作品中含有丰富的自然科学知识。

如谜语"千条线，万条线，落到水里都不见"和"头有毛栗大，尾巴像钢叉，住在泥土里，离地一丈八"，形象生动地说明了雨和燕子的特点；再如《小蝌蚪找妈妈》和《小壁虎借尾巴》，通过作品能让幼儿非常形象地了解青蛙的成长历程和小壁虎尾巴的特性；再如《白雪公主》《海的女儿》等童话，给幼儿提供的丰富想象空间，都对智力启蒙有十分重要的作用。

其次，儿童文学作品有助于幼儿社会性的发展。有些作品中含有丰富的社会知识，可以让儿童通过作品认识社会交往的规则。

例如，故事《孔融让梨》让幼儿懂得谦让的道理，《彩虹蛋糕》让幼儿体验到感恩的幸福，《三只蝴蝶》让幼儿理解友情的真诚，《金色的房子》让幼儿明白分享的道理，《三只小猪》告诉幼儿做事情要学会团结，《学跳舞的小螃蟹》告诉幼儿做事情要有坚韧的毅力。幼儿初来到世界上，所有的社会事物对他们而言都是新鲜的，我们通过儿童文学作品中的社会知识让幼儿尽快了解社会，适应社会。

学前儿童文学作品能促进幼儿获得更多的自然知识和社会知识，激发幼儿的创造性思维和潜能，让幼儿学会创造性地表达，因此幼儿教师要重视发掘儿童文学作品的内涵和整体教育功能，促进儿童的全面发展，要避免幼儿文学作品成为幼儿园语言教育的工具，只一味地将幼儿文学作品中的语句肢解成单个的字、词或句子，或过分地强调认字、识字和书写等具体环节。

2. 在日常生活中渗透文学教育

文学作品活动不只是让幼儿学会多少诗歌，会讲多少故事，重要的是让儿童通过活动有所感触，能理解文学作品优美规范的语言，能感受到作品中传达出的人们对生活美好的愿望及人们之间的美好情感，能领悟到文学作品中反映出的思想哲理。

在儿童的日常生活中，尤其是睡觉前后、用餐前后，幼儿教师可以穿插播放诗歌和故事音频，潜移默化地让幼儿感知；还可以培养幼儿主动学习语言的习惯，如让幼儿参与图书区的安排布置，自主选择图书、录像等；还可以在其他领域的教育活动中渗透文学教育活动。

儿童在洗澡或者穿衣时，可以与儿童一起唱《洗澡歌》，"我爱洗澡澡，冲冲水，搓搓头，全身也要淋洗澡，脖子后，咯吱窝，屁屁也要清洁到"，或者念儿歌"抓领子，盖房子，小老鼠，出洞子，吱溜吱溜上房子"。这样既可以增加情趣，让幼儿在日常生活中学习语言，锻炼自理能力，又能使儿童在不知不觉中接受儿童文学语言的教育。

3. 选择符合儿童发展水平的文学作品

要成功地开展儿童文学作品活动，既需要老师的用心设计和组织，更需要激起儿童参与主动性和积极性，而文学作品若能为幼儿所理解、喜欢和接受则是促使儿童参与的非常关键的指标，这就要求选择文学作品的一定要符合幼儿的发展水平和心理特征。《幼儿园教育活动教材》中为各年龄段儿童提供了选择故事的范围和一定的故事内容，表6－3也列出了大、中和小班不同年龄段的文学作品活动目标和适合及年龄段的代表作品。

表6－3 不同年龄段儿童文学作品活动目标和代表作品

年龄阶段	文学作品活动目标	符合此阶段的代表性文学作品
小班	1. 喜欢欣赏文学作品，愿意参加文学作品活动 2. 能初步感受文学作品的语言美，能区分故事、诗歌和散文 3. 能初步用语言、动作、表情表达自己对文学作品的理解 4. 可以发挥想象，能仿编简单诗歌句子，续编故事结尾	《谁咬了我的大饼》《小猪变干净了》《三只蝴蝶》《小兔追太阳》《猴吃西瓜》《小蝌蚪找妈妈》《小马过河》《小金鱼找朋友》《摇篮》
中班	1. 能积极主动参加文学作品活动，喜欢不同类型的文学作品 2. 能更好地感受文学作品的语言美，能区分其与日常用语 3. 能用自己的语言和动作表达对作品内容和形象的理解 4. 能根据线索，仿编诗歌内容，创编故事部分内容和结尾	《鸭妈妈找蛋》《漂亮的颜色》《小壁虎借尾巴》《骄傲的孔雀》《金色的房子》《月亮船》《梨子小提琴》《摘核桃》《青蛙卖泥塘》《学跳舞的小螃蟹》《没有牙齿的大老虎》
大班	1. 在文学作品活动中积累语言，并尝试在适当场合使用 2. 以理解为基础，能理解作品的主题和情感脉络 3. 初步感知理解文学作品的艺术语言构成方式 4. 能进行创造性地表述和创编、续编	《彩虹蛋糕》《小象转学》《小枣树和小柳树》《桃树下的小白兔》《老爷爷的帽子》《白云枕头》《聪明的乌龟》《漂亮的代价》《雪孩子》《老海龟的悲剧》

当然，幼儿教师可以结合幼儿特点，在儿童的知识经验范围之内，适当选择一些具有难度和挑战性的作品，这样可以激发幼儿儿童文学作品活动的潜能，全方位调动儿童已有知识经验，促进儿童全面发展。

（三）学前儿童文学作品活动的评价方法

《纲要》中明确指出："评价应自然地伴随整个教育过程，综合采用观察、谈话、作品等多种方法"，强调幼儿在实际生活中的感受和体验，并指出"平时观察所获得的具有典型意义的幼儿行为表现和所积累的各种作品等是评价的重要依据"。因此我们要客观地综合运用多种评价方法，如日常观察、谈话、测试、作品、成长记录等。具体学前儿童文学作品活动评价表设计可参考下表。

表6-4　学前儿童文学作品活动评价表

项目	目标实现程度			内容适合程度			活动设计趣味程度			幼儿的参与程度		
等级	好	中	差	好	中	差	好	中	差	好	中	差
存在的问题												

（四）不同类型儿童文学作品活动的设计与组织

1. 儿童故事活动的设计与组织

（1）活动目标

作为学前儿童文学作品活动，其活动目标的设定基本按照知识目标、能力目标和情感目标三个目标来开展。

知识目标：学会正确的读音，丰富对词汇的理解，了解具体的句型。能够用各种词语组词造句，能够在日常生活中运用各种词语和句型。

能力目标：能够顺利开展对话，在特定的语境下能够连贯表达自己的意思；能够理解故事内容，或者能够根据图片意思，自主、准确、完整地讲述故事内容和阐述、评价故事中的人物形象。

情感目标：帮助儿童培养认真倾听的习惯，鼓励幼儿大胆参加文学作品活动，帮助幼儿培养良好的行为习惯，树立正确的人生观、价值观和道德观，熏陶幼儿积极向上的思想情感。

（2）活动准备

活动准备主要包括物质准备、经验准备和作品及问题准备。

物质准备主要指教学用品、教具学具、课件、图片、头饰、画册、玩具等，帮助幼儿理解作品内容，加深儿童对文学作品的印象。

经验准备主要指提前针对作品中的部分内容对幼儿进行介绍，让幼儿对作品内容有所了解；幼儿教师为幼儿挑选优秀的文学作品主题突出，健康向上，富含哲理，情节生动有趣，人物形象数量适度，对话较多，能有效训练幼儿语言能力，能寓教于乐，可以为幼儿提供生动丰富的社会知识和自然知识。

问题准备指教师在选好作品后，经过认真思考，分析故事语言，明确学习对象，明确故事形象的性格特点和人物之间、人物与事件的关系，合理设计问题，突出重难点，使活动的开展卓有成效，保障活动目标的实现。

（3）活动过程

①学习作品内容

要帮助幼儿确定作品的主要人物，了解人物之间的关系以及故事的进展顺序，并能说出自己对他们的态度。

②体验作品所表达的感情

幼儿教师通过语言、环境布置、游戏等创设故事的情景，让儿童在表演、游戏和操作等活动和老师有感情的讲解中，体会作品感情。

③迁移作品经验

幼儿教师适时引导儿童把故事中所传递的思想感情和反映的现实生活与自己的生活经验相互迁移。

④创造性想象和语言表达

想象是儿童文学作品的一个重要特征，创作、学习和理解都需要运用想象，通过创造性的想象和语言表达更能增进语言的创新性和艺术性。

（4）注意事项

①儿童文学作品活动的开展环境应该是有准备的环境，安静、宽敞、清洁。同时，环境布置中应有很多直观的教具、实物和图片。

②幼儿教师要事先做好准备工作，提前准备好情境和问题能有效地将儿童带入故事氛围，让儿童带着问题了解故事，增强活动目的性；还要熟悉故事内容，讲解过程要生动形象，富有情感和感染力，给儿童留下深刻印象。

③整个文学作品活动的开展过程要通畅连贯，一气呵成。为教学需要，教师可以适当调整故事内容；故事讲解过程中，可以对新词予以必要的解释，但应结合上下文和故事本身，不能为讲新词而破坏故事的完整性。

2. 儿童诗歌和散文仿编活动的设计与组织

（1）帮助幼儿分析和熟悉作品内容

组织幼儿开展诗歌、散文的仿编活动，幼儿教师首先要分析作品所反映的思想情感，把握作品的意境，弄清作品的主旨和精髓。还要分析作品中的语言和句式的结构特点，为幼儿进行诗歌散文仿编提供模板。

（2）儿童诗歌和散文仿编活动的要点和注意事项

①做好仿编工作的准备

了解幼儿语言和思维、想象的发展水平，调动幼儿已有的知识经验，有针对性地予以指导，使仿编言之有物，形神兼备。

②组织幼儿讨论并给予示范

仿编之前，组织幼儿对作品开展讨论。

例如，仿编《家》（蓝蓝的天空是白云的家，绿绿的大树是小鸟的家，宽宽的小河是鱼儿的家，红红的花朵是蝴蝶的家）时，教师可引导幼儿讨论：为什么大树是小鸟的家呢？大树除了是小鸟的家，还可以是谁的家呢？引导幼儿讨论之后，教师可以编出"绿绿的大树是毛毛虫的家"作为示范，为幼儿提供仿编框架。

③鼓励启发儿童自己展开想象进行仿编活动

启发幼儿开展想象，需要幼儿教师提供一些形象直观的图片或实物，如仿编《家》时，教师运用幻灯片分别向幼儿展示大海、草地和田野等图片，引导幼儿观察想象：这些地方可能是谁的家呢？待幼儿熟悉了仿编的格式之后，再鼓励幼儿脱离图片开展自由想象。

④将儿童仿编的内容进行衔接和串联

幼儿教师可将儿童所创编的内容放进原文，也可串联成新的诗歌或散文，选择适合的音乐背景，将儿童设计的内容有感情地朗读给幼儿听，让他们体验成功的喜悦和仿编的乐趣，激发幼儿仿编的热情。

幼儿教师还可将幼儿自主想象的仿编内容做好简记，做成漂亮的卡片，创设新的语言学习环境。

3. 故事创编活动的设计与组织

故事创编是在理解故事、积累相关知识经验的基础上，尝试运用语言编出符合结构规则的故事的一种活动。故事创编有利于训练幼儿创新思维能力，扩展幼儿想象空间。

组织幼儿进行故事创编活动需要具备两个必要条件：一是经验和语言准备；二是

创编动机。幼儿教师可以根据幼儿感兴趣的事物确立题目或主题，引导幼儿进行创编，并及时把握幼儿的构思和灵感，因势利导，进行故事创编。同时要为幼儿创设宽松愉悦的氛围，鼓励幼儿大胆想象，大胆讲述。

由于幼儿身心发展具有明显的阶段性特征，因此我们要根据幼儿不同年龄阶段的发展特点，制定不同的创编要求和目标，如小班可续编故事结局，中班可扩编故事的高潮或结局，大班可进行完整的故事创编。在创编故事的过程中，幼儿教师要把握以下指导要点。

（1）帮助幼儿理解故事作品的构成要素，包括时间、地点、人物和情节等。

（2）丰富幼儿的知识和经验，鼓励他们多观察周边事物和生活场景，为创编故事提供内容准备。

（3）丰富幼儿词汇，提高其语言表达能力。创设情景训练幼儿运用词语组句和情境表达的能力，帮助幼儿多学习优美的词语和句型，引导幼儿感受理解各种文学作品类型的语言表达方式。

（4）创编过程中，要注重故事的教育性和启发性，缺一不可。

案例分析

案例一　中班童话故事活动：青蛙卖泥塘

活动目标：

1. 知识目标：掌握"买卖、吆喝、播撒"等词的含义，学会"要是……就……"句型。

2. 能力目标：能够用"要是……就……"句型造句，能够流畅、有感情地复述故事中角色人物的对话内容，完整演绎出故事情节。

3. 情感目标：培养孩子爱护环境的情感，让孩子懂得只有自己动手才能改变现状。

活动准备：

1. 故事课件 PPT，虚拟小商店情境。

2. 泥塘背景图，青蛙、黄牛、野鸭等动物头饰，告示牌、水管、花、树、房子等图片。

活动过程：

1. 导入。

今天，老师给大家带来了一个谜语，看看哪位聪明的小朋友能猜出来："大嘴巴，叫呱呱，游泳蹦高本领大，不吃米，不啃瓜，专捉害虫为农家。"

大家猜猜，这是什么小动物呀？对了，就是小青蛙，小青蛙是不是我们的朋友呀？为什么你觉得它是我们的朋友呢？（鼓励幼儿大胆表达）

可是最近小青蛙有一件烦心的事情，你们想不想帮它一起解决这件烦心事呀？那好，我们一起来看看小青蛙到底在为什么烦心，好不好？

2. 组织幼儿欣赏故事，并适当进行提问。

A. 出示背景图，小朋友们，小青蛙住在一个什么样的地方呀？你们觉得它喜欢这里吗？那它做了一件什么事呀？它卖泥塘的时候是怎么吆喝的呢？

B. 刚才都有哪些动物给青蛙出主意了呀？出示老牛、野鸭、小鸟等图片，它们都出了哪些主意呢？小青蛙有没有听取它们的意见呀？那它都做了什么呢？

C. 那小朋友想想，最后青蛙的泥塘变成了什么样子呀？

D. 这样的泥塘美不美呀？这么美的地方你觉得小青蛙还舍得卖掉吗？那如果你是小青蛙，能够住在这么美的地方，你会感谢谁呢？

E. 对呀，认真地听取别人的意见的小青蛙，又经过了自己的努力，把自己的家园改造得好美呀！那你们想不想把我们周围的环境也打扮得美美的呀？

3. 组织幼儿进行故事表演。

老师把这些头饰发给你们，我们一起来表演一下刚才的故事内容好不好？

活动延伸：

1. 艺术领域：开展绘画活动，让幼儿自己动手"装扮我的家"。

2. 引导幼儿以虚拟商店为场景，演绎买卖真实活动。

附故事

青蛙卖泥塘

青蛙住在泥塘里，他觉得这儿不怎么样，想把泥塘卖掉，搬到城里住。于是青蛙在泥塘边竖起一块牌子，写上：卖泥塘！

"卖泥塘喽，卖泥塘！"青蛙站在牌子下大声吆喝起来。

一头老牛走过来，他看了看泥塘说："这个水坑坑嘛，在里边打打滚儿倒挺舒服，不过，要是周围有些草就好了。"老牛不想买泥塘，走了。

青蛙想，要是在泥塘周围种些草，就能卖出去了。于是他就去采集草籽，播撒在泥塘周围的地上。到了春天，泥塘周围长出了绿茵茵的小草。

青蛙又站在牌子下面，大声吆喝起来："卖泥塘喽，卖泥塘！"一只野鸭飞来了，他看了看泥塘说："这地方是好，就是塘里的水太少了。"野鸭没有买泥塘，飞走了。

青蛙想，要是能往泥塘里引些水，就能卖出去了。于是他跑到周围的山里找到泉水，又找来竹子，把竹子破开，一根一根接成水管，把水引到自己的泥塘里来。

等泥塘里灌足了水以后，青蛙又站在牌子下，大声吆喝起来："卖泥塘喽，卖泥塘！"可是泥塘还是没能卖出去。小鸟飞来说，这里要是有棵树，就能在树荫下休息了；蝴蝶飞来说，这里要是有花就更美了；小兔跑来说，这里要是有条路就方便了；小猴跑来说，这儿应该盖所房子……

每次听了小动物们的话，青蛙都想：对！要是那样的话，泥塘准能卖出去。于是他照着他们的话去做，栽了树，种了花，修了路，还在泥塘旁边盖了房子。

"卖泥塘喽，卖泥塘！"这一天，青蛙又站在牌子下吆喝起来。

"多好的地方！有树，有花，有草，有水塘。你可以看蝴蝶在花丛中飞舞，听小鸟在树上唱歌，你可以在水里尽情游泳，躺在草地上晒太阳，在房子里住，还有道路通到城里……"说到这儿，青蛙突然愣住了，他想，这么好的地方，自己住挺好的，为什么要卖掉呢？

于是青蛙不再卖泥塘了，他自己住在这里，生活得很快乐。

案例二 中班儿童诗仿编活动：神奇的小雨滴

活动目标：

1. 让幼儿知道"神奇""长出""开出""游出""敲响"等词语的含义，初步了解一些动词的使用。

2. 能够体会作品的内容和意境，能够用发散性思维思考问题，能够仿编诗歌。

3. 培养儿童耐心倾听的习惯，萌发对大自然的热爱和保护的情感。

活动准备：

1. 物质准备：课件 PPT，字卡（神奇、长出、开出、游出、敲响），小鼓，轻快的背景音乐，歌曲《小雨点》，雷雨声的音频。

2. 经验准备：活动前向幼儿介绍一些有关动植物生长的知识。

活动过程：

1. 导入。（游戏、问题）

播放歌曲《小雨点》，（鼓励幼儿自由舞蹈）

小朋友们，你们都看过天气预报吗？天气预报都播报哪些天气呀？（幼儿自由回答）那你们喜欢哪些天气？晴天，下雨，下雪，刮风，阴天，你们喜欢哪个？哦，有的小朋友说喜欢下雨，（鼓励幼儿发散思维）你们能说说小雨和大雨的不同吗？（播放雷雨声的音频）雨是从哪里落下来的呢？它落下来的时候会发出什么声音？

那老师今天就带你们看一下神奇的小雨滴，看看它从哪里来，会到哪里去，好不好？

2. 播放诗歌 PPT 并提出问题，启发幼儿欣赏儿童诗歌内容并进行扩展。

小雨点都落到了哪些地方？落到竹园、草丛和树林、池塘里都出现了什么变化？（鼓励幼儿用身体动作去理解"长出""钻出""游出""开出"）

小雨点落下来的时候都发出了哪些声音呢？你们还能想到哪些声音？

你们想想，小雨点还可以落到哪里呢？

3. 欣赏配乐诗朗诵，感受诗歌优美的意境。

启发幼儿用自己的语言表达对小雨点的看法，引导幼儿爱护大自然。

活动延伸：

1. 科学领域：给幼儿讲解一些植物生长的知识。

2. 艺术领域：指导幼儿开展《神奇的小雨滴》音乐律动活动；启发幼儿把对雨天的感受用绘画的形式表现出来。

活动小结：

通过本次儿童诗歌活动，启发幼儿大胆想象，大胆表达，激发幼儿对大自然的喜爱之情。

附儿童诗歌

神奇的小雨滴

"唰唰唰！"云妈妈把雨点儿当种子从空中播下……

播进竹园，长出春笋儿。

播进草丛，钻出蘑菇儿。

播进树林，开出花朵儿。

播进池塘，游出蝌蚪儿……

雨点儿，落到雨伞上，敲响了一面面小彩鼓：叮叮咚！叮叮咚！

雨点儿，顺着雨伞滑到地上，开出一朵朵水花花。水花花，笑嘻嘻，亲亲娃娃们的脚丫丫。

哦，娃娃们也长高啦！

案例三　大班童话故事续编：小花园

活动目标：

1. 让幼儿知道"吃惊""忽然"等词语的含义，学会用"又……又……"造句。

2. 理解比喻句的句式，并能运用比喻句，初步学会"比"字句，能根据情节发展进行故事内容的续编。

3. 培养幼儿乐于助人的良好品质和热爱劳动的美德，帮助幼儿萌发对大自然的热爱之情。

活动准备：

1. 小花园背景挂图，故事 PPT，其他场景图片；

2. 熊猫奶奶、小象等动物头饰。

活动过程：

1. 导入。（图片、问题）

（出示挂图）小朋友们，你们看这是哪里？这里都有什么花儿呀？你们都喜欢什么花儿呢？（鼓励幼儿大胆发言）为什么喜欢这种花儿呢？

嗯，熊猫奶奶和你们一样，很喜欢花儿，也很爱护花儿。她每天都给花儿浇水，她的花园可漂亮了。我们一起去看看她的花园，好不好？

2. 组织幼儿进行故事欣赏，并设计悬念，引导幼儿大胆想象情节发展。

熊猫奶奶突然生病了，她很着急地想："我的花儿该怎么办呢？"是呀，她的花儿怎么办呢？我们都很担心，是吗？

过了几天，熊猫奶奶出院了，她赶紧跑去她的小花园，结果呀，她发现，花儿全都开了，而且更漂亮了！那么到底是谁照顾了熊猫奶奶的花儿呢？奇怪，你们猜猜会是谁呢？

在花园里养花，都需要做哪些工作呢？（鼓励幼儿发言）对啦，要浇水、锄草、除虫、施肥、传粉、松土。

那你们想想，哪些小动物可以浇水？哪些小动物擅长松土、剪枝？哪些小动物会传粉、施肥？哪些小动物能帮忙除草、除虫？（继续引导幼儿大胆想象并发言）哦，原来这些动物会做这些工作呀！

可是它们现在不在花园里，所以熊猫奶奶要挨个儿去找它们问清楚呀！小象喜欢在哪里玩呢？哦，它喜欢在河边玩水，哎呀，那还有哪个小动物也喜欢在河边呢？对啦，是青蛙。还有谁呀？（出示小鸭游水图片）对啦，小鸭子也在水里玩呢！所以熊猫奶奶在河边遇到他们了。熊猫奶奶会怎么问呢？那小动物们会怎么回答奶奶呢？（鼓励幼儿自主回答）

小羊喜欢在哪里吃草呢？小猴子在哪里荡秋千呢？（出示山坡图片）哦，它们都在山坡这儿呢，还碰巧遇到了小蜜蜂和小蚯蚓，你们觉得熊猫奶奶这次会怎么问呢？小动物们又会怎么回答奶奶呢？（鼓励幼儿自主回答）

3. 带领幼儿一起梳理体会，将故事情节串联完整。

（1）熊猫奶奶一想，小象平时爱帮大家浇水，就赶紧去河边问小象："小象小象，是你帮我照顾了花儿们吗？谢谢你，谢谢你。"小象害羞地说："奶奶，我只帮您浇了浇水，还有小青蛙它们也帮了很多忙的，您再去问问他们吧。"

（2）熊猫奶奶大声问正在不远处荷叶上打盹的青蛙："小青蛙小青蛙，是你帮我照顾了花儿们吗？谢谢你，谢谢你。"小青蛙，摸摸脑袋说："奶奶，听说您住院了，我看花儿上有些虫子，就帮你捉了些虫子，没什么，您别客气啊！小鸭子和我一起的，它也帮您施了很多肥料。"

（3）"小鸭子小鸭子，谢谢你帮我的花儿施肥，谢谢！""不客气，奶奶，都是举手之劳，您别放在心上。"小鸭子不好意思地说。以下情节可以此类推。

活动延伸：

1. 艺术领域：请幼儿画一幅自己心中最美的小花园，也为故事中的小动物们画一个完美的大结局。

2. 带领幼儿参观幼儿园里的花花草草，教育幼儿要爱护花草树木，不要随便踩踏和攀折。

附故事

小花园

熊猫奶奶在林子里新开了一块地，种了许多许多的花儿，有红红的月季花、粉红的喇叭花，还有洁白的茉莉花，可漂亮了！

熊猫奶奶每天一早就起来到林子里给花浇水。"哗，哗，哗"，又清又凉的水一勺一勺浇到地里头，喝足了水，花开得可漂亮了。

有一天，熊猫奶奶突然生病住进了医院，在病床上，她着急地想："我不在，花儿怎么办？它们该渴死了！"

几天后，熊猫奶奶终于出院了，一出院急急忙忙就去看她心爱的花。"咦？"熊猫奶奶吃惊地发现，地里的花儿全都开了，比以前更美丽了。这是怎么回事？熊猫奶奶惊讶极了。

到底是谁照顾了我的花儿呢？

案例四 大班童话故事活动：彩虹蛋糕

活动目标：

1. 知识目标：丰富幼儿表示颜色的词语，知道"忍不住""七手八脚""惊喜""功劳"等词语的读音和含义，并能用上述词语造句。

2. 能力目标：引导幼儿学习故事角色的对话，理解故事内容，能分角色连贯地复述故事。

3. 情感目标：让幼儿明白合作的重要性，懂得感恩父母，感谢朋友。

活动准备：

1. 物质准备：课件 PPT、《生日快乐》背景音乐。

2. 经验准备：幼儿接触过各种蛋糕，了解染纸的基本方法。

活动过程：

1. 导入。（音乐、问题）

（播放《生日快乐》歌）小朋友们，这是什么音乐？什么时候可以听到这种音乐？

（观察 PPT 图片）你们看图上的小朋友在干什么呀？那你们都是怎么过生日的呀？你们过生日的时候收到过生日礼物吗？都收过什么样的生日礼物呀？那你们过生日的时候都吃什么呀？你们都喜欢吃什么口味的蛋糕啊？那你们知道蛋糕是谁为你们准备的吗？

今天呢，老师带来一个新朋友给大家认识，他是谁啊？对了，是小猴子。他的妈妈要过生日了，他想给妈妈准备一个大大的惊喜，你们想不想知道他送给妈妈的是什么惊喜呀？

2. 故事内容欣赏。

（1）第一部分：小猴制作蛋糕。

谁能告诉老师小猴为妈妈准备了一个什么惊喜呀？如果是你们来制作蛋糕，你会怎么制作？会往蛋糕里加什么？（让幼儿自由回答）好，那咱们一起来看看小猴是怎样制作的。它往蛋糕上加了什么？（加了妈妈爱吃的草莓酱）它是不是一个孝顺的好孩子啊？我们要不要向它学习呀？那你们给妈妈送过什么礼物呢？（鼓励幼儿回答）你们真能干，都是好宝宝。

那我们再接着看看小猴做好了大大的草莓蛋糕之后，发生了什么事情。

（2）第二部分：蛋糕"不见了"。

（观察 PPT 图片）小猴的蛋糕做好了吗？你们猜猜蛋糕香不香啊？这么香的蛋糕你想不想吃呀？对了，我们都是小馋猫。呵呵，其他小动物也和我们一样，有点儿嘴馋了。这个时候呀，有些小馋猫"忍不住"偷吃了几口。那你们平时都是怎么偷吃好东西的？（引导幼儿发言、表演）。

那你们想不想知道，都有哪些小馋猫偷吃了？这个美味的蛋糕都引来了谁呀？（看图回答：小老虎、小猫、小兔、小熊、小鸭）哦，原来是这些小动物"忍不住"偷吃了，那小猴子的蛋糕不见了，怎么办呢？（鼓励幼儿发言）所以我们不要做小馋猫，好不好？

（3）第三部分：大家一起做蛋糕。

小猴为妈妈准备的蛋糕不见了，所以他着急得哭了，我们该怎么帮助他呢？（鼓励幼儿发言）刚才偷吃蛋糕的小动物们也觉得很对不起。所以呢，他们决定一起帮小猴重新做蛋糕。你猜他们会做一个什么口味的蛋糕？

谁知道小老虎喜欢吃什么？肉是什么颜色的？小猫喜欢吃什么？小鱼是什么颜色？小白兔喜欢吃什么？胡萝卜、青菜是什么颜色的？小熊喜欢吃什么？小鸭子喜欢吃什么？（鼓励幼儿大胆发言）那咱们一起看看故事里的小动物到底做了一个什么蛋糕，好不好？

（4）第四部分：彩虹蛋糕诞生了。

（观察 PPT 图片）小朋友们，你们看这个蛋糕的颜色像什么呢？（幼儿发言）所以我们叫它彩虹蛋糕。那能不能告诉老师，你们见过彩虹吗？它是什么形状的？什么时候出现呀？

你们猜这黄黄的一层是谁做的？这金灿灿的一层是谁做的？这绿绿的一层是谁做的？这紫色的一层是谁做的？这蓝蓝的一层是谁做的？那这红红的一层是谁做的呢？把这么多种颜色的蛋糕一层一层地叠在一起就变成了什么呀？（鼓励幼儿回答）

（5）第五部分：妈妈回家了。

你们觉得小猴的妈妈看到这个彩虹蛋糕会怎么样？妈妈会说些什么话？（幼儿讨论）谁给老师表现一个惊喜的表情？那咱们听听小猴妈妈回家之后发生了什么吧。

小猴妈妈是怎么说的啊？（多美的彩虹蛋糕啊！谢谢你，小宝贝）小猴是怎么说的？（这都是大家的功劳）小朋友们讨论一下，为什么小猴会说是大家的功劳呢？（回忆）因为是大家一起做的，每个人都把自己最喜欢的东西放在了蛋糕里，这才做成了彩虹蛋糕。

宝贝们，彩虹蛋糕的故事讲完了，你们觉得小猴棒不棒？小猴是一个什么样的宝宝？那其他的小动物表现得好不好？它们哪里做得好呢？

今天老师还带来了一些图片，你们看一下这些宝宝在干什么？你们觉得它们做得好不好？

你们在家里帮爸爸妈妈做过什么事？以后我们也多帮爸爸妈妈做一些这样的小事情，让他们少一些劳累好不好？

活动延伸：

1. 艺术领域：开展手工活动，制作染纸小礼物——蛋糕，将作品作为礼物送给家长朋友。

2. 亲子领域：指导幼儿回家为家中长辈分担一些力所能及的家务劳动。

附故事

彩虹蛋糕

妈妈的生日到了，小猴子想给妈妈一个惊喜。

她想来想去决定自己做个蛋糕送给妈妈。

小猴量了面粉，打好蛋，还加了妈妈最喜欢的草莓酱，然后放入大烤箱。

甜甜糯糯的香味飘出好远好远，引来了小老虎、小猫、小兔子、小笨熊、小鸭子，好多好多小动物，大家都好想吃哦。

不一会儿，小猴子就端出了一个大大的红红的草莓蛋糕。小老虎忍不住咬了一小口，"太好吃了"，小动物们都忍不住偷偷地吃起来，很快厚厚的蛋糕就只剩薄薄的一层了。

小猴子急哭了："我拿什么送给妈妈？妈妈就快下班了！"

"对不起，都怪我们太贪吃了，现在我们都来帮忙。"大家七手八脚地忙起来。

小老虎爱吃肉，它做了层黄黄的肉松蛋糕；小猫做的蛋糕加满了金灿灿的鱼子；小兔做的蛋糕加了绿绿的青菜汁；小笨熊的蛋糕加了蓝蓝的蓝莓酱；小鸭子的蛋糕加了好多紫色的葡萄汁。大家一层层叠在小猴子的红蛋糕上，呀，成了一个好漂亮的彩虹蛋糕！

妈妈回来，看到眼前的蛋糕惊呆了。她抱起小猴子亲了又亲："多美的彩虹蛋糕啊！谢谢你，小宝贝。"

小猴子不好意思地说："这都是大家的功劳！"

小动物们也笑了，大家高高兴兴一起吃蛋糕，都不由自主地说："彩虹蛋糕真是太好吃了！"

案例五　大班童话故事活动：小象转学

活动目标：

1. 知识目标：了解故事中各种动物的本领，掌握"气呼呼、淘气、笨手笨脚、威风、不好意思"等词语的意思。

2. 能力目标：理解比喻句的内涵，能够在日常生活中运用比喻句的句型，提高幼儿的语言组织能力，让幼儿能大胆地复述故事中的对话内容，完整演绎出故事情节。

3. 情感目标：引导孩子做事要认真，能吃苦，不好高骛远，要了解自己的长处和短处。

活动准备：

课件PPT，小象、象妈妈、猫、猴子、公鸡、马等动物图片或头饰，木头、小鼓等道具，不同形状的纸板图形若干。

活动过程：

1. 导入。（谜语、游戏、问题）

今天，老师给大家带来了一个谜语，看看哪位聪明的小朋友能猜出来："耳朵像蒲扇，身子像小山，鼻子长又长，帮人把活干。"大家猜猜，这是什么小动物呀？（等待幼儿回答）对了，就是大象，你们觉得大象最奇怪的地方是哪里呀？那大家想想，我们能不能学习大象，甩甩自己的长鼻子呢？

那老师再问大家一个问题好不好？大象的个头大不大呀？大家知道大象平时吃什么吗？那你们害怕它们吗？那大象是不是我们的朋友呀？好，出示小象图片并介绍：这是老师的朋友小象贝托。

可是最近小象在学校不开心了，你们想不想帮助他呀？那我们得先去看一看，知道他为什么不开心。

2. 播放故事课件，进行故事欣赏。

①大象学校。

最开始，贝托在哪个学校上学呀？他在这里都学习什么？他喜欢这里吗？为什么他不喜欢这里呀？他向妈妈提了什么请求？

②猫咪学校。

小象为什么转到了猫咪学校呢？（等待幼儿回答）哦，是因为他不喜欢在大象学校学习搬木头。猫咪有什么本领呢？贝托能学会捉老鼠吗？为什么他学不会呀？

③猴子学校。

猴子有什么本领呀？那猴子和大象谁重呀？那从贝托的体重来看，他能不能爬上树呢？

④鸡学校。

贝托又想去鸡学校学什么了呢？鸡学校主要学习什么呀？公鸡是怎么叫的？那贝托是怎么叫的呀？他能学会打鸣吗？

⑤马儿学校。

小朋友们想一下，你们见过的马儿是怎么跑的呀，他们跑起来像什么呀？可是贝托的体重能这么跑吗？那你们觉得贝托跑起来是什么样子的呀？（用敲鼓的声音配合幼儿）

最后，贝托在马儿学校发现了什么问题呀？它又是怎么做的呢？大家都是怎么评价贝托的呀？

3. 引导幼儿按照故事情节发展，回忆并复述故事内容

（1）小朋友们，最开始小象贝托是在哪所学校里学习呀？它在学校里学了什么呢？后

来他为什么不想在大象学校里学习了？那他这样对不对呀？我们学习的时候应该怎样呢？

（2）那贝托总共转了几次学呀？他都去过哪些学校呢？这些学校的老师都教过小象什么本领呢？

（3）贝托最开始转到了哪所学校呀？在这里他想学习什么来着？然后呢？他的鼻子怎么啦？

（4）小象第二次转学转到了哪所学校呢？在猴子学校他想学习什么呀？那他学会了吗？你们觉得它为什么学不会呀？

（5）好，小朋友回答得都很好，老师再问一下，小象第三次转学转到了什么学校呀？这一次他想学习什么呀？那你们说他学会了吗？为什么没学会呀？

（6）小象最后一次转学转到了哪个学校呢？贝托和马儿跑起来有什么不同呀？你们能跟老师说说再表演一下吗？

（7）那请小朋友们告诉老师，贝托这样转学是好事还是坏事呢？为什么你觉得这是好事还是坏事呢？（鼓励幼儿发表意见）其实小象贝托有什么本领呀？（鼓励幼儿大胆发言）。对啦，贝托最有力量，那我们想想，最适合小象的本领是什么本领？对啦，所以贝托最终还是选择回大象学校学本领。

（8）那你们想想，你们自己每个人有什么本领呢？（鼓励幼儿自主发言）。那好，以后呢我们要发挥自己的兴趣和爱好，有的小朋友画画棒，有的小朋友爱跳舞，有的小朋友讲卫生，那我们要继续努力，不能像小象一开始那样怕苦怕累，三心二意，这样才能让自己的本领更厉害，对不对？

4. 引导幼儿分组完成故事内容的角色表演

活动延伸：

1. 建议家长在日常生活中引导幼儿观察公鸡和猫等动物的生活习性，或带幼儿到动物园去观察大象、猴子和马等动物的生活环境和生活场景。

2. 开展科学游戏活动"搬图形"，让幼儿分组比赛，将同样形状的纸板图形搬到同一个筐子里，最先完成的小组获胜。

附故事

小象转学

小象贝托在大象学校上学。有一天，他气呼呼地跑回家，从长鼻子里喷着气，对妈妈说："大象学校太糟糕了，成天教我们搬木头，把我们累得半死，我要到别的学校去上学！"

象妈妈把贝托送到猫咪学校去。猫老师教贝托抓老鼠。老鼠们在贝托脚边跳来跳去，贝托笨手笨脚地踩呀踩，可怎么也踩不着。他又用长鼻子去卷，可老鼠们一跳，就跳到它的鼻子上，在那上面跳起舞来。一只淘气的小老鼠还钻进它的鼻孔里，慌得他连打了好几个喷嚏，才把小老鼠赶出去。

贝托不喜欢猫咪学校，象妈妈又把他送到猴子学校去。

猴老师教贝托学爬树，可贝托身子太笨重，刚刚趴到树干上，就滑了下来，怎么也上不去。

贝托对妈妈说："猴子学校没意思！公鸡打鸣很好听，我还是到鸡学校去上学！"

公鸡老师教贝托学打鸣。贝托拼命拉长它的短脖子，憋着嗓门想叫"喔喔喔！"可他发出的总是粗嗓音"噢——噢——"

贝托又改变主意了，说："马儿跑起来多威风！我还是到马儿学校去吧！"

马老师教贝托跑步，对他说："跑步的时候要撒开蹄儿，跑得像云那么轻，风那么快。"

贝托跑了起来，"咚！咚！咚！"它那粗笨的脚儿踩在地面上，就像在打鼓。他刚跑一会儿就累坏了，不停地喘着粗气。

贝托不好意思地对妈妈说："不管学什么都不容易，我还是回到大象学校去吧！"

这回，贝托认真学习搬木头，终于学会了。只见他用长鼻子把树干一卷，使劲儿一拔，大树就拔出来了！接着，它又把一根根木头堆在一起，用长鼻子卷着，运出了树林。

大家都说："贝托干得不错，真是大象学校的好学生！"

贝托高兴地翘起长鼻子，眯着眼睛笑了。

案例六　中班童话故事活动：漂亮的颜色

活动目标：

1. 认识几种常见的颜色，知道"缤纷""五彩""也"和"忍不住"等词语的读音和含义，知道"连……也……"的句型。

2. 能理解掌握小动物们的对话，能大胆想象和表达，并分角色表演故事的主要内容。

3. 通过欣赏，感受童话所表现的优美意境，激发幼儿热爱大自然的情感。

活动准备：

1. 多媒体课件一套。

2. 《漂亮的颜色》视频、照片（故事中的小动物、果园、皑皑雪山、茫茫大海、广袤草原、花园鲜花、薰衣草花海等）

3. 彩笔或彩铅、涂色纸人手一份。

活动过程：

（一）导入

1. 游戏导入。

"小朋友们好！我是美美老师，很高兴能和你们一起上课。今天和美美老师一起来的还有三位小客人。它们是谁呢？我们小朋友肯定都认识，但是它们在哪儿呢？原来今天天气比较冷，它们在做运动呢！那我们小朋友跟着它们一起先来做个健身操吧！"（音乐：《健康歌》）

2. 问题导入。

（1）"一起来瞧一瞧，这三位小客人是谁呀？"

（课件：小蚂蚁、小乌鸦、小黑猫）

（2）"哪个小朋友可以跟老师说说它们长得什么样子呀？"

（3）"小蚂蚁、小黑猫和小乌鸦从来没出过家门，也没看见过外面漂亮的景色。听，它们在说什么呢？"（音频：黑色才是最漂亮的）

（4）"它们为什么说黑色是最漂亮的呀？"

（5）"它们三个非常想出去旅游，可是它们又不认识路。请谁来当它们的导游呢？"

（教师引导幼儿发挥想象，充分发挥幼儿的想象能力）

（6）"我给它们请了些导游，一起来看看是谁？"

（课件：彩笔姑娘）

（7）"那让小蜡笔们带着小蚂蚁、小黑猫和小乌鸦，还有我们小朋友一起去旅游吧！我们坐上汽车，准备出发了！嘀嘀——"师幼做开汽车状。

（课件：汽车图、开汽车音乐）

（二）以旅游的形式带领幼儿感受童话故事所表现的情节发展和优美意境

1. 大海。

（1）"这是什么地方，我们下来看一看吧！"

（2）"我们来到了什么地方？"

（3）"这里有什么？"

（4）"海水、海豚是什么颜色的？"

（5）"谁带小蚂蚁、小黑猫和小乌鸦它们来到了大海边？"

（6）"我们把看到的连起来说一说。"

（7）"该上车了，我们继续去旅游吧！"（课件：汽车图、开汽车音乐）

2. 花园。

（1）"小彩笔又带我们来到了什么地方？"

（2）"这里有什么？"

（3）"花和蜜蜂是什么颜色的？"

（4）"是谁带小蚂蚁、小黑猫和小乌鸦来这儿的？"

（5）"老师要考考小朋友，能不能把刚刚看到的也用一句话说出来？"

（6）"我们继续上路吧。"（课件：汽车图、开汽车音乐）

3. 森林。

（1）"这是哪儿呀？"

（2）"这里有些什么呢？"

（3）"那这又是哪个小彩笔带小蚂蚁、小黑猫和小乌鸦来森林的呀？"

（4）"我请一个小朋友来说一说你看到的景色。"

（5）"又要开车啦！嘀嘀。"（课件：汽车图、开汽车音乐）

4. 果园。

（1）"真香啊！是哪些水果的香味？"

（2）"谁能把这儿的景色用好听的句子说出来？"

（3）"这儿的苹果、草莓真多，我们摘些回去吃吧！"（师幼做采摘的动作）

（4）"不早了，我们继续赶路吧！"（课件：汽车图、开汽车音乐）

5. 北方。

（1）"哇——好冷啊！这是哪里呀？"

（2）"这里有什么？原来小彩笔带它们来到了北方。"

（3）"你们有没有做过雪人？只要先做两个圆圆的雪球，然后把两个雪球叠起来就行了。"（师幼做滚雪球动作）

（4）"这次又是谁带的路呀？"

（5）"嘀嘀——呜呜——又要上路啦！看看小彩笔还要带我们去哪里玩？"（课件：汽车图、开汽车音乐）

6. 紫色薰衣草花海。

（1）"好漂亮的花！是什么花？"

（2）"小彩笔真会做导游，那这又是哪个小彩笔带的路呀？"

（3）"如果能躺在花蕊中睡个觉，连梦也会是紫色的。我们小朋友有没有做过梦？""能不能把你的梦说给大家听一听？"

（三）童话故事配乐欣赏和表演

1. "老师偷偷地把我们去过的地方用摄像机拍了下来，如果给它们配上优美的音乐，一定会更好听！今天，老师带来了两首音乐，你们听听看，觉得哪一首更合适？"

2. 让幼儿倾听两段不同性质的音乐，请幼儿为童话故事选择合适的音乐。

3. "这些地方我们现在都已经去过了。现在老师要请小朋友分组来表演导游和小动物们，看看哪组小朋友能为我们讲解出最动听的景色。我们可以边看边说，好不好？"（课件：配乐故事表演）

活动延伸：

1. 科学领域："变幻的色彩"——颜色之间的组合变化，帮助幼儿巩固对色彩的认识。

2. 艺术领域：今天美美老师给每位小朋友准备了一幅画，但是还没涂上颜色。下课以后小朋友可以用你自己最喜欢的颜色使这张画变得更漂亮。

3. 语言领域：鼓励幼儿创编一首关于颜色的儿歌。

附故事

<h2 style="text-align:center">漂亮的颜色</h2>

小蚂蚁、小乌鸦、小黑猫是好朋友，它们都说黑色是最漂亮的颜色。

彩笔姑娘决定带它们去周游世界，看看缤纷的五彩世界。

蓝彩笔带它们来到了海边，蓝色的海水，蓝色的天，蓝色的海豚，连喷泉也是蓝色的；黄彩笔带它们来到了花园，黄色的花瓣，黄色的小蜜蜂，连小蚂蚁身上也沾着黄色的花粉；绿彩笔带它们来到了森林，绿色的草，绿色的树，小乌鸦忍不住"啊呀啊呀"地叫起来；红彩笔带它们来到了果园，红苹果，红樱桃，红草莓，还有红红的西瓜瓤！白彩笔带它们去了遥远的北方，白色的雪花，白色的雪山，白色的小雪人，真好玩；最后紫彩笔带它们来到了薰衣草花海中，紫色的花苞，紫色的花蕊，躺在中间睡一觉，连梦都是紫色的。

小蚂蚁、小乌鸦、小黑猫终于知道了世界上还有这么多漂亮的颜色呢！瞧！它们又出去找其他的颜色了。

案例七 中班童话故事活动：鸭妈妈找蛋

活动目标：

1. 让幼儿熟悉"慌慌张张""丢三落四""垂头丧气"等成语的含义，了解"难为情"等词语的感情色彩。

2. 帮助幼儿理解故事内容，学习故事中角色的对话，能以角色语言有感情地复述故事。

3. 让幼儿知道遇到困难时要向别人求助，懂得做事要细心认真，不能丢三落四的道理。

活动准备：

1. 故事PPT，故事背景挂图，墙角、小路、吃糖的场景图片。

2. 鸭妈妈、鸡大姐、羊大叔、牛大伯的图片及头饰。

3. 实物：鸡蛋、鸭蛋、鹅蛋、鹌鹑蛋。

活动过程：

1. 导入。（图片、问题）

（1）出示鸭妈妈、鸡大姐、羊大叔、牛大伯的图片，让幼儿说出都是什么动物，鼓励幼儿大胆说说上述几种动物的特点。

（2）出示事先已准备好的各种蛋的实物，请幼儿回答分别是谁的蛋，鼓励幼儿说出蛋的营养。

2. 播放故事PPT，进行故事欣赏，并提出一些浅显的问题。

（1）是谁在找蛋？鸭妈妈都去哪里找过蛋？鸭妈妈找蛋的时候都遇到过谁？

（2）鸭妈妈每次问别人的时候都是怎样问的？鸡大姐、羊大叔、牛大伯知不知道鸭妈妈的蛋在哪里呀？

（3）鸭妈妈每天都要忙哪些事情？鸭妈妈为什么找不到蛋呢？

3. 依据情节发展设计问题，引导幼儿进一步理解故事内容。

（1）鸭妈妈是在哪里遇到鸡大姐的？她看见鸡大姐是怎么问的？鸡大姐又是怎么回答的呢？

（2）鸭妈妈是在哪里遇到山羊公公的？鸭妈妈怎么问山羊公公的？山羊公公是怎么回答的？

（3）鸭妈妈在院子里遇到的是谁？鸭妈妈跟它说自己每天要忙哪些事情呀？

（4）黄牛是怎么回答鸭妈妈的？学习词语：垂头丧气、丢三落四。

（5）最后邻居们是怎么开导鸭妈妈的？帮助幼儿理解"难为情"的感情色彩。

（6）让幼儿分角色表演故事，练习角色对话。

活动延伸：

1. 看图做标记游戏。

出示挂图，让幼儿回忆并动手标记鸭妈妈找蛋时都去过哪里，都问过谁，怎么问的。

2. 知识拓展。

（1）哪些动物可以生蛋？哪些动物不能生蛋？

（2）科学领域：和幼儿一起观看鸡蛋孵化过程的视频，简要向幼儿介绍一下生蛋的动物。

（3）山羊生的宝宝什么样？牛生的宝宝什么样？燕子生的宝宝什么样？

附故事

鸭妈妈找蛋

鸭妈妈，生鸭蛋，那鸭蛋像姑娘的脸蛋儿，谁见了都说："啊，多么可爱的鸭蛋！"鸭妈妈听了，乐得嘎嘎嘎地叫："嗯，这是我生的蛋啊！"

可是，鸭妈妈有个毛病：不在窝里生蛋，她走到哪里，要生蛋了，就生在那里，所以常常找不到自己生的蛋。

有一天傍晚，鸭妈妈又忘了在哪儿生的蛋了。它在院子里跑来跑去，怎么也找不着，就问母鸡："鸡大姐，您看见我的蛋了吗？您拾过我的蛋吗？"母鸡说："我没看见呀！"

鸭妈妈赶紧跑出院子去，正碰上老山羊带着小山羊回家来。鸭妈妈忙问老山羊："羊大叔，您看见我的蛋了吗？您拾过我的蛋吗？"老山羊说："我没拾过你的蛋呀！你到池塘边去找找看。"

鸭妈妈奔到池塘边，找了好一阵子，还是没找着，只好回到院子里，看见黄牛回家来，就问："牛大伯，您看见我的蛋了吗？您拾过我的蛋吗？"黄牛说："我可没见过你的蛋，也没拾过你的蛋。你老是丢三落四的，这可不好啊！"

鸭妈妈叹了一口气说："唉！我每天忙得很哪，要游水，要捉小鱼小虾，还要下蛋……一忙，就记不清蛋生在哪儿了。"黄牛说："你说你忙，我呢？耕地，拉车，磨面，可不像你那样丢三落四的。"母鸡说："我也生蛋呀，我都生在窝里，可不像你天天要找蛋。"

山羊、黄牛和母鸡一起劝鸭妈妈："你别着急，好好想一想：你今天到过哪些地方？到底在哪里生了蛋？"鸭妈妈低下头，从大清早出窝想起——池塘边吗？没生过蛋。草地上吗？也没生过蛋。小树林里吗？根本没去玩过。"啊，啊！"鸭妈妈想起来了，它可难为情了，低着头说："今天，今天，我还没生过蛋呢！"

案例八　小班童话故事活动：三只蝴蝶

活动目标：

1. 初步学习使用礼貌用语，知道"让""愿意""着急"等词语的意思。

2. 能够自主表达故事中高频出现的对话和短句，能够按照情节发展，演绎故事角色。

3. 学习体会好朋友之间团结友爱、相互关心的美好情感。

活动准备：

1. 图片：三只蝴蝶，红、白、黄花，太阳公公和乌云。

2. 故事PPT，轻快活泼风格的背景音乐。

活动过程：

1. 导入故事。（图片、游戏、问题）

今天啊，老师先给小朋友们看一幅图片（一只蝴蝶），小朋友们说说她是谁呀？

那你们平时有没有见过蝴蝶啊？你们见过的蝴蝶都是什么颜色？什么形状的呀？（鼓励幼儿自主发言）嗯，有没有像图片这样的呀？（蝴蝶群）那你们有没有见过蝴蝶飞呀，它们都是怎么飞的呢？（播放音乐，引导幼儿一起表演）

哦，老师这里有几个好朋友，你们看这是什么？（观察图片）嗯，对了，就是红蝴蝶、白蝴蝶和黄蝴蝶。那老师现在就带小朋友们去认识一下它们，好不好？

2. 引导儿童进行故事欣赏，并提问一些简单问题。

有谁知道故事里有几只蝴蝶、几朵花呀？它们都是什么颜色的呢？三只蝴蝶在花园里玩的时候发生了什么事情？嗯，下雨了，它们怕被淋湿了，所以它们要找个地方干什么呀？

它们都去哪些地方避雨了呢？避雨的时候分别都是怎么请求花朵的？那花朵们都是怎么回答的呢？（鼓励幼儿大胆回答）花朵们有没有帮助蝴蝶呀？她们这样做好不好，如果你是花朵，你会怎么办呢？最后是谁帮助了蝴蝶呢？太阳公公是怎么帮助蝴蝶的？

你们都有哪些好朋友呀？你们都是怎么跟其他的小朋友成为好朋友的呀？（鼓励幼儿发言）你们和自己的好朋友一起玩的时候开心吗？那如果你和好朋友一起遇到困难了，你们会怎么办呢？（鼓励幼儿发散思维）

活动延伸：

1. 故事表演：宝贝们还记得蝴蝶和花朵们都是怎样对话的吗？下面老师请你们当小演员，一起把《三只蝴蝶》里的故事情节表演出来。

2. 艺术领域：我们自己动手，画出自己心中的三只蝴蝶。

附故事

三只蝴蝶

花园里有三只蝴蝶，一只红的，一只黄的，还有一只白的。它们天天在花园里一块儿游玩，一块儿跳舞，每天都非常开心。

有一天，突然下起大雨。三只蝴蝶一同飞到红花那里，齐声请求说："红花姐姐，红花姐姐，大雨把我们翅膀打湿了，让我们飞到你的叶儿下避避雨吧。"红花说："红蝴蝶的颜色像我，请进来。黄蝴蝶和白蝴蝶快飞开！"

红蝴蝶不愿意让两个朋友淋雨，就和黄蝴蝶、白蝴蝶一起飞到了黄花那儿，它们齐声请求："黄花姐姐，黄花姐姐，大雨把我们的翅膀打湿了，让我们飞到你的叶儿下避避雨吧。"黄花说："黄蝴蝶的颜色像我，请进来。红蝴蝶和白蝴蝶快飞开！"

雨下得越来越大了，三个好朋友不愿分离，只好飞到白花那里，齐声向白花请求说："白花姐姐，大雨把我们的翅膀打湿了，让我们飞到你的叶儿下避避雨吧。"白花说："白蝴蝶的颜色像我，请进来。红蝴蝶和黄蝴蝶快飞开！"

这时，三只蝴蝶一齐摇头说："我们三个好朋友，相亲相爱不分手。要来一块儿来，要走一块儿走。"她们三个宁可被雨淋，也不愿意离开自己的朋友。

太阳公公从云缝里看见了三只蝴蝶着急的样子，连忙把天空的云赶走。一会儿，雨就停了，太阳公公发出了耀眼的光，把三只蝴蝶的翅膀晒干了。三只蝴蝶还像从前那样迎着阳光，一块儿在花园里快乐地跳舞，游戏。

案例九　小班儿童诗活动：虫虫飞

活动目标：

1. 让幼儿学习"chóng""shuì"等翘舌音的正确发音，知道"飞""喝""踢""排队"等词语的含义。

2. 能够体会作品的内容和意境，能够大胆进行诗歌的仿编。

3. 让幼儿体会诗歌中的韵律节奏美，萌发对大自然的热爱之情。

活动准备：

1. 物质准备：课件PPT，四个场景挂图（草地、天空、花园、大树），各种虫虫的头饰，字卡（飞、喝水、踢腿、排队），轻快的背景音乐，宽敞的活动区。

2. 经验准备：活动前向幼儿介绍一些关于虫虫（蚂蚁、蜜蜂、蝴蝶、七星瓢虫等）的科普知识。

活动过程：

1. 导入。（图片、问题）

（出示背景挂图）小朋友们，你们看图上都有什么呀？

（出示各种虫虫头饰）你们认不认识这些小家伙儿呢？他们是谁呀？

现在呢，这些小家伙儿要去草地、天空和花园玩了，可是他们怎么去呢？走过去？跑过去还是飞过去呀？（引导幼儿回答）我们也和他们一起去看看好不好？

2. 播放轻快背景音乐，鼓励幼儿一起感受虫虫飞的感觉。

3. 播放诗歌PPT并提出问题，启发幼儿欣赏儿童诗歌内容。

（1）虫虫最开始飞到了哪里？他们飞到草地干什么了呢？第二次，虫虫飞到了哪里？飞到花园干什么呢？然后，虫虫又飞到了哪里？飞到天空干什么了呢？最后虫虫飞到了哪里？飞到树上干什么了？

（2）你们猜猜虫虫还能飞到哪里？去干什么呢？

4. 欣赏配乐诗朗诵，感受诗歌优美的意境。

启发幼儿用自己的语言和节奏讲述诗歌内容，引导幼儿感受诗歌语言和节奏美。

5. 引导幼儿集体开展"虫虫飞"的表演活动。

活动延伸：

1. 指导幼儿依据诗歌主题和结构，大胆想象，并进行简单的诗歌仿编。

2. 艺术领域：指导幼儿开展《虫虫飞》音乐律动活动；启发幼儿把对虫虫飞的感受用绘画的形式表现出来。

3. 科学领域：给幼儿讲解一些昆虫的科普知识，培养幼儿在生活中喜欢观察大自然的习惯。

附儿童诗歌

虫虫飞

虫虫虫虫飞飞飞，飞到草地喝露水。

虫虫虫虫飞飞飞，飞到花园踢踢腿。

虫虫虫虫飞飞飞，飞到天空排成队。

虫虫虫虫飞飞飞，飞到树上睡一睡。

思考与训练

1. 观摩幼儿园小、中、大班文学作品活动各一个。记录活动全过程，重点记录活动目标的达成、活动过程的组织、幼儿参与的效果。

2. 针对诗歌《春天到》（小班）、《红房子》（中班）、《金色的太阳》（大班），你怎样进行提问，引导幼儿感受文学作品的美？

3. 课后，各任务小组选择一个幼儿文学作品活动，撰写教案，并以视频形式完成一次完整的模拟课堂的设计与组织。

4. 在模拟活动的基础上，到某幼儿园任选一个年龄班，实际进行文学作品活动教学。

学前儿童早期阅读活动的设计与指导

学习目标

1. 了解学前儿童早期阅读活动的含义和早期阅读教育的基本特征。
2. 掌握学前儿童早期阅读活动的目标和内容。
3. 掌握学前儿童早期阅读活动的设计、组织、指导与评价要点。
4. 能设计出优秀的学前儿童早期阅读活动方案，并能熟练开展模拟课堂教学。

基础理论

　　早期阅读活动是学前儿童语言教育不可缺少的教育形式，是个体终身学习的基础，也是个体认识世界的重要途径，阅读能力在很大程度上决定着一个人的学业和成就。《纲要》在关于幼儿语言教育的内容与要求中提到："培养幼儿对生活中常见的简单标记和文字符号的兴趣；利用图书、绘画和其他多种方式，引发幼儿对书籍、阅读和书写的兴趣，培养前阅读和前书写技能。"

　　幼儿在4~5岁时已基本获得日常语言交际量的90%，也会对书面语言产生需求，因此，开展早期阅读是非常必要和可行的。但是在今天由电视、手机、网络、电子游戏所构筑的科技世界中，幼儿与书本的距离越来越远。因此近几年国际社会所推动的教育改革，几乎都将推广阅读风气、提升阅读能力列为重点。

一 学前儿童早期阅读活动的特点

早期阅读是学前儿童从口头语言向书面语言过渡的前期阅读准备和前期书写准备，其中包括知道图书和文字的重要性，愿意阅读图书和辨认文字，掌握一定的阅读和书写的准备技能等，通过早期阅读可以为幼儿进入学龄期的正式书面语言学习打下良好的基础。

（一）早期阅读的含义

早期阅读是指学前儿童凭借变化的色彩、图像、文字或通过成人的读、讲来理解读物的活动过程。对学前儿童而言，只要是与阅读活动有关的行为都可以看作阅读，如幼儿翻书翻报，听父母或老师讲故事，看图说话或猜测图画意思，看电视、认字和标志（交通指示、安全标志）都是幼儿的阅读行为。

（二）早期阅读活动的意义

教育家苏霍姆林斯基曾说："阅读越早，对智力发展越有益。"有研究指出，3～8岁是学习阅读的关键期。在这一时期，帮助引导儿童养成阅读的习惯，形成自主阅读的能力是十分重要的，它跟儿童进入小学教育阶段后的学习有紧密联系和重要影响。早期阅读活动的重要价值主要体现在以下几个方面。

1. 早期阅读能促进幼儿良好的听、说、读等习惯的养成

开展早期阅读活动的目的并不是要让幼儿能够认识多少文字，而是要培养孩子的阅读兴趣，指导孩子掌握正确的阅读方法，养成良好的阅读习惯，这将是孩子以后学习和发展的重要条件，也将成为孩子一生的财富。

幼儿教师以早期阅读活动为载体，引导幼儿学习观察画面、理解内容，了解阅读的基本程序，逐步形成观察、想象、思考、听读的阅读方法，训练幼儿的独立阅读能力。

2. 早期阅读能帮助幼儿习得最佳的语言模式

在很多幼儿阅读材料中，常常见到一些优美、有趣的语言表达方式。

如"春姑娘唱起歌来，歌声叫醒了小麦苗，小麦苗伸伸懒腰；歌声叫醒了小青蛙，

小青蛙打了个呵欠。"(《春姑娘》);"小小蚂蚁六只脚,扛着米粒进洞了,一只螃蟹八只脚,横着走路吹泡泡。"(《脚》);"大水池,圆又圆。绿油油的荷叶漂水面,红艳艳的荷花坐在叶上边。"(《小鱼的幼儿园》)

对幼儿来说,这些形象化的语言正符合他们的认知思维特点,让幼儿在欣赏故事等早期阅读过程中获得愉悦感,也感染幼儿将这些语言运用到他们的生活中。这种迁移能更有效地帮助幼儿从口头语言向书面语言过渡,提高幼儿的语言表达和概括能力。

3. 早期阅读能培养幼儿自我调整的能力

早期阅读活动可以为幼儿提供集体学习阅读的环境。有研究认为,学前集体早期阅读活动至少可以发生三种效应:第一,幼儿教师与幼儿之间的相互作用,可以帮助幼儿取得最佳的早期阅读效果;第二,幼儿在集体环境中学习阅读,可以与同伴一起分享早期阅读学习的快乐,从而提高他们参与阅读的积极性;第三,在适合幼儿的集体阅读活动中,幼儿教师能够通过观察比较,发现某些学前儿童阅读的特别需要,以便提供适时的指导和恰当的帮助。

4. 早期阅读能帮助幼儿创造性地运用语言

引导幼儿多感知、理解优秀的早期阅读材料,可以让孩子在熟悉故事角色及故事中对话的基础上,更高程度地、创造性地运用语言,在一定程度上也有利于培养儿童的创造力。

(三)早期阅读活动的特征

1. 早期阅读活动需要丰富的阅读环境

(1)物质环境,主要指阅读时间、阅读空间和阅读材料三个方面

首先,早期阅读经验并不是通过几次专门性的阅读活动就可以获得的,它需要在大量的日常阅读中习得并巩固、发展。因此,幼儿教师应在日常活动中,如晨间、加餐、午餐、游戏活动和散步等环节中组织儿童进行阅读,保证儿童的阅读时间。

其次,在幼儿园里,较常见的阅读场所是图书室、阅读区和语言角。阅读区在环境布置上,要采光充足、宽敞舒服,色彩明丽,充满童趣;桌椅选择要适合儿童身高和年龄特征;幼儿教师还可以将活动室看作学前儿童阅读活动场所的扩展,如在盥洗室、玩具柜和休息区贴上文字标签,充实环境中的书面语言信息量,使幼儿在与环境的对话中,不知不觉地建立基本的文字概念。

再次,阅读区内应放置丰富多样的适合学前儿童阅读的图书,满足学前儿童自主

感知、体验、获得有关信息的需要。图书选择方面应注意以下方面：一是要适合学前儿童年龄特点，画面清晰，色彩鲜艳，配有适量文字，以利于学前儿童逐步完成从画面到文字符号的过渡；二是内容要简单具体，形象要生动可爱，能够激发学前儿童的阅读兴趣和想象力、创造力；三是语言文字要简短易懂，生动有趣，能够有利于学前儿童学习和识记。四是内容要广泛，主题要接近孩子生活，内容不仅局限在看图识字类，还要包括自然、品德、历史和童话、神话等，开阔幼儿视野，增长幼儿知识。

（2）精神环境，主要指阅读氛围

幼儿教师和家长应为儿童创设宽松、自由的阅读氛围，在早期阅读活动中，给幼儿提供适当的支持和指导，例如，采取积极的态度，关注、支持和欣赏幼儿的早期阅读行为，启发、引导幼儿认识、理解书中内容，肯定幼儿在阅读方面的点滴进步，帮助幼儿建立读写信心。再如，鼓励幼儿与图书和文字之间进行创造性的互动，在早期阅读活动中，在指导幼儿阅读时先引导幼儿通过复述、推测和假设结果、分享人物观点、讨论图画内容等方式与作者进行"对话"，使幼儿成为主动的阅读者，同时也引导幼儿通过口述自己听到的或看到的"故事"，扮演"讲故事人"的角色来创编和讲述自己的"故事"。还可以通过制作图书、玩文字游戏、写便条、出通知、写信以及给熟悉的物品做标签等途径帮助幼儿学会创造性地使用书面语言符号，使幼儿成为图书和文字材料的创作者，以此保持幼儿的阅读兴趣、热情和积极性，让他们养成爱阅读的好习惯。

2. 早期阅读活动与讲述活动紧密相关

早期阅读活动为幼儿提供了许多形象生动、可爱有趣的阅读内容，让幼儿在阅读过程中不仅能理解图书的主要内容，还能将图书的主要意思以口头表达的形式表现出来，这是早期阅读活动的一个主要目标。由此可以看出，早期阅读活动与讲述活动是紧密相关的，幼儿可以边看边说，也可以在看完之后把图书的大意讲述出来。讲述图书内容的方式是多种多样的，可以是在全班或小组中讲述，也可以是幼儿独自进行的个别讲述。通过讲述可以使幼儿深入了解图书内容，发展其口语表达能力和综合概括能力。

当然也要注意，早期阅读活动并不等同于看图讲述活动，二者在教育目标方面的侧重点是有区别的。看图讲述活动侧重于发展儿童的独白语言，要求幼儿用正式规范的语言完整、连贯地讲述图片的内容；早期阅读教育的重点在于让幼儿理解各画面之间、画面与故事之间的关系，从而把握图书的基本结构，理解故事情节的发展，并对图书的结尾进行预测。在充分理解的基础上，再用口语表述图书的主要内容。早期阅读活动是先理解，后讲述，其中虽然包含讲述的内容，但不同于看图讲述。

3. 早期阅读活动具有整合性的特点

早期阅读是一种整合性教育，它是与幼儿园的其他教育活动联系在一起的。

（1）口头语言和书面语言相结合

如中班早期阅读活动"有趣的嘴巴"，在学习"吃""喝""吹"这几个字的时候，可以请幼儿做吃饭、唱歌、喝水和吹蜡烛等动作，让幼儿知道这些字都有一个"口"，都与嘴巴有关，为幼儿获得相关书面语言打下基础。

但幼儿教师要注意，培养儿童良好的阅读习惯，正确的阅读方法和必要的阅读技能是主要方面，而认识文字及文字结构是次要方面，主次不能颠倒，否则生动有趣的阅读活动就会变成枯燥生硬的识字课，也就偏离了早期阅读教育活动的主要目标。

（2）阅读活动和其他领域活动相结合

可以在幼儿阅读活动之后，组织幼儿制作图书人物头饰，开展戏剧表演活动；也可以在阅读活动中，向幼儿渗透开展科学教育、数学教育、健康教育、美术教育和音乐教育；还可以组织幼儿参照阅读内容的场景制作儿童绘本和书籍，并将图书内容讲给爸爸妈妈听，或让家长观察幼儿在家中看书的情况，并将幼儿在阅读中出现的问题反馈给老师，家园合作，合力促进儿童阅读能力的提高。

4. 早期阅读活动具有鲜明的文化和语言背景

人类的任何一种语言都有其独有的文化渊源和文化背景，书面语言尤其如此。幼儿园开展早期阅读活动，要充分考虑汉语作为母语的教育特性和文化特色，生动形象地帮助幼儿了解中国深远的文化渊源，如汉字的造字方法，汉字的演变，汉字的基本结构以及书写注意事项，汉字书写工具的发展脉络等。这些都是让幼儿感受祖国语言文化气息，让幼儿萌生爱国意识，同时获得文化知识和语言学习的有效方法。

以大班早期阅读活动"象形文字到现代文字"为例，活动开始时，幼儿教师先出示象形文字的卡片，告诉学前儿童这是我国最早的文字，叫象形文字。然后采用看图卡猜谜的形式，启发幼儿认识象形文字日、月、水、木、山、火、目、口、人、田。再逐一出示相应的现代文字卡，并排成一排，采用划线连字的游戏方式，鼓励幼儿找出与象形文字对应的现代汉字。

通过这类活动，让幼儿在观察分析的过程中初步了解中国文化某一方面的历史发展脉络，增长幼儿对书面语言的认识，也帮助幼儿更好地认识祖国文化。事实上在早期阅读活动中，文化和语言信息可以互为作用，产生相得益彰的教育效果。

二 学前儿童早期阅读活动的目标

早期阅读是学前儿童语言领域教育的重要内容，在《纲要》关于语言领域的目标和内容的要求中指出，"能清楚地说出自己想说的事；喜欢听故事、看图书；引导幼儿接触优秀的儿童文学作品，使之感受语言的丰富和优美，并通过多种活动帮助幼儿加深对作品的体验和理解等"，要"利用图书、绘画和其他多种形式，引发幼儿对阅读和书写的兴趣，培养前阅读和前书写技能"。《纲要》中的语言教育总目标体现了对幼儿情感态度、认知和能力三个方面，早期阅读目标也应着重体现这三方面。

（一）情感态度方面，培养幼儿的阅读兴趣，养成良好的阅读习惯和态度

兴趣是最好的老师，是儿童求知的开始，但兴趣又只是幼儿打开阅读之窗的第一步，帮助幼儿形成自觉的阅读态度和良好的阅读习惯是早期阅读教育的重要目标。阅读的兴趣、态度和习惯虽然都属于非智力因素，却是影响早期阅读教育活动成败的重要因素。广泛而持久的阅读兴趣是儿童求知的开始，自觉的阅读态度是儿童主体意识发展的表现，良好的阅读习惯可以为儿童的终身学习奠定扎实的基础。

1. 阅读兴趣的培养

我国古代杰出的史学家司马迁，其父司马谈是汉朝的太史令，十分博学。司马迁受父亲的熏陶影响，自幼刻苦学习，阅读史籍，10岁就能流畅地读古文，从小就培养了对史书的兴趣，从而为其日后的辉煌学术成就奠定了基础。

犹太人都很爱读书，在他们出生不久，父母就把蜂蜜洒在《圣经》上，让孩子去舔，让孩子从小就认为书是甜的，并从此不断地给孩子讲上面的故事，将书始终放在床头，让孩子从小就感觉看书和吃饭一样重要，旨在培养孩子的阅读兴趣。

为保持幼儿对图书的兴趣，幼儿园要定期更换图书，也鼓励幼儿将家中的图书带到幼儿园交换阅读，以最大限度地共享阅读资源。同时，幼儿教师和家长在为幼儿选书的时候，要给予幼儿自主挑选图书的权利，充分尊重幼儿的阅读喜好，也可以开展区角游戏，激发幼儿阅读兴趣。

2. 阅读习惯和态度的培养

由于幼儿思维具有跳跃性的特点，我们常会见到他们在翻书的时候，一会儿翻到

中间，一会儿翻到前面，有时候乱翻，有时候看看这幅图，再看看那幅图，随意性大，状态无序化，问他们内容时，他们回答不出来等现象，同时也存在一些幼儿缺乏认真阅读图书的态度及观察理解符号和思考的能力。因此教师在指导幼儿看书时，要有针对性地示范看书的要领，如把一页图书放大，引导幼儿按照一定顺序进行观察，并根据图画的内容，提出相关问题，让幼儿带着问题有目的地阅读，提高阅读的针对性和有效性，同时鼓励幼儿自己猜测想象阅读内容的发展和结局，促进幼儿书面语言的学习。

世界著名学者约翰·斯图尔特·穆勒在其自传中写到："如果说我有一点成就的话，那是我从我父亲那里接受了早期教育的结果。父亲从小培养了我的阅读习惯，我还可以断言，早期阅读使得我进入社会比别人早25年。"

某种习惯的养成，从一定程度来说，要依赖于某种情境的反复出现，因而创设良好的阅读环境是为良好阅读习惯的形成创造条件。如幼儿园将图书角设置在临窗户的墙角，避免和喧闹的建构区及表演区相邻，并且保证有充足的光源，配备与幼儿身高相宜的书架，以及柔软舒适，色彩鲜艳的靠垫、地垫等。同时，制定合适的阅读规则也很必要，如根据阅读场地的大小限制人数，避免幼儿阅读时出现拥挤现象；带幼儿参观成人图书馆，感受图书馆的安静氛围，了解一些图书的借阅方式，教育幼儿学会爱护图书，如不撕书，不乱扔书，看一本书取一本书，看完书后放回原处，在看书时不要大声喧哗，不随便打扰别人，知道根据目录寻找相应页数的方法等。

（二）认知方面，初步建立幼儿口头语言与书面语言的对应关系

人类语言的两大形式是口头语言和书面语言，这两种语言对人们的生活都有重要的作用。口头语言是书面语言发展的基础，学前期是幼儿口头语言发展的关键期，在进入小学之前，他们将基本完成口语学习的任务，为使幼儿更好地学习口语，并为下一阶段集中学习书面语言做好准备。对幼儿来说，他们的早期阅读过程是与他们已经获得的口语分不开的，学习书面语言是调动自己的口语经验，将书面语言信息与自己已有的口语经验对应起来，是幼儿自主阅读能力发展的一个重要方面。在学前期有必要帮助儿童初步感知、认识书面语言，理解口头语言与书面语言的对应关系，感知这两种语言符号系统的差异，明确书面语言与口头语言具有同等的重要性。

在讲故事、念儿歌时，教师可以有意识地反复边说边指着图书中的相关文字，让幼儿知道教师是在讲图书的内容，明白故事、儿歌是由文字组成的。在幼儿阅读时，引导幼儿观察画面上的文字，用口语讲出画面内容，或听老师读图书，知道老师是在讲故事的内容。帮助幼儿了解图书制作的经过，知道图书上说的故事是作家用文字写出来的，或是画家用图画表现出来的。幼儿自己也可以尝试做小作家、小画家，把自

已想说的话画成一页一页的图画故事，再订成一本图书；还可以让幼儿尝试互相写信，把自己想说的话画成图画，请爸爸妈妈在下面填上文字，然后送给别人。让幼儿在写信、收信的过程中，理解口头语言与书面语言是可以相互转换的。

在早期阅读活动中，可以引导幼儿获得三方面的认识：第一，懂得书面语言与口头语言都可以储存信息，但书面语言用文字的方式记录储存，具有可视的特点；第二，懂得书面语言与口头语言都可以用来表达思想。口头语言是直接说出来的，书面语言是用文字写出来的；第三，书面语言和口头语言都是人们交际的工具，但是交际的方式不同，书面语言可以不受空间和时间的限制。

（三）能力方面，培养幼儿掌握科学的阅读方法和技能

"阅"即教给孩子看书的技能，如学会一页一页地看书，并能从前往后按顺序看。"读"即成人讲读书籍内容，幼儿倾听，或在成人的帮助下，通过连续的画面，把人物动作与背景串联起来，从而掌握书本的内容。

幼儿早期阅读教育最基本的目标就是使幼儿掌握科学的阅读方法，具备自主阅读的能力，阅读能力是在掌握阅读方法的基础上形成的，只有懂得了方法，才能形成独立的阅读能力，为幼儿的终身学习打下基础。

1. 幼儿应掌握的阅读方法

幼儿应掌握的阅读方法有很多，如拿书、翻书、指读、浏览以及查阅资料、使用工具书和阅读时的思考、分析、归纳和总结等。通常幼儿看书速度偏快，往往一翻就翻到头，一本书就算看完了。这种看书方法对幼儿来说并没有什么作用。因此，在阅读时，应该引导幼儿逐页阅读，让幼儿仔细观察每一个画面。具体的引导方法有以下几种。

（1）指导幼儿看书时，先看封面和封面上的字，久而久之，看书要先看书的封面再往后看的习惯就形成了。幼儿拿到书，看到封面，很容易就翻到第一页，第二页，第三页……这样，幼儿看一页翻一页的习惯也逐渐养成了。

（2）设计一些浅显易懂的语言帮助幼儿掌握翻书的方法。如把一本书比作一个小房子，封面是前门，封底是后门，页码是小房间。看书时要把前门打开，走进小房间，每个小房间都会有精彩的小故事，看完故事之后，从后门走出来，最后把门关上。也可以联想到宋丹丹在小品中的名句："把大象装冰箱，总共分几步?"引导幼儿在欢声笑语中学会正确翻书。

（3）要做到多想多忆，可以在阅读之前提出一些简单的要求，让幼儿带着一些问

题去阅读，注意一些重要的情节，边看边思考，让幼儿"自由"地接受知识，以便使幼儿自觉养成仔细观察、独立思考的好习惯。

（4）成人通过与幼儿共同阅读，为幼儿树立正确看书、认真看书的榜样，如教师边讲故事边翻动图书，为幼儿进行榜样示范，让幼儿在理解故事内容的基础上，感受到有序翻看图书的益处，学习有序翻看图书的方法。

（5）让幼儿知道看书时应看懂前一页再看后一页，边看边想，理解每个画面的意思。

（6）让幼儿听录音看图书，引导其直接感受图书故事与录音机之间的联系。通常多运用一些幼儿读过的熟悉的故事，引导幼儿边听边翻，在教师的简单提示下，让幼儿体验录音和图书画面之间的对应关系，巩固有序翻书的经验，最后放手让幼儿独立阅读图书。

2. 幼儿应掌握的阅读技能

（1）观察、理解和概括的能力

首先，学会观察。幼儿观察能力的发展，表现在观察的目的性、持久性、组织性、细致性和概括性上。例如，幼儿教师要求幼儿围绕某一问题观察画面。在阅读活动中，幼儿需要通过对画面、角色表情的比较、分析等做出简单的判断和推理。幼儿的思维在不断的观察、想象中逐渐丰富，在成人经常讲解指点的刺激下得到促进，逐步从以具体、直观、形象为主向幼儿晚期的逻辑抽象思维过渡。教师应指导幼儿边看边想，引导幼儿在阅读的过程中，仔细观察画面中人物的表情、动作和背景，启发他们合理想象，思考画面中的人物在干什么，将要干什么，让他们联系前后页来理解画面，并串联起来，有意识地让他们认识到一个精彩的故事是由连续的画面构成的。

其次，发展理解能力。一切外部信息，只有通过幼儿的理解，才能内化为其自身的东西，同时理解力也是幼儿自主阅读不可或缺的能力。理解技能是幼儿阅读中最基本的技能，幼儿不仅要理解单页画面的内容，还要对画面间各种角色的表情、动作及角色间的关系进行观察、分析和判断，从而理解画面与画面之间、画面与整个故事之间的联系。

再次，幼儿在看完图书后，应能概括出故事的主要意思。幼儿需要对照前后画面的变化，寻找共同点、不同点和衔接点，在理解的基础上以口头表达的方式概括图书的主要内容。

（2）反思、预期和假设的能力

首先，让幼儿在听故事、看图书的过程中，能对故事里所发生的事情和故事里的人物等进行思考，或听完故事、看完图书之后，有对阅读内容的反思过程，这种能力将有利于幼儿加深对阅读内容的理解。

其次，发展幼儿的预期能力，这种能力是指预计估测阅读内容的能力，可为幼儿在未来的阅读学习中能比较快速地理解阅读内容奠定基础。预期能力要求幼儿在阅读图书过程中，单看到一个故事的开头时，就能够知道这一类故事可能的过程和结局。

再次，听故事或者看图书之后，可以让幼儿假设换一个条件或情境，故事里的人或物会怎样，事情会朝着什么方向发展。

知识拓展

表 7 - 1　幼儿早期阅读活动各年龄阶段具体目标

年龄阶段	发展领域	早期阅读活动具体目标	教育建议
3~4岁	早期阅读兴趣	1. 主动要求成人讲故事、读图书； 2. 喜欢跟读并能读懂韵律感强的儿歌、童谣或故事； 3. 爱护图书，不乱撕、不乱扔图书	1. 为幼儿提供良好的阅读环境，安静明亮，提供丰富多样的图画书； 2. 图画书体裁多样，童谣、故事、诗歌等，尊重幼儿的喜好和自主选择权，激发幼儿阅读兴趣
	阅读理解	1. 能听懂短小的儿歌或故事； 2. 会看画面，能根据图片说出图画中有什么，发生了什么等； 3. 能理解图书上的文字是和画面对应的，是用来表达画面意义的	1. 经常和幼儿一起阅读，结合自己的经验，帮助幼儿理解故事内容； 2. 引导幼儿仔细观察画面，结合画面讨论故事内容，引导幼儿有条理地说出故事大致内容
	书面表达	喜欢用涂涂画画表达一定的意思	提供图画工具和素材，培养幼儿的书写兴趣，满足幼儿自由涂画的需要。
4~5岁	早期阅读兴趣	1. 反复看自己喜欢的图书； 2. 喜欢把听过的故事或看过的图书讲给别人听； 3. 对生活中常见的标识、符号感兴趣，知道它们表示一定的意义	1. 指导幼儿爱护图书，不弄脏，不乱扔，不折叠，不撕扯； 2. 与幼儿一起欣赏，为幼儿提出问题，引导幼儿思考，拓展幼儿发散思维，鼓励幼儿复述故事内容； 3. 引导幼儿体会标识和符号在生活中的作用
	阅读理解	1. 能大体讲出所听故事的主要内容； 2. 能根据连续画面提供的信息，大致说出故事的情节； 3. 能随作品情节发展做出相应的情绪反应，能体会作品所表达的情感	1. 在阅读中发展幼儿的想象力和创造力，鼓励幼儿用故事表演和绘画等不同方式表达自己对图书和故事的理解； 2. 引导幼儿根据故事内容和已有图片，画出自己心中的图画内容

年龄阶段	发展领域	早期阅读活动具体目标	教育建议
4~5岁	书面表达	1. 愿意用图画和符号表达自己的想法； 2. 在成人的提醒下，能够用正确的姿势写字画画	1. 鼓励幼儿将自己感兴趣的事情或故事画下来并讲给别人听，让幼儿感受写写画画对表达自己的情感和想法的抒发方法； 2. 引导幼儿在绘画游戏中感受书写的快乐，指导幼儿开展连线成图游戏，帮助幼儿掌握运笔技能
5~6岁	早期阅读兴趣	1. 能专注地阅读图书； 2. 喜欢和他人一起谈论图书和故事的有关内容； 3. 对图书和生活中的文字符号感兴趣，知道其表示一定意义	1. 指导幼儿养成良好的阅读习惯，让幼儿知道如何翻书，如何看书，如何读书； 2. 鼓励幼儿大胆地讲出故事内容，大胆说出对故事的看法； 3. 结合生活实际，向幼儿介绍各种标志、符号的意义，让幼儿体会文字和符号趣味
	阅读理解	1. 能说出所阅读的幼儿文学作品的主要内容； 2. 根据故事部分情节或图书画面猜想出故事情节的发展； 3. 对看过的图书、听过的故事能说出自己的看法； 4. 能初步感受文学语言的美	1. 鼓励支持幼儿自编故事，自己设计人物形象，安排故事情节发展，并为自己的故事配上图画，制成图画书； 2. 引导幼儿感受文学作品之美，引导幼儿欣赏、模仿作品的语言节奏和韵律，以生动的表情、动作和抑扬顿挫的声音传达故事中的情绪情感，让幼儿体会作品的感染力和表现力
	书面表达	1. 愿意用图画符号表现事物和故事； 2. 会正确书写自己的名字	1. 鼓励幼儿养成爱用文字记录生活的习惯，帮助幼儿体会语言文字的用途； 2. 在幼儿书写的过程中帮助幼儿矫正不好的运笔习惯，调整幼儿正确书写姿势

三 学前儿童早期阅读活动的类型

（一）早期阅读教育的内容

《纲要》将早期阅读定位在接触书面语言的学习阶段。尽管学前儿童还难以掌握书面语言，但他们对接触到的文字和其他有关书面语言的信息具有浓厚的兴趣。早期阅读是学前儿童开始接触书面语言的途径，因此，早期阅读的内容应当包括一切与书面语言学习有关的内容。

根据幼儿园早期阅读活动的目标，为幼儿提供的早期阅读内容包含三个方面的阅读经验，即前阅读经验、前识字经验和前书写经验。用"前"字来标示阅读经验，是为了强调这些经验与儿童进入小学后将要进行的正式书面语言学习有着根本的区别。

1. 前阅读经验

所谓"前阅读经验"，并不只是利用给学前儿童提供图书的方式来培养其阅读能力，而是要帮助儿童学习和积累若干具体的行为经验。一般来说，教师可以利用那些儿童感兴趣的图文并茂的图书，来帮助他们学习如何阅读图书，培养阅读能力，同时要挖掘日常生活中一切可供儿童阅读的材料，如报纸、广告、说明书等，这些都旨在丰富幼儿的前阅读经验。儿童要学会看图书，至少要学习如下若干具体的行为经验。

（1）翻阅图书的经验。儿童要掌握一般的翻阅图书的顺序和方法。

（2）读懂图书所展示内容的经验。儿童要会看画面，能从画面中发现人物的表情、动作、背景等，将它们串接起来理解故事情节。

（3）理解图书的画面、文字和口头语言有对应关系，会用口语讲出画面内容，或听老师念图书时，知道是在讲故事的内容。

（4）图书制作的经验。知道图书上所说的故事是由作家用文字写出来，画家又用图画表现出来，最后印刷装订成手中的读物，儿童也可用自己的文字和画笔，把想说的事情用一页页的故事表达出来，并把它们订成一本书。

2. 前识字经验

虽然大量识字是儿童进入小学以后的学习任务。但幼儿园有计划、有组织地开展早期阅读活动，可以帮助学前儿童学习获得前识字经验，从而提高儿童对文字的敏感度。但是尤其需要注意的是：在各年龄班早期阅读活动中，教师绝不能要求儿童机械记忆和认读文字，更不能给儿童规定识字量。

学前儿童早期阅读活动，向幼儿提供的前识字经验包括以下内容。

（1）知道文字有具体的意义，可以念出声音来，可以把文字、口语与概念对应起来。例如，认识"船"这个字，知道是指什么样的物体；看到"球"字时，知道读音，并知道什么是球。

（2）理解文字功能和作用的经验。比如读图书中的文字就知道书里所讲的故事；可以把想说的话写成文字，也就是信，当邮寄到别人手中，再把它转换成口语，别人就能明白写信人所要表达的意思。

（3）初步产生文字来源的经验。初步了解文字是怎样产生的，也知道文字又是如何演变成今天的样子的。

（4）知道文字是一种符号并与其他符号系统可以转换的经验。例如，认识各种公共场合的图形标志，知道这些标志分别代表一定的意思，可用语言文字表现出来。

（5）知道文字和语言的多样性经验。认识到世界上有各种各样的语言和文字，同样一句话，可以用不同的语言文字来表达。不同的语言文字又可以互相解释说明。

（6）了解识字规律的经验。在前识字学习中，让幼儿明白文字有一定的构成规律，掌握这些规律，就可以更好地识字。例如，许多汉字与"目"有关，如：睡、眼、看、眉等。把握这种内在规则，儿童会对识字感兴趣，也有利于他们自己探索认识其他一些常见字。

3. 前书写经验

尽管不能要求学前儿童像小学生那样集中、大量地学习识字写字，但是获得一些有关汉字书写的信息，仍然是必要的，是儿童入小学后正式学习书写的准备。

前书写经验学习内容的早期阅读活动，重在向儿童提供学习机会，让他们积累有关汉语文字构成和书写的经验，具体包括以下内容。

（1）认识汉字的独特书写风格，如：能将汉字书写区别于其他文字；

（2）知道汉字的基本间架结构，如：懂得汉字可以分成左右结构、上下结构等；

（3）了解书写的基本规则，学习按规则写字，尝试用有趣的方式练习基本笔画；

（4）知道书写汉字的工具，知道使用铅笔、钢笔、圆珠笔、毛笔书写时的不同要求；

（5）学会用正确的书写姿势写字，包括坐姿、握笔姿势等。

需要注意的是，让学前儿童初步了解汉语文字的基础知识和多种书写工具，是要帮助儿童了解祖国文字及书写的独特之处，激发他们对祖国文化的热爱和学习兴趣，不要将这样的活动等同于练习毛笔字，更不能强行要求儿童机械乏味地反复操练。可根据儿童的认知特点，灵活创设利于儿童学习前书写经验的活动，如在固定区域放置小本子和钢笔、铅笔、圆珠笔等书写工具，鼓励儿童在阅读过程中尝试用笔和本对自己的问题和想法进行"记录"等。

（二）早期阅读教育的类型

早期阅读活动的类型是多种多样的，根据不同的分类标准可以把早期阅读活动分成不同的类型。

1. 根据阅读组织形式的不同，可分为儿童自由阅读和师生共读

在早期阅读活动中，教师在简单介绍图书的封面内容和名称后，就可以让儿童自己翻看图书、自由阅读。儿童可以自由选择学习内容，观察自己选择的认识对象，获得有关的信息。他们可以边看边小声讲述，也可以看完后再讲述。在儿童自由阅读时，教师应给予适当的指导，比如提出一些启发性的问题，引导儿童带着问题边思考边阅读，帮助他们理解图书内容中的重点和难点。教师还要注意观察每个儿童的表现，做出有针对性的指导。如：鼓励读得快的儿童关注图书的细节部分。对读得慢的儿童要分析原因，了解其所读图书难度是否适合，如何调整，以使儿童顺利进入后续的学习活动中。

师生共读虽然是幼儿教师与儿童共同进行的阅读活动，但其实也是儿童在自己观察、认识、接触书面语言信息的基础上，由幼儿教师带领儿童进一步学习这些书面语言信息。在这种活动中，教师的任务不是要告诉儿童什么，而是与儿童共同阅读，这种"共同"更多的是一种心灵的陪伴呵护，同时对儿童的阅读活动给予适当和必要的指导。

2. 根据阅读指导方式的不同，可分为专门的阅读活动和以阅读为主的综合活动

（1）专门的阅读活动

即有目的、有计划地为幼儿安排的阅读活动。这种专门的阅读活动可以使儿童形成积极的阅读态度，养成良好的阅读习惯，获得阅读的基本技能。根据阅读材料的不同，又可以分为以下几种形式。

大图书阅读。大图书是指将小图书按照一定的比例放大，或者幼儿教师按照实际需要自己动手制作成大尺寸的图书，以便全班或小组儿童有机会一起阅读书上的图画和文字，可以弥补标准尺寸的图书只能供几个儿童一起阅读的不足。

小图书阅读。小图书指的是同一内容的图书人手一册，幼儿教师指导幼儿逐步学会翻书的方法，儿童进行独立阅读，并在翻看图书的过程中自己感受、体会，获得阅读经验。

听赏活动。指的是以倾听、欣赏图画故事为主要内容的活动，让儿童反复倾听幼儿教师的讲述，不断体会品味，养成良好的倾听习惯，增强阅读的兴趣。

排图活动。幼儿教师为每个幼儿提供一套打乱顺序的图片，儿童在看懂图意和已有经验的基础上，根据故事的内在逻辑将图片按顺序排列，并按顺序进行讲述。

（2）以阅读为主的综合活动

自编图画故事书活动、诗配画活动。在幼儿教师的指导下，儿童运用已有的阅读经验和绘画技能，将自编的故事、诗歌配上相应的画面。这种阅读活动可以培养儿童将语言符号转化为画面的能力，还可以发展儿童的思维能力。

听音乐编故事活动。将阅读经验与音乐感受相结合，引导儿童通过感受、理解音乐，将其转化为语言符号，进行故事讲述活动。

结合阅读进行表演活动。在儿童阅读完一篇故事或儿歌后，幼儿教师可以指导他们分角色表演，以增强他们的阅读兴趣，加深对故事、儿歌等作品的理解。

3. 根据阅读在幼儿园一日活动中的不同渗透，可分为生活活动中的阅读、语言活动中的阅读、艺术活动中的阅读、社会活动中的阅读、亲子活动中的阅读、数学活动中的阅读、科学活动中的阅读、游戏活动中的阅读、体育活动中的阅读等

早期阅读活动不仅仅局限在对书面材料的阅读。学前儿童生活中常见的各种符号、标志、文字、都可以成为他们阅读的材料，如各种广告牌、交通标志、商店名称，各种影像视频等，都可供儿童去阅读和欣赏，都有助于提高儿童的阅读水平和阅读能力。教师应当引导儿童进行"生活阅读"，有意识地指导儿童关注自然环境和人文环境中的各种信息，学会观察生活、阅读生活。

知识拓展

一、阅读区活动注意事项

1. 合理配置图书，满足学前儿童阅读的需要

首先，阅读区内投放图书要考虑不同年龄儿童的喜好。小班幼儿侧重于生活类阅读材料，如食品、玩具、衣服等，对新颖的、与他们生活经验密切相关的、直观的材料较感兴趣，而且有较强的从众心理。中班幼儿侧重于认知类、社会类阅读材料，如：动植物、季节变化、自然现象等，对动物、卡通类、可以操作的以及能理解的材料特别喜爱。大班幼儿侧重于社会类、生成性阅读材料，如标志、广告、小实验、周围变化、重大新闻等，喜爱有文字的阅读材料（广告、图书、图片等），愿意根据自己的兴趣爱好自主地寻找相适应的各种阅读材料。因此，大、中、小各班图书配置上要有侧重。

其次，阅读区中投放的图书应考虑不同年龄儿童的接受水平。小班应该选择故事情节简单、人物形象逼真、人物动作突出、色彩鲜艳并配有短句或词语的单页单幅的图书，而在内容上应选择生动有趣的动物故事、家庭生活以及各种与儿童生活经验相符合的图书，如拔萝卜、小铃铛等。中班以上的儿童想象力、注意力和思维力都有了很大的提高，应该为他们选择情节较为复杂、画面之间关联较明显的单页多幅的图书，内容可涉及那些情节紧张刺激或具有较丰富的动作性的动物故事，也可以是那些有鲜明的善恶报应结局的内容，以及那些能充分发挥儿童想象力的内容，如小猴探海、小

猫上公园等。此外，大班还可以选择那些常用字多、独体字较多的单页图书，以培养儿童的识字兴趣。

2. 采用多种形式，培养儿童阅读图书的兴趣

儿童在阅读区中不仅可以阅读图书，还可以从事一些与读书有关的活动，如制作图书、修补图书等，从而使儿童养成爱书、读书的好习惯。

制作图书可以有两种形式：一是发动学前儿童收集废旧图书、图片，并让他们把自己感兴趣的人物、动物、背景等从图书上剪下来，进行重新组合，贴在一张白纸上，构成一幅或几幅完整的画面，然后再加上自己绘画的封面和封底，就做成了一本完整的图书。这种形式适合小班儿童。二是鼓励学前儿童把自己听到的或身边的故事画成一幅一幅与故事内容情节相符的画面，再装订成一本书，讲给老师、同伴听，或投放到图书角，供大家阅读欣赏。这种制作有一定的主题，但较为复杂，一般要分几次才能完成。例如，儿童制作图书"春天"，第一次儿童画了春天的变化；第二次儿童画了小朋友在春天的活动；第三次儿童又以折纸、粘贴的形式表现春天动植物的变化。每次制作后儿童都要给每张书页配解说词，由教师帮助他们写在画面上并把儿童三次活动的内容汇总装订在一起，就变成了一本他们自己亲手制作的图文并茂的图书。这种形式适合于中大班儿童。儿童通过自己制作图书，可以产生自豪感，加深阅读图书的兴趣。此外，教师还可以组织儿童修补图书，即让学前儿童对那些由于使用不当或翻阅过多已经破损的图书进行修补。这种活动可以培养儿童爱护图书的良好行为习惯，发展儿童的动手操作能力。

二、教师在指导阅读区活动时的注意事项

第一，阅读区活动应建立必要的规则，保证阅读活动的顺利进行。规则的内容包括以下几点。

1. 限定阅读区的人数。可在阅读区中使用"入区卡"，当"入区卡"全部为儿童所使用时，后面的儿童要自觉地转到其他区角活动；

2. 要求儿童保持安静，不能大声说话，更不能争吵；

3. 要求儿童阅读结束后，将图书放回原处；

4. 要求儿童注意爱护图书，不能损坏图书。

为使儿童遵守这些规则，幼儿教师除了向儿童说明遵守这些规则的必要性外，还要做好监督和检查。

第二，要引导幼儿积极主动阅读图书，提高图书的利用率。

幼儿教师要寻找因材施教的方法，引起幼儿对图书的关注和兴趣。例如，教师可以把新书摆放在书架最醒目的位置，或进行简单的介绍，鼓励儿童积极主动地翻看新

书。再如，幼儿教师可以绘声绘色地给儿童讲述书中一个精彩片段，当孩子们听得津津有味时，立即停止讲述，然后告诉儿童阅读区内这本书的位置，让想知道结果的孩子自己去翻书寻找。这样不仅可以调动幼儿阅读图书的积极性，还可以间接地向儿童传递这样一种信息：许多有用的知识可以从图书中获得，只有自己掌握了阅读的知识和技能，才能自己独立地获得更多的知识。

第三，要教给幼儿阅读图书的方法，培养幼儿良好的阅读习惯。

幼儿教师要时时提醒幼儿，阅读时的坐姿要正确，眼睛与图书保持一定的距离，同时看书要学会从前往后一页页翻阅图书。在学前儿童观察图画时，要指导他们由上到下、由左到右有顺序地进行观察。幼儿教师和幼儿一起阅读时，让他们一边用手指着文字，一边进行跟读。点读法能使文字在学前儿童大脑皮层的感觉中枢留下图形记忆，为以后的阅读奠定基础。同时还可以带领中大班儿童修补旧书，使儿童树立起爱护图书的意识。

四 学前儿童早期阅读活动的设计、组织与指导

由幼儿教师精心设计、有效开展的幼儿早期阅读活动对于激发学前儿童阅读兴趣，培养儿童良好阅读习惯，提升儿童思维发展，甚至儿童未来一生的成长和发展有十分重要的影响，因此幼儿教师应高度重视学前儿童早期阅读活动的设计和组织指导。

（一）早期阅读活动的条件创设

早期阅读活动的条件创设主要指幼儿教师需为幼儿提供支持性的阅读环境、适宜的阅读材料和充足的阅读时间。

支持性的阅读环境主要指可供学前儿童阅读的场所，如幼儿园活动室的图书角和专设的阅览室，这些场所的采光要好，整体色调可采用粉红、绿色、浅蓝、浅黄、橙色，也要注意颜色不可过多，还可以为幼儿准备不同式样的座位，如沙发、垫子和地毯等。同时要充分考虑到不同年龄儿童的阅读特点，采用不同空间分隔的方式（封闭、半开放、开放）满足他们的阅读需要。通常来说小班幼儿更喜欢较为开放的阅读空间，而对大中班幼儿来说，相对封闭的空间更有利于他们养成静心阅读的好习惯，还可以在阅读场所中适当装饰与童话故事相关的情境图片和卡通墙面，增加童趣，也可以帮助幼儿熟悉童话场景，吸引儿童投入到阅读活动中。

适宜的阅读材料可以使幼儿园的早期阅读教育落到实处，好的阅读材料内容健康向上，有助于培养儿童独立、合作、善良、勇敢的优良品质。图文并茂的阅读材料，符合幼儿的身心发展特点，儿童思维的具体形象性决定了他们在阅读时会首先注意图画，图画与文字密切对应，可以使儿童进入特定的语言情境中，帮助儿童将口头语言与书面语言对应起来，充分体验阅读的乐趣，习得相应的文字。适宜的阅读材料不但能受到儿童的喜爱，还能激发幼儿教师的热情，让教师最大限度地去发掘阅读材料的文学价值之外的教育意义，培养有益于学前儿童终身发展的阅读能力。

充足的阅读时间。为了帮助儿童形成良好的读书习惯，应在幼儿园的一日生活中安排足够的阅读时间，一般而言，每天要至少 15 分钟的纯阅读时间，同时这个时间要相对固定，每到阅读时间，教师都要和孩子们一起安静地看书，帮助孩子养成良好的阅读习惯。

（二）早期阅读活动的基本环节与指导要点

早期阅读活动是有目的、有计划地发展儿童的阅读能力，培养儿童良好的阅读态度和阅读习惯的活动。整个阅读活动过程主要包含以下基本环节。

1. 明确早期阅读活动的价值取向

早期阅读活动对学前儿童而言，首先是获得爱与快乐的途径，其次才是汲取知识的手段。儿童的早期阅读，不仅仅是一个获得知识的过程，更是一个师生、生生、亲子之间共同游戏的活动。儿童从被动地听故事，到逐步参与阅读活动，再逐步过渡到自己主动讲故事，从这个过程中获得了很大的成就感和自信心。

虽然早期阅读活动不以识字为目的，但在早期阅读中，儿童却在不知不觉中习得了识字的信息。可以说，早期阅读中的识字活动，是早期阅读的一种副产品，因为儿童是在潜移默化中学习的，因此完全没有枯燥与乏味感。总起来说，早期阅读活动是一种游戏活动，重要的不是让儿童在阅读中学习，而是让其在阅读中学会阅读，获得阅读的快乐，培养幼儿的倾听能力，帮助幼儿掌握科学的阅读方法，养成良好的阅读习惯。

2. 做好阅读前的准备活动

正如我们所知，幼儿不能仅靠一次阅读活动就理解一本书。因此在正式阅读活动开展的前四五天，应该让幼儿先阅读一下图书，以便为正式阅读活动的开展打下基础。

事实上，当幼儿对所阅读的图书不够了解时，他们便无法很好地回答教师提出的问题。这样就难免导致教师指导重点的转移，阅读活动很可能变成一节提问课或讲解课，那么阅读活动也就失去了应有的意义。

在这个阶段，幼儿教师进行活动指导时应注意：第一，阅读前的准备活动并不能代替正式阅读活动，它只是为正式阅读所做的铺垫。因此，幼儿只需对阅读内容有一个大概的理解就可以，而不必过于熟悉，以防幼儿在正式阅读时失去兴趣，影响正式阅读活动的开展；第二，准备活动中，可以让幼儿从头到尾翻看图书一到两遍，幼儿教师重在指导幼儿的阅读方法是否正确，阅读习惯是否良好等，而对幼儿阅读是否准确不宜过多干涉；第三，对幼儿理解不正确的地方，幼儿教师可以给予提示并启发幼儿思考。

3. 儿童自由阅读

这是正式阅读活动的第一个阶段。幼儿教师将阅读活动所需图书展示给幼儿后，要提供机会让幼儿自由阅读。在阅读前准备活动的基础上，幼儿对所阅读的书面语言应该留有一定的印象，给幼儿创设自由阅读的机会，让幼儿通过观察，再次认识阅读对象，获得有关信息。

正因为这是幼儿正式阅读的第一个阶段，教师在指导时也应更注意技巧。第一，教师要多采用提问的方式，多提有启发性的问题来引导幼儿的阅读思路。提问的方式可以引导他们边思考边阅读，启发性的问题则有助于幼儿把握阅读的重难点；第二，幼儿教师要注意观察每个幼儿的表现，进行分别指导。对阅读速度较快的儿童，要鼓励他们反复阅读图书中的细节部分，深入了解故事情节的发展线索，更好地理解故事内容。对阅读速度较慢的儿童，教师应重点观察，全面了解儿童在阅读中遇到了哪些困难，图书中的哪些内容是儿童难以理解的。在充分了解儿童阅读情况的基础上，教师再给予有针对性的指导。幼儿的自由阅读，并不意味着教师可以不闻不问，而是要更巧妙地引导幼儿完整、有效地阅读。

4. 师生共同阅读

师生共同阅读是阅读活动的一个重要过程，也是最能体现幼儿教师指导作用的环节。这个过程可以分为以下几个活动步骤。

（1）师生共同阅读，理解图书基本意思

鉴于儿童对图书的主要情节和内容已经有所了解，因此幼儿教师可以多用提问的方法，与其一起阅读、理解图书。问题不要太多，3~4个即可，注意一个问题要涉及多个画面，即儿童必须在理解1~2个画面的基础上才能回答出这个问题，可以保证儿童在生动活泼的形式中进行阅读。

（2）围绕重难点开展阅读活动

每个阅读活动都有其自身的重点、难点问题，对这些问题，幼儿教师要做到心中有数。图书的前后连续性较强，如果一个重点或难点画面没有被儿童正确理解，往往会影响到其之后的阅读，甚至影响对整本图书主要内容的把握，此类问题，小班和中班前期的儿童最为常见。所以，幼儿教师一定要认真观察了解前面几个阶段儿童的阅读困难，并结合图书的主要难点进行必要的指导，使儿童能将图书的细节与内容相结合，从而深入理解图书的主要内容，并能体验到图书中人物的内心感受。

（3）引导幼儿归纳图书内容

在儿童对图书的主要内容有深入理解的基础上，教师要鼓励他们将主要内容用自己的语言总结、归纳出来，从而巩固、消化所学的东西。归纳图书内容主要有以下三种形式。

一是"一段话归纳法"。这种形式要求儿童用一段话将故事的主要内容归纳出来。

中班阅读活动"小鸡和小鸭"中，儿童这样归纳："有一天，小鸡和小鸭去河边玩。小鸡一不小心掉到河里，小鸭将小鸡救了上来。中午时它们的肚子饿了，小鸡说：'小鸭，我来帮你找食物吧。'小鸡用自己尖尖的嘴叼起一条小虫喂给小鸭吃。小鸡和小鸭真是一对好朋友。"

二是"一句话归纳法"。这种形式要求儿童用一句话将图书的主要内容归纳出来。

大班阅读活动"小白兔上公园"中，有的儿童这样归纳："这本图书讲的是一只小白兔和它的朋友们上公园时爱护环境、不乱扔东西的故事。"

三是"题目归纳法"，要求儿童用简练的词或短语给图书起个名字。

在给图书《小鸡和小鸭》起名字时，有的儿童想出了"好朋友"的名称，有的儿童想出的名称是"帮忙"等。

上述三种归纳方法难度不同，适合于不同年龄段的儿童使用。"一句话归纳法"和"题目归纳法"，要求儿童在理解图书的基础上，用简短的语句准确地对图书主要内容加以概括，而且归纳图书题目还要求儿童具有丰富的想象力和一定的创造性思维能力，对儿童要求较高，一般适合于中班后期及以后的儿童使用。而"一段话归纳法"，仅要求儿童将图书的主要内容讲述出来，相对而言，难度不高，适合于小班后期和中班前期的儿童使用。

师生共同阅读是阅读活动中的重点，教师在指导时要把握好以下两个问题。

第一，师生共同阅读需要教师多提问，但是一定要谨慎对待提问方法的使用，避免陷入一问一答的误区中，教师一定要明确，让儿童深入地理解图书的主要内容，才是"师生共同阅读"阶段的主要目标，因此教师必须充分调动儿童的多种感官，积极主动参与阅读活动。让儿童通过多听、多看、多表演、多表达与讨论等多种多样的形式，从多种渠道感受信息，以达到理解图书的目的。

第二，在这个阶段，教师指导各年龄班的重点应有所不同。

小班：指导儿童从前往后一页一页地理解单页单幅画面的意思，并能用一段话归纳图书的主要内容。

中班：懂得图书下方页码的作用，能在一个问题的引导下理解 2~3 个单页单幅画面或一个单页多幅画面的主要意思，能为图书起名字。

大班：能在老师的帮助下，将一本情节复杂、内容丰富的图书，按情节的发展分成几个部分，用一句话归纳图书内容，并预估图书情节的发展。

当然，归纳图书阅读活动的方式远不止这几种，还可以采用竞赛的活动方式，帮助儿童巩固所学内容，用表演或者游戏的方式，来组织归纳所读内容等。教师可以创造性地组织和指导该环节的活动，只要有利于儿童巩固所阅读内容，有利于他们阅读能力的提高，各种生动活泼的形式都可以尝试。

5. 儿童讲述图书内容

早期阅读活动中有一个不可缺少的环节，就是要求儿童用口头语言讲述图书的主要内容，常见的讲述形式有小组讲述、集体讲述和同伴间合作讲述。在指导儿童进行讲述时，幼儿教师应注意两个方面的问题：第一，既要引导儿童讲述主要内容，又要鼓励儿童大胆想象，一方面要引导儿童围绕图书的重点内容尽可能生动详细地讲述主要情节，另一方面要鼓励儿童大胆想象，将与情节有关的人物、人物动作、对话和内心体验等讲述出来，第二，要关注儿童的个体差异，儿童的语言能力强弱不等，语言表达水平也参差不齐。因此，幼儿教师一定要对不同情况的儿童进行有针对性的指导。如让语言能力较弱的儿童选择较简单的阅读内容进行讲述，从而使这部分儿童也能从讲述中获得乐趣，提高自信。

知识拓展

早期阅读教育的观念及模式

一、多元阅读教育观念

多元阅读教育就是为儿童创设多元阅读的情境，提供多元阅读的引导，帮助儿童成为一个可以独立阅读的人。

1. 创设多元阅读的情境

把儿童引入阅读世界的第一步是营造一个轻松自由的阅读情境，激发儿童的阅读兴趣。适合儿童阅读的场所是多样的，家里的书房、客厅，幼儿园的教室、图书室，公共场所的儿童图书馆、文化中心等都可以成为孩子阅读的场所。我们提倡把书放在儿童触手可及的地方，儿童摸得到书，就会多一个拿起书的机会，多一个与书籍建立感情的机会。

2. 建立多元阅读的互动关系

学前儿童的多元阅读是通过成人的参与实现的。幼儿教师要时刻注意引导儿童与书进行对话。在每个可能的阅读环境中，都应当引导儿童选书、看书、读书，引导他们提问、讨论、思考，进而将自己的生命体验融入阅读中。成人可以运用多种方法引导儿童读故事、讲故事、玩故事、编故事、演故事，可以通过复述故事、推演结局、分享对书中人物的看法、讨论图画内容等方式，让儿童体会到阅读不仅仅是听故事，而且可以自己尝试。

3. 选择多元阅读的材料

要采取多样化的方式来帮助儿童选择阅读的材料。在题材上，从儿童生活到科学知识、从环境问题到生命教育，各种不同的题材都可以让儿童接触。在文体上，童谣、诗歌、故事、传记、散文和知识性图书都可以成为儿童的读物。在形式上，从纸质图书到能操作的立体书、玩具书、塑料书和布书，都可以给儿童阅读。多样化的内容和题材可以为儿童提供多元的知识，让儿童体验多元的情感，感受不同语言的风貌，使儿童逐步形成运用语言的能力，进而培养儿童的自主阅读能力。

4. 丰富多元阅读的途径

学前儿童阅读的途径是多样的。儿童可以自己读书，阅读各种不同形式的图书，如能操作的立体书、玩具书、塑料书、布书等；还可以听故事、看演出，甚至观察人的表情行为。生活里处处都有儿童阅读的机会和阅读的内容。

二、创意阅读教育观念

创意阅读教育的含义有两方面：首先，儿童阅读的内容本身具有很强的创意。通过书籍的创意来激发儿童阅读的兴趣，让儿童在阅读中发现和感悟作者的创意，获得阅读的快乐并产生持续阅读的动机和愿望。其次，儿童的阅读过程充满创意。应当把一般的读书学习变为富有创造意义的活动过程，引导儿童在阅读中充分想象和创造，最终使儿童成为能够自主阅读、具有创造精神的人。创意阅读对儿童学习的价值在于，让儿童在富有创意的阅读中学会阅读、学会想象、学会创造。

在为儿童选择阅读材料时，应关注以下几方面。

1. 有创意的内容。优秀的图画书需要有创意的内容，图画书中拟人的动物形象、富有特色的画面都可能激发儿童的好奇心。

2. 有创意的哲理情思。好的图画书在看似简单的图画中富含生活哲理和人间真情，用温暖、爱和智慧来塑造儿童。

3. 有创意的艺术表现形式。图画书是文字与艺术结合的产物，有创意的艺术表现形式可使图画书具有鲜明的特点，更加符合创造阅读的需要。当儿童面对这样的图画书时，他们的思维会更活跃，想象会更丰富，也可以在创意阅读中更好地锻炼自己的创造力。

三、游戏阅读教育观念

在早期阅读教育中，可以充分利用游戏环境中的阅读资料来激发儿童的阅读兴趣，培养儿童的阅读习惯，提高儿童的阅读能力。游戏阅读教育有两方面含义。首先，可以把阅读活动当作游戏。利用儿童喜欢游戏的特点来激发他们对阅读的兴趣，让儿童在游戏中产生阅读的动机和愿望，在自发阅读的过程中获得阅读的快乐。其次，可以引导儿童在游戏中进行阅读。在儿童的游戏中，幼儿教师把自己的指导行为转变为支持性行为，通过为儿童的游戏环境布置丰富的语言文字资料，引导儿童在游戏过程中学习阅读。在这里，游戏不是为了识字，而是发展儿童阅读能力的载体，游戏依然保持其注重过程和愉悦体验的本质。将阅读和游戏结合起来，是游戏阅读教育区别于游戏识字的根本特征。

游戏和阅读的有机结合离不开环境的因素。游戏阅读环境有如下特征。

游戏环境中有丰富的与游戏主题有关的阅读资料，比如书、标志、菜单、日历、铅笔、彩笔、纸张、记事本、银行票据，再如图画书、各种奖品、图卡、字卡、幼儿画报、儿童自己制作的故事书等，只要是日常生活中出现的，有利于儿童在游戏中引发阅读行为的物品，都可以作为阅读资料放置到活动室中。

幼儿教师在游戏阅读中具有"鹰架"作用，教师是游戏阅读环境中的人际环境之一，就是直接参与到儿童的游戏中，可以帮助儿童开展那些他们自己无法完成的阅读活动。教师的帮助对于儿童而言是一种"鹰架"，这种"鹰架"支撑反过来能够促进儿童的阅读知识和技能发展。

同伴在游戏中提供另一种"鹰架"支撑，同伴是游戏阅读中另一种重要的人际环境。这种平行的人际环境关系有助于儿童共同建构关于语言文字的知识，同伴合作也起到鹰架的作用。这种同伴鹰架支撑作用比教师的鹰架支撑作用更加自然，起到一种共同建构的作用。

游戏阅读教育的主要途径有以下几个。

为儿童提供与图画书有关的玩具或者替代品，与图画书相关的玩具或者替代品可以帮助儿童在图画书和已有经验之间建立联系。玩具或替代品还可以成为儿童未来游戏的"引子"，他们可以在把玩相关玩具的过程中使故事阅读由抽象变为具体，减轻对图书中有关抽象内容认知方面的负担。

鼓励儿童以游戏的方式对阅读内容加以回应，当阅读活动引起儿童强烈的情感共鸣时，角色扮演或身体动作就成为儿童对图画书内容加以回应的一种表现方式，这种多感官参与的表现方式为儿童理解故事内容或故事角色提供了帮助。在游戏中，儿童可以放慢故事阅读进程，"重游"自己在故事阅读时有疑问的地方，还可以借此了解其他人对阅读内容的理解。

鼓励儿童把阅读内容以合适的形式表现出来，戏剧表演、讲故事、棋牌游戏，还有故事续编、仿编和创编等，因其游戏性的互动而吸引儿童的参与，从而促进儿童的阅读。

知识拓展

花样阅读促进幼儿早期阅读的发展

一、情景游戏、情景表演促进幼儿阅读的发展

在阅读中，情景游戏和表演也常常会用到，它们可以较好地让幼儿理解绘本所表达的内容。比如在阅读小班绘本《一颗纽扣》中，利用情景表演，创设故事里的老鼠，路边的一颗纽扣让他好奇："这是谁的纽扣呢?"小老鼠开始了探寻之旅。幼儿们也慢慢地把自己当成了小老鼠融入探索旅程中。它激发了幼儿对周围事物和现象的探索欲望，支持幼儿有目的、有导向的活动，帮助幼儿发挥主动性，获得成功。如在阅读绘本《南瓜小房子》时，让幼儿先阅读后进行情景游戏，让幼儿真正体会到帮助他人的快乐。

二、小实验的加入促进幼儿阅读的发展

在遇到幼儿难以理解或者很抽象的阅读绘本时，加入小实验，会起到意想不到的效果。例如，阅读中班绘本《水会变呦》时，为了让幼儿了解水变成水蒸气的过程，可以选择做小实验，让幼儿很直观地了解水的变化过程。这样让幼儿理解了阅读不完全在于书本，还可以动手去阅读，今后遇到类似的绘本，幼儿便可以尝试自己去阅读，而不是依赖他人，有效地促进幼儿阅读能力的发展。

三、良好阅读环境的创设促进幼儿阅读的发展

幼儿教师在阅读教学中要多创设一些阅读环境，以加深幼儿的阅读兴趣。阅读区的创设必不可少，除了要投放形式多样的绘本外，还可以多投放一些材料，让幼儿进行语言游戏。

1. 发动家长把废旧电话机带到幼儿园放到阅读区，幼儿特别喜欢打电话，讲悄悄话。这样可以让阅读区成为一个热闹又隐蔽的场所。

2. 利用大箱子做成电视机，让幼儿在里面模仿播音员进行播音，幼儿可以在这里进行新闻播报、故事表演等，既增强了幼儿的自信心，又提高了幼儿的表现能力。

3. 多粘贴一些故事图片，引导幼儿自由创编故事，还可制作谜语墙和字宝宝挂饰。字宝宝以及字的演变图片让幼儿发现文字宝宝的有趣，加强幼儿对文字的储备，不断

提高幼儿的阅读能力。

4. 在阅读区多投放游戏材料，如手偶、头饰、动植物立体插图、各式玩具等，可供幼儿自编自导自演。

5. 为幼儿提供自制图书的材料，让幼儿自己创编制作图书，也可以把已阅读的故事制作成图书，让幼儿体验自己动手的快乐，进而体验成功的喜悦。

6. 创设阅读图片墙，把幼儿参与阅读活动的情景拍摄记录下来，粘贴在墙面供幼儿欣赏，有助于幼儿进一步体验阅读的乐趣。

7. 经常改变阅读区的布置，以吸引幼儿的眼球，减轻幼儿的视觉疲劳，调动幼儿的阅读兴趣。

四、"你画我说""你说我画"促进幼儿阅读的发展

经常开展"你画我说"和"你说我画"的游戏，因为绘画能促进幼儿阅读水平的提高，教师要多鼓励幼儿把想表达的事情用绘画的形式表达出来，同时请同伴们互相说说画面的意思，看看同伴是否理解，这样既促进了幼儿语言表达能力的发展，也促进了幼儿想象力和创造力的培养。

五、充分利用环境，动静结合，促进孩子阅读能力的发展

《纲要》中指出，"环境是重要的教育资源，应通过环境的创设和利用，有效地促进幼儿的发展"。在阅读绘本《边界》时，可让幼儿到户外去寻找更多的"边界"。这项户外寻找边界活动，能较好地检查孩子刚才阅读动物边界的情况，以及是否已了解了边界一词的含义。同时，让孩子们明白阅读不仅仅在书本上，还可以在生活及环境的点点滴滴中；不仅可以在静中阅读，而且可以在动中阅读。

六、语言文字游戏促进幼儿阅读的发展

在阅读中，可多开展一些语言文字游戏，如儿歌接龙、看表演猜词语，或将字贴在实物上让幼儿识字，或给字找朋友等，这些都能促进幼儿阅读的发展。

案例分析

案例一　小班图片阅读活动：蘑菇房子

活动目标：

1. 阅读故事，学习词语"拥挤""宽敞"，并结合自身经验理解词语的意思。

2. 培养幼儿的倾听能力，帮助幼儿掌握科学的阅读方法，让幼儿在理解词语的基础上组词造句。

3. 培养幼儿助人为乐和乐于分享的优秀品质。

活动准备：

《蘑菇房子》故事图片、字卡、多媒体课件

活动过程：

1. 感知"拥挤"和"宽敞"。幼儿教师事先在地板上画好一大一小两个圆圈，请幼儿坐在小圆圈里听教师讲故事，设定情境。幼儿会提出"圆圈儿太小了，坐不下，太挤了"。然后幼儿教师请幼儿到大圆圈内做好，然后向幼儿提问："你们现在感觉怎么样?"幼儿会说："现在感觉宽敞多了。"

2. 幼儿教师讲故事。出示字卡，请幼儿认读"拥挤、宽敞"。

3. 请幼儿复述故事，重点引导幼儿讲一讲，什么情况下房间变宽敞了，什么情况下房间变拥挤了。

4. 进行造句比赛。将幼儿分成两组，请两组幼儿分别用拥挤和宽敞来造句子，看谁说得多。

活动延伸：

1. 艺术领域：绘画，画出宽敞的马路和拥挤的马路；

2. 社会领域：结合生活场景让幼儿理解"拥挤"和"宽敞"，如让幼儿收拾自己的房间，感受整洁的房间真宽敞；

3. 科学领域：让幼儿了解蘑菇的形状、种类和生长过程；

4. 还可以将字卡投放到语言区，并将幼儿造的句子写下来附在字卡后面；

5. 建议家长在家中指导幼儿恰当使用词语，跟幼儿玩造句游戏。

附故事

蘑菇房子

小兔子在树林里看到一个特别大的蘑菇。小兔子舍不得采，他想：蘑菇肯定会长大的。

第二天，大蘑菇果然长大了。可小兔子还是舍不得采，他想：蘑菇还会长大的。

第三天，大蘑菇长得更大了！小兔子高兴地说："我可以盖一座蘑菇房子。"

蘑菇房子盖好了！虽然房间很狭小，但小兔子很喜欢。

傍晚，一只流浪狗来敲门："我没有地方睡觉……"小兔子说："请进来吧！"

神奇的是，当小兔子早晨醒来的时候，发现房间变宽敞了！"我的房子又长大了！"小兔子开心地跳了起来。

小兔子给流浪狗搭了一张床，但在房间里变得很拥挤。

可是，当第二天太阳升起来的时候，房间里又变宽敞了。

"这是多么神奇的房子啊!"流浪狗说。

一头大象走来了，它对小兔子说:"外面下着大雨……"小兔子说:"请进来吧!"

到了晚上，雨还没有停，小兔子就给大象搭了一张床。房间里好拥挤啊!

这是一个美好的夜晚，虽然很拥挤，但是大家都觉得很温暖。

现在，小兔子的蘑菇房子还在长大，许多动物从很远的地方赶来，他们都想在蘑菇房子里住一住。

案例二　中班早期阅读活动：先有

活动目标：

1. 感受生命起源和变化的过程。

2. 学会联系画面的前后页，明白"先有……，然后才有……"的道理，并运用这个句式讲述事物的变化过程。

3. 能够仔细观察画面、阅读绘本，并通过绘本前后页的画面猜想故事情节。

活动准备：

1. 幼儿每人一册《先有》的小图书绘本。

2. 在教师使用的绘本封面蛋形的镂空处，制作能转动的环形纸条（纸条上有问号、蛋、小蝌蚪等图样）。

3. 与绘本画面相同的图片一套。"蛋—小鸡—母鸡—蛋"的轮回图一张。

4. "先有……，然后才有……"的文字卡片一张。

活动过程：

1. 出示绘本，解读故事名称。

幼儿教师提问：这本书的名称叫什么？问号代表什么？

引导幼儿懂得"问号代表其中有许多问题和变化，要我们自己去寻找、发现"。同时幼儿教师要有意识地将封面上的环形纸条转动到问号处，引导幼儿解读"先有"，让幼儿从一开始就感知到绘本中的内容是会变化的，从而引发幼儿阅读的愿望及好奇心。

2. 引导幼儿自主阅读绘本的第一部分。

（1）阅读前准备：每人发一本小图书《先有》的绘本，后半部分从字的变化开始用夹子夹住。提问：请小朋友们仔细阅读，等一会儿告诉大家，你发现了什么有趣的事情？

引导幼儿发现绘本画面前后页的联系，鼓励幼儿运用"先有……然后才有……"的句式讲述动植物变化的过程。

（2）幼儿自主阅读。

（3）幼儿交流讲述。

①同伴交流讲述，幼儿教师引导阅读和思考的方向。

幼儿讲到哪幅图，教师就出示相应的图片。如果有幼儿只讲述其中的一幅图片，教师可以追问：你看看小鸡这页的前一页和后一页上面分别有什么？引导幼儿将前后页的内容联系起来，特别注意将动物的变化过程呈现在幼儿的面前。

幼儿教师引导幼儿阅读观察并思考：阅读时绘本前后几页的画面内容是有联系的，它们能告诉我们一个有趣的变化过程，然后依次呈现"先有蛋，然后才有母鸡，先有小蝌蚪，然后才有青蛙；先有种子，然后才有花朵；先有毛毛虫，然后才有蝴蝶的变化过程"。在幼儿寻找的时候，还要引导幼儿发现动植物的变化过程，鼓励幼儿运用"先有……，然后才有……"句式讲述动植物的变化过程，积累相关的科学经验。

②引导幼儿发现书上的"洞洞"。

提问：大家一起来看看这个"洞洞"，他们一会儿变成了什么？一会儿又变成了什么？

教师引导幼儿阅读观察并思考：同一个"洞洞"既是鸡蛋又可以是小鸡的身体；既是毛毛虫又可以是蝴蝶的一部分。

在寻找讲述这些部分与整体的变化过程中，让幼儿感知洞洞变化的乐趣，进一步培养幼儿有意识地观察的能力。

3. 阅读绘本的第二部分，引导幼儿讲述不同事物的变化。

（1）阅读前猜想故事情节。

提问：刚才我们发现了动物、植物的变化过程，你们猜猜接着还会出现其他什么有趣的变化？

（2）幼儿自主阅读，边看边讲述第二部分。

引导幼儿一起边看边讲述绘本画面上文字、颜料的变化，感受事物的奇妙变化过程，拓宽视野。

（3）感受动植物的轮回变化。

提问：原来生命是那么奇妙，它会发生许多变化。到底是先有蛋还是先有鸡呢？

①幼儿讨论。

②教师贴出"蛋—小鸡—母鸡—蛋"的轮回图。

通过讨论，让幼儿知道许多事物是轮回变化的。

4. 为小故事取名字。

启发幼儿思考"每一个事物的变化都有一个小故事"并尝试为每个小故事取名

字，同时配合抽拉纸条到相应的小故事处。如有关小蝌蚪的故事，就拉到纸条上有小蝌蚪的地方。幼儿在了解绘本内容的基础上可以根据自己看到的变化取出不同的故事名称。

活动延伸：

1. 结合生活经验，讲述自己发现的周围生活中的动植物的变化。

2. 在活动中将自己发现的变化做成一本洞洞书。

案例三　大班早期阅读活动：雷公公敲门

活动目标：

1. 理解儿歌内容，初步认读汉字"游""跳""爬""钻"，了解这些汉字构成的基本规律；

2. 能用身体动作表现儿歌中动物出洞的姿态；

3. 通过捉迷藏游戏，对识字活动产生兴趣，并愿意主动参与识字活动和游戏。

活动准备：

1. 物质准备：场景挂图，青蛙、水蛇、小熊、蚯蚓等图片以及头饰若干；

2. 雷声的录音，"跳""游""钻""爬"的汉字卡片，多媒体课件；

3. 经验准备：请6位幼儿事先排练《雷公公敲门》的儿歌表演片段。

活动过程：

1. 教师播放雷声录音，提出问题，导入活动。

教师：轰隆隆，轰隆隆，谁来了？雷公公来了，你们会怎么样？你们知道雷公公喜欢和谁出现在一起吗？那你们再猜猜，雷公公来了，大自然中的小动物们会怎么样呢？

2. 集体观看情境表演，学习儿歌。

(1) 集体观看6位幼儿表演儿歌《雷公公敲门)。

教师：轰隆隆，轰隆隆，雷公公在干什么？听到雷公公的话，哪些小动物出洞了？它们是怎样出洞的？

(2) 教师根据幼儿的讲述，出示相应的图片并排成一列。

(3) 教师带领幼儿完整地念儿歌。

(4) 教师念儿歌的前半句，幼儿念儿歌的后半句，依次进行。

3. 阅读儿歌图文，初步感知动词"跳""游""爬""钻"。

(1) 教师在青蛙的旁边出示汉字卡片"跳"，并提示这个字表示青蛙出洞的动作，然后请幼儿猜这是什么字。引导幼儿看青蛙图片的"跳"字，念句子"青蛙听见跳出洞"，并做出相应的动作。

（2）采用同样的方法，启发幼儿学习感知其他三个动词"游""爬""钻"。

4. 引导幼儿重点观察动词，了解汉字构成的基本规律。

（1）手指着"跳"字提问："跳"是什么偏旁？想一想，为什么"跳"字有一个"足"字旁？

（2）手指着"游"字提问："游"是什么偏旁？想一想，为什么"游"字有一个"三点水"旁？

（3）用同样的方法，引导幼儿认识"爬"。

通过讨论，使幼儿知道"跳"，需要用脚也就是"足"来跳，所以有"足"字的偏旁，"游"是在水里游，所以有"三点水"的偏旁；动物爬要用爪子，所以有"爪"字的偏旁。

5. 通过游戏，巩固幼儿对汉字的掌握，发散幼儿的思维，想象接触的动词的构词形式。

（1）"指手画脚"游戏，教师出示汉字卡片，幼儿做相应动作。

（2）"捉迷藏"游戏，教师随机藏起一张汉字卡片，请幼儿猜哪个汉字不见了。

（3）启发幼儿发散思维，当我们要用手做一些事情的时候，会需要用什么偏旁来构词，如"找""招""把"等。

活动延伸：

1. 进行儿歌表演，教师扮演雷公公，幼儿分为四组分别扮演青蛙、水蛇、小熊和蝙蝠，表演雷公公来了的时候，小动物们各自的行动变化。

2. 选择雷雨天，让幼儿在室内观察天空的变化，观察幼儿园室外的变化。

3. 建议家长和幼儿一起玩构词游戏，如"日""火"字偏旁可以构成什么字，代表什么意思。

附儿歌

雷公公敲门

轰隆隆，轰隆隆，

天上跑着雷公公：

"孩子们，起床啦，别做被窝里的小懒虫！"

青蛙听见跳出洞；

水蛇听见游出洞；

小熊听见爬出洞；

蝙蝠听见飞出洞。

春天的太阳红彤彤，

晒得大地暖烘烘。

思考与训练

1. 观察、记录幼儿园教师如何根据幼儿的不同年龄为幼儿选择绘本，如何逐步完成活动目标、活动准备及活动过程的设计环节。

2. 与幼儿园执教老师进行交流研讨。请幼儿园执教老师介绍活动中的目标设计、材料准备、过程组织及活动方式的构想。学生围绕观摩活动提出问题和建议。

3. 以任务小组为单位，从《是谁咬了我的大饼》《母鸡萝丝去散步》《南瓜小房子》《让路给小鸭子》《爱心树》《大卫不可以》《我们的身体》等图书中选择一个绘本，撰写一份早期阅读教案，并以视频形式完成模拟课堂的设计与组织。

4. 在模拟活动的基础上，去某一幼儿园任选一个年龄班，进行活动教学。

学前儿童听说游戏活动的设计与指导

学习目标

1. 了解学前儿童听说游戏活动的特点以及各年龄段儿童听说游戏活动的阶段性目标。
2. 能熟练掌握学前儿童听说游戏活动的各种类型和内容。
3. 能掌握学前儿童听说游戏活动的组织指导原则及方法。
4. 能设计或改编出有创意的适合不同年龄阶段的学前儿童听说游戏活动。

基础理论

《指南》中明确指出："幼儿的学习是以直接经验为基础，在游戏和日常生活中进行的。"游戏是幼儿最喜欢的活动之一，也是幼儿园课程的一种基本形式。那么，游戏也理所当然是幼儿学习语言的最佳途径之一。而语言游戏活动这一载体，就是用游戏方式开展的语言教育活动，让幼儿在积极参与游戏活动时，将具体的、带有练习性质的教学任务落实到幼儿能理解接受和愿意尝试掌握的教育过程中去，从而对幼儿语言能力的发展起到更好的效果。

一 学前儿童听说游戏活动的特点

作为一种特殊形式的语言教育活动，听说游戏具有以下三个方面的基本特点。

（一）目的性

听说游戏有明确的语言教育目标。每一个听说游戏都包含对幼儿语言学习的具体要求。教师通过对听说游戏活动的设计和组织，将近阶段根据幼儿语言发展水平和语言学习需要所提出的语言教学任务，落实到每一位幼儿接受理解和尝试掌握的教育过程中去。但在听说游戏中包含的语言教育目标也有一定的特殊之处。

1. 听说游戏对幼儿提出的语言学习要求非常具体

例如小班幼儿 zh、ch、sh 和 z、c、s 的发音经常混淆，教师用听说游戏的方式来帮助幼儿学习正确发音，这种活动便将发准 zh、ch、sh 三种卷舌音作为具体的目标任务。但它仍然能够对幼儿的语言学习产生多方位的影响。因为在幼儿参与听说游戏，学说 zh、ch、sh 的过程中，他们需要听懂教师的要求，需要想象自己扮演的动物角色，需要理解别人的语言和动作，以明了游戏的进程，需要按照游戏的规则说话、行动。可以说，在幼儿参与听说游戏的过程中，他们的语言理解和表达能力获得多方面锻炼的机会。因此，在听说游戏中包含的单一而具体的语言教育目标，实质上却对幼儿语言能力有多方面的培养提高的作用。

2. 听说游戏包含的语言教育目标具有练习的特点

听说游戏往往不对幼儿提出某个新的语言学习任务，更多的是根据近阶段幼儿语言学习的重点需求设计游戏活动，让幼儿在游戏中复习巩固已学的语言内容，掌握一定的语言知识，真正获得这一方面的语言运用能力。仍以小班幼儿有关 zh、ch、sh 发音的听说游戏为例，这种游戏的进行与幼儿该阶段语言发展水平以及语言学习需要有关，也与对幼儿普通话学习要求有关。显而易见，如果在 2 岁的托班进行 zh、ch、sh 的听说游戏，由于该年龄阶段婴儿尚未对 z、c、s 和 zh、ch、sh 音的区别产生敏感性，他们无法参与这样的游戏；而在大班开展此游戏，因大班幼儿已经基本掌握了 zh、ch、sh 的卷舌发音规则，所以也不需要。只有小班幼儿正处于对这几种音敏感的时期，又处于学习发卷舌音的阶段，开展有关的听说游戏便给他们提供了练习的机会，让他们在生动活泼的游戏活动中复习巩固已学内容，真正掌握正确发出 zh、ch、sh 卷舌音的方法。

3. 听说游戏包含的语言教育目标具有含蓄的特点

其他的语言教育活动，一般都开宗明义，将学习任务直接呈现在幼儿面前，而听说游戏则将教育目标贯彻在游戏活动之中，让幼儿边玩边说，不知不觉地完成学习任务，达到本次教学活动的要求，这是听说游戏特有的优势。

（二）规则性

听说游戏中的规则并不是凭空制定的，而是教师在设计听说游戏时，根据具体的语言教育目标，选择适当的语言学习内容，并将本次活动的语言学习重点转化为一定的游戏规则。当幼儿参与听说游戏时，他们必须遵守一定的游戏规则，按照规则进行游戏，在这样的活动中练习幼儿的听说能力。

例如大班听说游戏《金锁银锁》，念儿歌以对答的形式帮助幼儿学习用简短而有节奏的词语形容和描绘一件事物。教师制定的游戏规则是，全体幼儿手拉手围成一圈做锁，先念儿歌："金锁锁，银锁锁，两把钥匙一把锁，咔嚓咔嚓把它锁，小朋友快点来开锁。"两名幼儿当开锁人，一名在圈内，一名在圈外。儿歌念完时，开锁人停在某处便可指着这两人问："这是什么锁?"拉手人回答："这是××锁"。接下来开锁人必须立即根据××锁的特点讲出一句形容的话，并且配上相应的节奏感。比如拉手人说"这是苹果锁。"开锁人就要说"苹果，苹果，香喷喷"。或者"苹果，苹果，香又甜"。讲对了锁便打开，交换角色后继续进行游戏。由此可见，教师要求幼儿掌握的语言学习重点，孕育在游戏规则之中，通过整个听说游戏活动过程去达到听说学习的目的。

听说游戏活动的游戏规则可以从性质上分为两种类型。

1. 竞赛性质的游戏规则

游戏中幼儿如果听准了，说对了，达到了学习要求便成功通过到达胜利的彼岸。上面举例所说的《金锁银锁》就属于竞赛性质的游戏规则，当幼儿用正确的语言内容和形式说出形容某一事物的话来，锁便打开，自己就可以与别人更换角色。否则便要继续扮演同种角色，重新经历相仿的学习场合。这种竞赛性质的游戏规则在听说游戏中产生激励机制的效果，可以促使幼儿更积极主动地投身于游戏活动。

2. 非竞赛性质的游戏规则

例如小班听说游戏《小白兔吃青草》，老师扮演兔妈妈，带小白兔们到外面去吃青草，幼儿边跳边念儿歌："小白兔，跳跳跳，一跳跳到草地上，吃吃吃，吃青草，吃吃吃，吃个饱。"反复念后，一只大灰狼跑出来大吼一声："大灰狼来了。"扮演小白兔的幼儿需要纷纷跑到妈妈身边蹲下，表示回到了家受到了妈妈的保护，否则就会被大灰狼吃掉。这样的听说游戏，也可以对幼儿产生很大的吸引力。虽然游戏规则看似不直接与幼儿有关，但幼儿知道念儿歌之后会有大灰狼跳出来，然后追逐逃跑，念儿歌与后面的追逐活动密切连接在一起。因此，游戏规则便激励幼儿全身心投入活动，幼儿会饶有兴趣地反复玩这个游戏，最后达到语言学习的效果。

（三）趣味性

学前儿童听说游戏的趣味性是它具有生命力的重要原因。在听说游戏中，有趣的游戏名称、幼儿熟悉和喜欢的角色、简单有趣的情节、形象生动的游戏材料，都会使孩子对语言游戏产生浓厚的兴趣并获得精神的愉悦，也提高了孩子参与游戏，开展听说练习的积极性。

二 学前儿童听说游戏活动的目标

幼儿园听说游戏活动的语言教育目标，主要表现在以下三个方面。

（一）帮助幼儿按一定规则进行口语表达练习

由于听说游戏的特殊性质，这类活动可以帮助幼儿按一定规则进行口语表达练习。这里所说的一定规则，主要是指按照语言的规范制定的游戏规则。在幼儿参与听说游戏的过程中，他们需要自觉地将自己纳入规范的语言学习，在执行游戏规则的活动中掌握规范的口语表达能力。听说游戏按照一定规则进行的口语练习，主要分为三个方面的子目标。

1. 复习巩固发音

在听说游戏中幼儿语音学习的目标，重点是为幼儿提供练习发音的机会，以利于幼儿复习巩固他们近期的发音学习。

教师可以根据幼儿语音学习的四种特别需要来组织活动。

（1）难发音的练习

对于某些近期所学的语音难点，采用听说游戏的方式有针对性地进行训练这些语音要素，可能产生较好的学习效果。幼儿园阶段一般普通话发音的难点主要有 zh、ch、sh 和 r 四个辅音。教师可以根据幼儿的实际情况，选取这些声母与一定韵母结合的音节来帮助幼儿学习。

（2）方言干扰音的练习

一定区域方言都有可能对幼儿的普通话学习产生干扰，影响他们正常的发音。例如南京方言 l 和 n 不分，an 和 ang 不分。说普通话时往往有可能将南（nan）说成 lan。在听说游戏中，幼儿可以有集中和比较学习的机会，练习发准这些受到方言干扰的语音，产生对这些语音准确发音的敏感性。

（3）声调的练习

普通话声调对幼儿发音有很重要的意义，因而发准普通话声调也是幼儿语音学习一个部分。用听说游戏载动各种相似音和声调要素，让幼儿在辨别中学说，在学说中提高分辨能力，从而掌握准确的声调。

（4）发声用气的练习

3 岁幼儿进入幼儿园时还有相当一部分人不能很好地掌握说话用气的方法，因此，说话时有气喘吁吁的感觉。尤其在表述长句子时，还有上气不接下气的情况。听说游戏的发音练习可把练习用气作为活动的目标内容，培养幼儿正确的用气方法，以便讲话的发声更加自然，更趋向于正常。

2. 扩展练习词语

大量积累词语，增加口语表达的内容，是学前阶段幼儿语言学习的一个重要方面。应该说，幼儿的词语是在日常生活经验的积累过程中逐步增长起来的，几乎没有一个研究能确切地证明究竟一个孩子每天能习得多少词语。用听说游戏的活动方式帮助幼儿学习词语，是专门提高幼儿对词语学习敏感程度的机会，这类集中学习词语的听说游戏，着重引导幼儿积累以下两方面的词语学习经验。

（1）同类词组词的经验

听说游戏往往让幼儿做同一类词语如何扩大增加的练习，实际上也是向幼儿提供某一类词的使用范例，鼓励幼儿在听说游戏过程中按照一定的规则去组织扩展。

小案例

"怎样走"的听说游戏，要求幼儿用一定的副词描述怎样走的动作，幼儿可以说"快快地走""慢慢地走""大步地走""小跑步地走""一蹦一跳地走"。在学习过程中幼儿可依据规则创造性地运用词语进行描述练习。

（2）不同类词搭配的经验

词语的搭配通常与语言习惯经验有关，是一种社会约定俗成的表现，但也有一定的规则。例如量词有明显的搭配规则，到大班阶段，幼儿对量词开始产生一定的敏感，在这个时期给他们提供听说游戏的机会，可以很好地帮助他们掌握一般量词的使用方法。此外还有介词的学习等，都可以通过听说游戏的活动产生良好的教育效果。

3. 尝试运用句型

学前阶段幼儿在语言学习过程中大量地积累句型，这是他们句法习得和发展的重要阶段。一般而言，幼儿阶段的儿童将从简单句过渡到合成句水平，幼儿阶段后期开始进入理解嵌入句的水平。无论是简单句，还是合成句等，均有多种类型的句式，要理解掌握并且熟练运用都需经过一定场合的练习。幼儿在日常生活中可能获得运用句法的机会，而听说游戏是有意识地帮助幼儿练习，可以让他们通过专门的集中学习迅速掌握某一种句法的特点规律，并在尝试运用过程中提高熟练使用的水平。

小案例

大班听说游戏"盖楼房"，幼儿通过用"……越来越……"和"……越……"，……越……"的句式学习句型。在游戏中学习句型，有一定的激励机制存在，幼儿可能产生很高的积极性。

（二）在听说游戏中提高幼儿积极倾听的水平

听说游戏为幼儿提供的是一种不同于其他语言学习的场合，幼儿在参与学习时具有更多的主动性和自主性，因而有利于他们积极倾听水平的提高。需要提出的一点是，在幼儿语言学习的活动中，听和说是永远相伴存在的。以游戏的方式组织的听说游戏活动，对幼儿积极倾听能力的提高具有特殊的作用。教师在思考听说游戏的目标时，应对幼儿提出以下几点要求。

1. 听懂教师的讲解，理解游戏的规则

教师在听说游戏开始时，总是要向幼儿提出一定的要求，接下来布置活动的任务，并对任务做出解释，讲解、示范游戏的规则。这一过程对幼儿的倾听提出了具体要求。能否听懂教师布置的任务，理解游戏的规则，直接影响幼儿参与游戏的状态。因此，这对幼儿的倾听能力具有一定的挑战性。可以说，这方面能力的培养，将有利于提高幼儿在所有的交往场合的倾听水平，甚至对幼儿进入小学阶段之后的学习都十分有益。

2. 听懂游戏的指令，把握游戏进程

在游戏过程中，幼儿随时需要把握游戏中传出的指令信息，做出相应的反应。

小案例

在听说游戏活动"金锁银锁"中，念完儿歌，即是一个指令，要求问"这是什么锁"，开锁人听后立刻予以回答"这是××锁"。所有的指令信息一环套一环，在游戏中必须敏锐地感知，否则将无法进行游戏。恰恰是这样一些要求，可促使幼儿自觉地、主动地去倾听捕捉指令信息。

3. 准确把握和传递有细微区别的信息，提高倾听的精确程度

有的听说游戏专门设置倾听的"圈套"，要求幼儿辨别某几个相似音的差异，做出相应的反应，诸如 z、c、s 和 zh、ch、sh 的辨别活动即属于这一类；有的听说游戏要求幼儿准确传递信息，错了便会闹出笑话来。例如，"我这样对你说"的传话游戏活动。这些活动对幼儿倾听要求的重点放在准确把握和传递信息上，可以较好地提高幼儿倾听的精确程度，对他们完整的倾听能力培养产生良好的作用。

（三）培养幼儿在语言交往中的机智性和灵活性

作为特殊的语言交往场合，听说游戏对幼儿运用语言与人交际有一种特别的挑战，使幼儿机智灵活地使用语言的能力得到较好的锻炼。因此，在听说游戏活动中培养幼儿语言的机智性和灵活性，是教师在设计组织这类活动时应考虑的一项目标。

对幼儿在听说游戏中提高语言交往的机智性和灵活性的培养，从根本上说，是提高幼儿在语言交往过程中反应敏捷的能力，着重可从以下几点考虑。

1. 迅速领悟游戏语言规则的能力

由于听说游戏将幼儿语言学习的重点内容转换为游戏规则贯穿活动始终，那么幼儿掌握游戏规则的过程，在某种意义上便意味着掌握语言规则的过程。在听说游戏中，幼儿需要迅速领悟游戏规则，否则便会落伍，无法实现参与游戏的愿望。这种激励的结果，是幼儿逐步适应迅速领悟交往要求的场合。

2. 迅速调动个人已有语言经验编码的能力

听说游戏是一种活动的进程，幼儿在参与时需要根据一定的规则迅速调动个人已有语言经验进行编码。这种场合不允许幼儿慢慢想，细细思考。如果速度太慢，游戏便要受到影响。因此，幼儿在活动中得到迅速调动个人已有语言经验编码的训练。

3. 迅速以符合规则要求的方式表达的能力

在领悟编码的同时，幼儿也获得快速反馈信息的机会。听说游戏的规则要求幼儿按照一定的规范方式说话，并且没有太多的时间让幼儿仔细斟酌讲话，所以一切都是在短暂的直感的状态下说出来的，这里便有一个语言快速应答能力的培养。

总之，听说游戏作为一种特殊形式的语言教育活动，为幼儿的语言发展提供了某些特别的机会。教师应当抓住这种机会促进幼儿的语言学习，为他们语言的整体提高创造良好的教育环境。

三 学前儿童听说游戏活动的类型

从听说游戏的语言教育目标来看，听说游戏可以分为两大类型。一种是以口语表达练习为主的游戏，另一种是以提高儿童积极倾听水平为主的游戏。

（一）以口语表达练习为主的游戏

1. 语音练习

这类游戏是以练习儿童正确发音，提高儿童辨音能力为目的的一种活动。它的形式和结构都比较简单，着重为儿童提供练习发音的机会，以复习巩固他们近期的发音学习。但每次语音不要过多，以免难点集中，影响效果。一般来说，小班重点进行语音训练。以下四个方面的练习，应该根据本地区、本班儿童具体情况做出适当调整。

（1）难发音的练习

这一内容的练习主要集中在小班，因为3岁左右的学前儿童发音器官不够完善，听音的分辨能力和发音器官的调节能力都比较弱，因而有发音不准确不清楚的现象，让儿童在听说游戏中反复听，练习说，可能产生较好的学习效果。这一阶段发音的难点主要有翘舌音 zh、ch、sh、r。

小案例

游戏"买柿子"就是一个很好的练习翘舌音发音的游戏。游戏开始时，先念儿歌"柿子柿子，谁买柿子？红红柿子，圆圆柿子，不青不涩，味道很甜"，然后，卖柿人手里拿着画有柿子的图片，走到其他游戏者面前问"你买不买柿子？"买柿人反问：

"你的柿子涩不涩?"卖柿人答:"不涩不涩,你买不买?"买柿人说买后,卖柿人就将柿子卖给他。然后互换游戏角色。但是也有少数儿童不会发舌根音 g、k,而是以舌尖音 d、t 来代替的,还有少数儿童把 f 和 h 混淆。

(2)方言干扰音的练习

一些地区的方言可能对儿童学习普通话产生干扰,影响他们的正常发音。比如,南京方言 n 和 l 不分,an 和 ang 不分,可能将南(nan)说成兰(lan)。儿童在听说游戏中可以有集中和比较学习的机会。

小案例

"娃娃早餐"的游戏。教师与儿童一起准备好牛奶、酸奶、烙饼、梨等食品,让儿童为娃娃选择早餐内容,选一样说一样,要求发音正确。也可以边表演边说儿歌《兰兰和奶奶》:"奶奶爱兰兰,兰兰爱奶奶,奶奶从前抱兰兰,兰兰现在搀奶奶。奶奶说:"兰兰是个好孩子。"兰兰说:"我要天天帮奶奶。"像这样的游戏,可以有效地帮助儿童发准这些受到方言干扰的语音,提高对这些语音准确发音的敏感度。

(3)声调练习

普通话声调对儿童发音有很重要的意义,因而发准普通话声调也是儿童语音学习的一个部分。这部分的练习内容可以在中大班进行。以听说游戏为载体,儿童在辨别中学说,在学说中提高分辨能力,从而掌握准确的声调。

小案例

"声调火车接力赛"游戏,每四人一组,要求用带声调的 a、o、e 说一句话或一个词,如:ā阿姨好!á啊!你说什么?ǎ啊?这是怎么回事?à啊,好漂亮的花!ō噢,我懂了。ó哦,是这样吗?ǒ哦!我明白了。

(4)发声用气的练习

3 岁学前儿童初入园时,还有相当一部分人不能很好地掌握说话用气的方法,说话时有气喘吁吁的感觉。尤其在表述长句时,还有上气不接下气的情况。听说游戏的发音练习,培养儿童正确的用气方法,以使讲话时更加自然,更趋于正常。

2. 扩展词汇量练习

这类游戏是以丰富儿童的词汇和正确运用词语为目的的。学前阶段儿童语言学习的一个重要方面就是大量积累词汇,增加口语表达的内容。通过听说游戏,可以帮助儿童学习一些新词,也可以帮助他们进一步理解已学过的词,并学会运用。扩展词汇的练习在各个年龄班都适用。

（1）同类词组词练习

听说游戏往往让儿童做同一类词语如何扩大增加的练习，鼓励儿童在听说游戏过程中按照一定的规则去组织扩展。例如听说游戏"什么样的花"，要求学前儿童用不同的形容词来形容同一件事物，学前儿童可以说"美丽的花""漂亮的花""好看的花""五颜六色的花"等。再如"怎样走"的听说游戏，要求学前儿童用一定的副词描述怎样走的动作，学前儿童可以说"快快地走""慢慢地走""三步并作两步地走""一蹦一跳地走"等。这样，当儿童在做这一类词语扩大增加的练习时，也逐步掌握了这类词的使用范例。

（2）不同类词搭配练习

①动词搭配

例如《来来来》，是教师和儿童采用对歌的形式，练习使用动词的听说游戏。

成人说：	儿童说：
汽车来，	汽车开过来。
飞机来，	飞机飞过来。
太阳来，	太阳升起来。
雨点来，	雨点落下来。
云儿来，	云儿飘过来。
风儿来，	风儿吹过来。
鸟儿来，	鸟儿飞过来。
虫儿来，	虫儿爬过来。
鱼儿来，	鱼儿游过来。
青蛙来，	青蛙跳过来。
我们来，	我们跑过来。

②量词搭配

在日常生活中，量词的使用非常广泛。4～5岁的中班儿童可以玩"娃娃过生日"的听说游戏。教师准备好各种礼物，并向儿童说清楚实物的名称和数量。游戏开始后，教师和儿童一起参加，说出送什么给娃娃，如"我送娃娃一个杯子"，"我送娃娃一条裙子"。注意要正确使用量词。当学前儿童说对了就把礼物放在娃娃面前，出现错误，应及时纠正。

③固定格式的搭配

由教师固定词的格式，儿童来模仿，这样的游戏对于丰富儿童的词汇很有好处。

A. 双音词尾的词。

教师举例说"胖乎乎"，儿童按顺序每人说出类似格式的一个词，如甜滋滋、圆溜溜、香喷喷等，要求在规定时间内说出合适的词，不能重复。

B. 网字格的词。

如：高高兴兴、欢欢喜喜、蹦蹦跳跳、干干净净……以此让儿童通过游戏积累有关"只有听得清，才能做得对，玩得开心"的经验。

（二）练习准确把握和传递有细微区别信息的游戏

这类游戏可以在中大班进行。练习准确把握和传递有细微区别的信息，以提高倾听的精确程度。例如"听话判对错"游戏，教师利用一句话要求儿童判断正误。看谁的反应最快。

小案例

> 西瓜长在又高又粗的树上。　　（　　）
>
> 真漂亮，衣服。　　（　　）
>
> 小明是个好孩子。　　（　　）
>
> 表停了，我家的，所以迟到了。　（　　）

也可以玩"你来说，我来做"的游戏，要求儿童理解语句，按指令行事，以查看他对语句的理解和掌握的情况。给儿童的指令中可带有连词、方位词、动词、数词、量词等，指令中句子成分可以相似，要求幼儿仔细区别。如：

> 请把水杯和报纸给我拿过来。
>
> 把杯子或报纸给我拿过来。
>
> 从阳台上把我的红拖鞋拿来。
>
> 请把我的红拖鞋放到阳台去。
>
> 请把书包里的钱包拿给我。
>
> 请把书包和钱包拿给我。

四 学前儿童听说游戏活动的设计、组织与指导

（一）创设游戏的情景

1. 用物品创设游戏情景

教师使用一些与听说游戏活动有关的物品，如玩具、日用品等，布置游戏的环境，制造游戏的氛围，达到引导幼儿进入听说游戏的效果。

2. 用动作创设游戏情景

有的时候教师并不一定使用实物，而是仅仅靠动作表演，让幼儿想象出游戏的角色，或者游戏的场所，进而产生游戏情景的气氛。

3. 用语言创设游戏情景

教师通过自己所说的话，直接描述或指出游戏中的角色以及角色所处的环境。

小案例

教师对小朋友说："水果丰收啦，许多小动物要去摘果子。大家多快乐啊！请小朋友把头饰戴上，扮演小动物去找找水果在哪里吧！"教师用语言引导幼儿进入角色，营造游戏气氛，同样可以达到创设游戏情景的作用。

无论以哪一种方法来创设游戏情景，在活动刚开始的这一阶段，活动状态有两种性质存在。一种是真实性质的活动状态。教师在创设游戏情景时，如果着重使用了介绍的方式，那么幼儿所处的环境便仍然是真实的。他们更多地观察分析教师展示的游戏情景，以一种旁观者的身份来了解听说游戏的情况。另一种是半真实性质的活动状态。由于教师所用的物品、动作和语言直接将幼儿"拉进"了游戏场景，于是幼儿便可能想象自己所扮演的角色，就将自己想象成游戏活动的一个部分，这时幼儿自己原有的角色身份处于一种接近改变但未完全改变的状态，因而活动具有半真实的性质。

（二）交代游戏规则

在创设游戏情景之后，教师接着要向幼儿交代游戏规则。这一步骤的活动实际上是教师对幼儿布置任务、讲解要求的过程。教师可以通过用语言解释和用动作示范相

结合的方式，告诉幼儿游戏的基本规则、步骤和要求。仍以游戏"金锁银锁"为例，在教师用玩具娃娃创设游戏情景、展示游戏过程之后，教师又采用口头讲述的方法，向幼儿交代游戏规则：

1. 念完儿歌后，开锁人才能提问："这是什么锁？"而扮锁的小朋友必须想出一个锁名来告诉他："这是××锁。"

2. 开锁的两位小朋友分别是两把钥匙。这两位小朋友必须用"××、××——×××"的句子来描述那把锁。例如："苹果、苹果——香又甜。"前面重复说锁名两遍，后面用三个字描述这件事物的特点。

3. 开锁人描述准确，就能打开锁，并交换角色。否则，仍旧按原角色继续游戏。

教师在交代游戏规则时，有必要注意这样几点。

1. 注意用简洁明了的语言讲解

在交代游戏规则时，切忌啰唆、冗长的解释，以免幼儿抓不住要领，不能及时理解游戏规则，影响游戏的进程。

2. 注意讲清楚听说游戏的规则要点和游戏的开展顺序

听说游戏的规则要点一般都是游戏中幼儿要按照规范说出的话，教师应当让幼儿基本明白说什么和怎样说，以便他们能够在参与游戏时付诸实践。同时要帮助幼儿清楚地理解游戏开展顺序，先做什么，后做什么，什么角色做什么。这样他们才能够顺利地开展活动。

3. 注意用较慢的语速进行讲解和示范

教师在交代游戏规则时使用的语言应当是相对减慢速度的语言。尤其是针对游戏规则回答问题或说一句话时，这种语言带有示范的性质，可以帮助幼儿理解参照，一定要保证让幼儿听清楚。实际上，教师减慢速度说话的行动本身，就是让幼儿感觉这部分信息的重要性，因此能够有效地帮助幼儿理解游戏规则。

（三）教师引导游戏

继交待游戏规则之后，在幼儿已初步理解游戏规则的基础上，教师可以带领幼儿开展听说游戏。教师带领幼儿开展游戏，是一种以教师为主角指导幼儿游戏的过程。在这一段时间内，教师在游戏中充当重要的角色，可以主宰游戏的进程。幼儿此时参与活动的方式，一种是部分地参与游戏，即一部分幼儿参加到游戏活动中去，实行轮换，以便另一部分幼儿有观察熟悉的机会；另一种方式是全体幼儿参加游戏的一部分活动，待幼儿熟悉掌握游戏后再完全参加游戏。

还以大班听说游戏"金锁银锁"为例。在教师引导幼儿游戏活动时，教师先扮演开锁人的角色，幼儿扮演锁的角色。然后，再玩一遍游戏，教师与幼儿交换角色。通过教师担当一定角色，成为游戏活动重要成员的形式，帮助幼儿学习掌握游戏中的对话及描述部分，为幼儿独立开展游戏活动积累经验。在对话过程中，教师有意识地鼓励幼儿讲出多种不同的锁，学习用各种不同的、简单的词语进行准确的描述。

教师引导幼儿游戏这一步骤，有利于幼儿在活动进展过程中熟悉游戏规则，进一步理解游戏的程序，掌握在游戏中运用语言交往的基本思路，从而为独立开展听说游戏做好充分的准备。

（四）幼儿自主游戏

通过上述三个步骤的活动，幼儿已打下了良好的独立开展听说游戏的基础，因而可以在准备十分充分的情况下进入幼儿自主游戏的阶段。

在幼儿自主游戏的阶段，教师可以放手让幼儿自己开展活动。此时，教师已从游戏领导者的身份退出，处于旁观者的地位。在观察幼儿游戏时，注意对个别不熟悉规则的幼儿进行及时的指导点拨，帮助这些幼儿更快地加入游戏的队伍中去，真正成为游戏活动的一员。同时，教师也需要注意发现幼儿在游戏过程中可能出现的矛盾与纠纷，及时予以解决，以免因角色分派不当或其他问题影响游戏顺利进行。此外，教师在场本身便对幼儿产生激励作用，可以使他们意识到自己所参与的活动的价值，而当教师给说对的幼儿以点头、微笑以及拍手的鼓励时，这些体态语言能在更大程度上激发幼儿活动的积极性，并保持参加游戏的兴趣。

幼儿自主游戏活动，可以根据每一个听说游戏的具体要求来考虑适当的活动形式。有的以集体活动的形式进行游戏，全班幼儿均可参与其中；有的以小组形式开展游戏，教师可让幼儿自由结合，选择适当场地进行活动；也有的可以一对一结伴的方式进行游戏。采用何种活动形式，取决于幼儿参与活动的效果。哪种方式能够促使幼儿更积极主动地活动，哪种形式有利于幼儿口语练习，教师都应在设计活动时予以充分考虑，进行周到的策划。

案例分析

案例一　小班听说游戏：送南瓜

活动目标：

1. 帮助幼儿区别并练习发出 n、l 两个音。

2. 要求幼儿倾听并理解简单的游戏规则，初步学会用礼貌用语称呼"您"与"您好"。

3. 鼓励幼儿大胆参与游戏活动，感受游戏的乐趣。

活动准备：

1. 拐杖、围裙、头巾。

2. 南瓜教具若干，篮子3~5个。

活动过程：

1. 设置游戏情境。

教师扮作老奶奶，头上扎着头巾，腰间系着围裙，手中拿着拐杖，面向全体幼儿，采用集体和个别练习的方式与幼儿相互问好。如老奶奶说："小朋友们好！"幼儿答："奶奶好！"老奶奶对××说："××小朋友好！"个别幼儿答："奶奶好！"帮助幼儿练习发准"奶奶"的字音，并会跟年长的人打招呼"您好"。

教师接着继续以老奶奶的口吻说："我年纪大了，做事不灵活了，我想请小朋友把种在地里的南瓜送到我家，好吗？"激发幼儿产生帮助老奶奶的愿望。

2. 交代游戏的玩法及简单的规则。

教师用语言交代或配以动作示范向幼儿介绍游戏的过程，要求幼儿手拿篮子，边念儿歌边走。儿歌念完后必须站在某一个幼儿的面前，然后将篮子交给他。交换位置后，游戏继续进行。听到"老奶奶来了"的声音后，幼儿应将篮子里的南瓜送给老奶奶，并大声地说："老奶奶您好！这是您的南瓜。"

3. 教师参与并引导幼儿游戏。

（1）教师带领幼儿学习游戏儿歌，重点帮助幼儿发准"奶奶""南瓜""篮子"等字音。

（2）教师装扮成小朋友，边念儿歌边送南瓜，将篮子送给一位能力较强的幼儿。开展游戏2~3轮后，教师发出指令，幼儿听到指令后将南瓜送给老师。通过这种方式，帮助幼儿熟悉游戏的整个过程。

4. 幼儿自主游戏。

教师请3~5位幼儿给奶奶送南瓜，请一位幼儿扮作老奶奶。小朋友手提篮子，边念儿歌边送篮子，交换位置后坐下，游戏继续进行。轮换几个幼儿后，教师说："奶奶来了！"扮奶奶的幼儿走上台来。小朋友们说："老奶奶，您好！这是您的南瓜。"并将篮子中的南瓜拿到奶奶的桌前。老奶奶说"谢谢你"。然后，在篮子里再装进南瓜，另请3~5名幼儿上来，游戏重新开始。

活动延伸：

教师可启发幼儿互相交换送的东西，如辣椒、梨子、牛奶等。当送的东西变换时，儿歌也应做相应的变动，从而丰富游戏的内容，进一步进行发音练习。

活动小结：

通过这次活动，让幼儿初步学会与人沟通交流的礼貌用语，让幼儿理解送东西的语境和社会意义，锻炼幼儿语言能力，促进幼儿社会性发展。

附故事

送南瓜

小篮子，手中拿。

我给奶奶送南瓜，

奶奶乐得笑哈哈。

案例二　小班听说游戏：头戴花帽找朋友

活动目标：

培养幼儿辨别花型和结识小朋友的能力，激发幼儿参与活动的主动性、积极性及团队意识，促进幼儿相互交往，增进友谊。

活动模式：

集中型。

活动准备：

（1）牡丹花、黄菊花和荷花的花帽各五个。

（2）儿歌《找朋友》。

活动过程：

1. 讲解活动要领。

（1）15 名幼儿，眼睛闭上，老师和小组长分别为他们戴上三种花帽（牡丹花、黄菊花和荷花），头戴花帽的幼儿全部站在直径 5 米的圆圈内。

（2）圆圈内幼儿睁开眼睛，想办法寻找头戴同样花帽的小朋友。

（3）头戴同样花帽的五名小朋友聚齐在一起后，便完成找朋友任务了。

（4）最后聚齐的五名小朋友为负方，可以为其他小朋友表演一个节目。

2. 有序活动。

（1）每班幼儿分成 15 人一个活动组，每次活动 15 人。

（2）活动开始时，其他幼儿站在圆圈外，观看活动组找朋友。

（3）播放《找朋友》儿歌。

3. 巡视检查。

教师边组织活动，边巡视查看其他幼儿情况，提高安全防范意识，防止幼儿离开活动场地，杜绝意外事故发生，确保活动安全。

4. 指导活动。

主要是指导幼儿花帽戴端正，辨别花帽形状和怎样认识小朋友。

活动小结：

评比找朋友最快的一组。

附儿歌

找朋友

头戴小花帽，

去找小朋友。

找到小朋友，

牵手朝前走。

案例三 中班听说游戏：我们的食物

设计背景：

值班时看见大部分小朋友在用餐时老是把青菜挑出来，甚至有人不吃菜，只吃一点白米饭，这对正在长身体的小朋友们而言是一个严重的问题。于是我想通过这个游戏活动，让幼儿认识更多蔬菜、粮食、水果，并知道它们的益处，使他们喜欢吃蔬菜、粮食、水果，改掉挑食的习惯；通过这一活动对粮食、水果、蔬菜进行分类，加强幼儿对这些食物的认识。

活动目标：

1. 让幼儿认识更多水果、蔬菜、粮食，并进行正确分类。

2. 让幼儿喜欢吃这些食物，养成不挑食的习惯。

3. 培养幼儿思维能力、识别能力。

活动重点、难点：

1. 培养幼儿的观察力，能正确地将食物分类。

2. 让幼儿养成多吃粮食、水果、蔬菜的好习惯。

活动准备：

1. 三张房子的图片、食物的图片若干。

2. 多媒体课件。（包括食物图片和儿歌《找朋友》）

3. 食物头饰若干。

活动过程:

1. 语言导入。师:小朋友们,今天老师要带你们去一个神奇的地方,想不想知道是什么地方呀?

2. 师:今天老师要带大家去食物王国参加聚会。用一句口诀:芝麻芝麻,快开门。(老师和幼儿一起做)

3. 进入课堂。师:我们来到食物王国了,怎么没有人呢?只见三座小房子,上面还有字(水果、蔬菜、粮食),小朋友认识吗?

4. 展示图片。师:哦,原来这些小房子是水果宝宝、蔬菜宝宝、粮食宝宝的家,那宝宝们在哪里呢?教师将准备好的图片进行展示,再让幼儿把食物图片分类贴在房子上。幼儿贴好后,老师进行点评。

5. 拓展思维。师:哇!来了这么多食物宝贝,请小朋友们想一想还有哪些食物宝宝没有来啊?(老师展示课件中的图片,让幼儿欣赏)。

6. 游戏巩固。让幼儿戴上食物头饰一起做游戏。在做游戏时要按照老师的游戏规则去做。老师先选各类宝宝的代表,然后幼儿跟着老师播放的《找朋友》儿歌一起做游戏,每个代表都去找属于自己同类的食物宝宝做朋友,找到后把他们带回家,看谁找得对!

7. 最后进行评比。

8. 活动结束。认识了这么多食物的同时也将食物分类,教育幼儿要多吃蔬菜、水果、粮食,这样才能健康成长。

活动小结:

这个游戏活动幼儿很感兴趣,他们认识了更多的蔬菜、粮食、水果,并知道了它们的益处;同时,也加强了幼儿对这些食物的认识,喜欢吃这些食物,改掉了挑食的坏习惯,知道只有多吃这些食物才能使我们的身体健康成长。

案例四 中班听说游戏:我和大树抱一抱

设计意图:

春天来了,花草树木都变绿了,为了引导幼儿发现春天景物的变化,激发幼儿对植物的爱护,认识各种树木,丰富日常用语,培养幼儿的合作意识,设计了本次活动。

活动目标:

1. 培养幼儿的合作意识,引导幼儿观察春天的变化。

2. 巩固对各种树木的认识,丰富幼儿的语言。

活动准备：

欢乐的音乐，各种树木头饰（柳树、杨树、松树等），小鸟头饰若干。

活动过程：

1. 热身运动。播放音乐，老师带领幼儿在活动场地扮小鸟飞。

2. 情景导入。师：今天天气真好，春天来了，花草树木都变绿了，我们做个和大树抱一抱的游戏好不好？幼儿一起说：好。师：想不想做大树，做小鸟？幼儿一起说：想。

3. 游戏"抱一抱"。把幼儿分成两队，一队当大树，一队当小鸟，老师帮幼儿分别戴上头饰，当大树的幼儿分散开站在活动场地。

活动规则：

播放音乐，扮小鸟的幼儿在树林里随音乐飞来飞去，当音乐停止时，扮小鸟的幼儿要找到一个扮大树的幼儿，并对他说话，如"你是柳树，你的叶子像小船""你是松树，你的叶子像根针"等。说对了，两幼儿互相抱一抱，互换角色，音乐响起，游戏继续；说错了，不能交换角色，下一次游戏继续找。

活动延伸：

回家后和爸爸、妈妈一起做"抱一抱"的游戏。

活动小结：

春天，让幼儿经常到户外活动，既能锻炼幼儿的身体，又让幼儿在游戏中得到快乐。本次活动使幼儿的语言交往能力得到了锻炼，同时也加深了幼儿对各种树木的认识。

思考与训练

1. 班级集体回忆、交流幼年时喜欢玩的各种语言游戏，要求介绍游戏名称、玩法和规则，并谈谈此游戏的趣味所在。

2. 根据幼儿学习词语的目标和特点，设计一个完整的词语接龙游戏活动方案。

3. 设计一个既能体现传统游戏魅力又能发展幼儿语言的游戏，并以模拟课堂形式组织实施。

参考文献

［1］中华人民共和国教育部．3～6岁儿童学习与发展指南．北京：首都师范大学出版社，2012.

［2］中华人民共和国教育部．幼儿园教育指导纲要（试行）．北京：北京师范大学出版社，2001.

［3］教育部基础教育司．幼儿园教育指导纲要（试行）解读．南京：江苏教育出版社，2002.

［4］周兢．幼儿园语言教育活动设计与组织．北京：人民教育出版社，1996.

［5］陈国眉．学前儿童发展心理学．北京：北京师范大学出版社，1995.

［6］朱家雄．幼儿园课程．上海：华东师范大学出版社，2003.

［7］祝士媛．幼儿园语言教学法．北京：北京师范大学出版社，1990.

［8］袁爱玲．幼儿园全语言活动设计与实施指导．南京：南京师范大学出版社，2007.

［9］朱海琳．学前儿童语言教育．北京：科学出版社，2010.

［10］王俊英．幼儿园语言活动指导：幼儿的语言素质教育．北京：地质出版社，1998.

［11］赵寄石，楼必生．学前儿童语言教育．北京：人民教育出版社，2003.

［12］韩冰，常征．学前儿童语言教育活动指导．成都：西南财经大学出版社，2014.

［13］姜晓燕，郭咏梅．学前儿童语言教育．北京：高等教育出版社，2011.

［14］张加蓉，卢伟．学前儿童语言教育活动指导．上海：复旦大学出版社，2009

［15］夏燕勤，邹群霞．学前儿童语言教育．北京：高等教育出版社，2013.

［12］许卓娅，孔起英．幼儿园课程指导丛书．南京：南京师范大学出版社，2006.